U0111252

香港特別行政區
維護國家安全法讀本

第二版

王振民 黃風 畢雁英 等著

─ 本書涉及的法律、法規、文件、機構 ─

法律、法規

《中華人民共和國憲法》，簡稱為《憲法》

《中華人民共和國香港特別行政區基本法》，簡稱為《香港基本法》

《中華人民共和國澳門特別行政區基本法》，簡稱為《澳門基本法》

《全國人民代表大會關於建立健全香港特別行政區維護國家安全的法律制度和執行機制的決定》，簡稱為《涉港國安決定》

《中華人民共和國香港特別行政區維護國家安全法》，簡稱為《香港國安法》

《中華人民共和國國家安全法》，簡稱為《國家安全法》

《中華人民共和國立法法》，簡稱為《立法法》

《中華人民共和國刑法》，簡稱為《刑法》

《中華人民共和國刑事訴訟法》，簡稱為《刑事訴訟法》

《中華人民共和國香港特別行政區駐軍法》，簡稱為《香港駐軍法》

《中華人民共和國國家情報法》，簡稱為《國家情報法》

《中華人民共和國突發事件應對法》，簡稱為《突發事件應對法》

《中華人民共和國國防交通法》，簡稱為《國防交通法》

《中華人民共和國反間諜法》，簡稱為《反間諜法》

《中華人民共和國反間諜法實施細則》，簡稱為《反間諜法實施細則》

《中華人民共和國反恐怖主義法》，簡稱為《反恐怖主義法》

《中華人民共和國網絡安全法》，簡稱為《網絡安全法》

《中華人民共和國境外非政府組織境內活動管理法》，簡稱為《境外非政府組織境內活動管理法》

《中華人民共和國核安全法》，簡稱為《核安全法》

《中華人民共和國出口管制法》，簡稱為《出口管制法》

《中華人民共和國國歌法》，簡稱為《國歌法》

《全國人民代表大會常務委員會關於〈中華人民共和國香港特別行政區基本法〉第一百零四條的解釋》，簡稱為《全國人大常委會關於〈香港基本法〉第 104 條的解釋》

《全國人民代表大會常務委員會關於〈中華人民共和國香港特別行政區維護國家安全法〉第十四條和第四十七條的解釋》，簡稱為《全國人大常委會關於〈香港國安法〉第 14 條和第 47 條的解釋》

《全國人民代表大會常務委員會關於香港特別行政區立法會議員資格問題的決定》，簡稱為《全國人大常委會關於香港立法會議員資格問題的決定》

《中華人民共和國香港特別行政區維護國家安全法第四十三條實施細則》，簡稱為《香港國安法第 43 條實施細則》

文件

《國務院辦公廳關於明確新華社香港分社地位的函》，國辦函〔1998〕20 號

《國務院關於更改新華通訊社香港分社、澳門分社名稱問題的通知》，國函〔2000〕5 號

機構

全國人民代表大會，簡稱為全國人大

全國人民代表大會常務委員會，簡稱為全國人大常委會

中央人民政府駐香港特別行政區聯絡辦公室，簡稱為香港中聯辦

中央人民政府駐港國家安全公署，簡稱為駐港國安公署

中國人民解放軍駐香港特別行政區部隊，簡稱為香港駐軍或駐港部隊

中華人民共和國外交部駐香港特別行政區特派員公署，簡稱為外交部駐港公署

中華人民共和國香港特別行政區政府，簡稱為香港特區政府

中華人民共和國香港特別行政區維護國家安全委員會，簡稱為香港特區國安委

中華人民共和國澳門特別行政區維護國家安全委員會，簡稱為澳門特區國安委

前　言

　　2020 年 5 月 28 日，第十三屆全國人民代表大會第三次會議通過了《關於建立健全香港特別行政區維護國家安全的法律制度和執行機制的決定》。根據憲法和《香港基本法》以及該"決定"的授權，6 月 30 日第十三屆全國人大常務委員會第二十次會議通過《中華人民共和國香港特別行政區維護國家安全法》，並決定將其列入《香港基本法》附件三，香港特區行政長官當天刊憲公佈實施。這是繼 1990 年 4 月 4 日我國最高國家權力機關，也是國家的最高立法機關——全國人民代表大會及其常務委員會再次為香港特別行政區制定憲制性法律，對 30 年前制定的《香港基本法》進行必要的補充，從憲制層面完善"一國兩制"制度體系。香港國安立法全面準確貫徹"一國兩制"方針，把"一國兩制"的原則底綫進一步法律化，築牢香港特別行政區維護國家安全的制度屏障，對"一國兩制"實踐行穩致遠和香港長治久安具有重大意義和深遠影響。

　　維護國家安全是"一國兩制"和基本法的應有之義和前提條件。當年鄧小平先生那一代領導人在構建"一國兩制"理論體系和制度體系、起草制定基本法之時，已經明確要求必須維護好"一國"、確保國家安全無虞前提下對"兩制"做出安排。他們不可能設計一個可以不尊重"一國"、允許隨便危害自身安全的"一國兩制"和基本法。"兩制"必須以尊重、維護"一國"為前提和基礎。如果沒有"一國"、不要"一國","兩制"將失去賴以存在的載體和依託,也失去其存在的價值。不能說回歸二十多年來香港缺失維護國家安全的法律制度和執行機制,國家就永遠不能補上這個課,更不能說現在補上在香港維護國家安全的法律制度和執行機制,就是改變了"一國兩制"、"侵犯"香港的高度自治。原因就是維護好國家安全,讓"一國"安全有保障本來就是國家實施"一國兩制"和基本法的初心初衷,是"一國兩制"和基本法的應有之義。這些都是不言而喻、天經地義的。

應該說這是一部遲到的國安法。國安法本來應該在 1997 年 7 月 1 日隨著香港的回歸、隨著"一國兩制"和基本法開始實踐的第一天,同時就出台實施。遺憾的是,1997 年回歸後由於維護國家安全法律制度和執行機制長期缺失,香港成為全中國乃至全世界唯一一個國家安全"不設防"的城市。這使得各種危害國家安全的行為和活動得不到及時防範、制止和懲治,近年來更是愈演愈烈。2019 年 6 月香港發生震驚中外的"修例風波",多年積累的各種矛盾問題集中爆發,國家安全在香港遭遇空前巨大的危機。香港居民、全國人民都希望香港能夠儘快恢復秩序,撥亂反正,由大亂到大治,儘快解除對國家安全造成的現實危險和威脅。但是如何才能實現呢?顯然,依靠香港自身的力量難以達到這個目的,而且最重要的是,這遠遠超出了香港高度自治的範圍。國家安全從來不屬特區事權,而是

必須由中央運用最高憲制權力和國家資源才能解決的問題。危
害國家安全，自然應當由國家出手來解決，這是各國的政治和
法律慣例。

對此，2019 年 10 月舉行的中共十九屆四中全會已經決定
要從國家層面建立健全香港特區維護國家安全的法律制度和執
行機制。這就是 2020 年 5 月、6 月國家開展香港國安立法的緣
由。總之，遲到總比不到好。香港 "一國兩制" 和基本法實踐
從此告別國安 "不設防" 狀態，進入有國安立法、執法和司法
的新時期、新常態。

香港國安立法的目的非常明確、單一，就是要在香港特別
行政區維護好國家安全，補上國家安全這個巨大的漏洞和缺
口，再也不允許在香港發生肆無忌憚危害中國國家安全的行為
和活動。除此之外，沒有其他任何要求。除了增加關於國家安
全的基本要求外，"一國兩制" 和基本法目前已經確定的所有
事情都不變。但是，關於《香港國安法》仍然有很多誤解、曲
解，這裏略舉幾例。

一說影響香港國際金融中心地位。環顧世界每一個被稱為
"國際金融中心" 的城市，無論紐約、倫敦、新加坡，或者東
京、蘇黎世、法蘭克福，哪一個沒有健全的維護自己國家安全
的法律體系？又有哪一個城市因為有國安法，就影響了國際金
融交易？所有這些城市維護國家安全的法律體系都非常健全嚴
格，也都沒有影響正常的金融交易。恰恰香港是這些國際金融
中心中唯一長期存在巨大國安法律漏洞乃至空白的城市，這也

是香港 2019 年遭受如此巨大劫難的主要原因。可以說香港補上這一課，最多是與其他國際金融中心拉平，而沒有任何其他不同。而且比較其他地方的國安法，你會發現香港國安法是最溫和、最低限度、最低標準的國安法。有國安法的守護，排除近年來那些人為破壞，香港金融業務的正常開展更有保障，香港國際金融中心地位更加穩固。

二說國安法專門針對外國人，人權自由受影響。的確，一般理解，國家安全主要是對外的，排除來自外部對一國國家安全構成的危險和威脅。我們必須看到，香港千千萬萬外國居民是香港社會重要的組成部分，多年來他們以香港為家，在香港正常工作生活。他們不僅不是國安法打擊的對象，相反也是我們要保護的善良居民，他們也是香港"黑暴"的受害者，很多也遭受無妄之災。真正可能觸犯國安法、要與國安法"打交道"的是香港社會的極少數，與廣大外國居民和絕大部分香港同胞沒有什麼關係。有了國安法，香港對國際社會的開放沒有變，保護各國在港正當權益沒有變，一視同仁保護各國投資者、保護外國居民沒有變。香港仍將是全世界最開放的經濟體，是全世界最自由、人權保障最健全的城市之一。至於關於國安法與人權自由的關係，本書正文還有詳細討論。

三說香港基本法第 23 條已經授權香港自行立法，國家"繞過"香港開展立法，違反了基本法！從國安法的內容可以看得很清楚，這部法律與基本法第 23 條有關聯，但是沒有直接關係，中央沒有"代替"香港立法，因為解決的具體問題不一樣。最重要的是這樣的國安立法本來就是中央的權力，不屬特區高度自治的事項，遠遠超出了基本法第 23 條的內涵和外延。即便有了國家層面的國安法，香港還得完成基本法第 23 條本地立法。

四說國安法"摧毀"了"一國兩制"，香港現在已經是"一國一制"了！現在的香港到底還有沒有"一國兩制"，居住在香港的人最清楚，一點都不難查證。大家也可以自己到香港去走一走，看一看。國家不僅沒有改變"一國兩制"，相反通過制定實施國安法，為"一國兩制"配上了安全裝置，否則"一國兩制"隨時可能被人破壞掉，根本無法行穩致遠。有了這樣的安全裝置設施，可保"一國兩制"未來幾十年無恙。沒有國安的"一國兩制"，是不正常的；有國安的"一國兩制"，才是"一國兩制"的原貌和常態，才能真正行穩致遠。

五說國安和國安法很可怕。的確，古今中外觸犯國安都是重罪。但是又有多少人會觸犯國安犯罪呢？前面已經講過，那肯定是極少數人。國安法實施愈久，觸犯的人越少。如果說香港有國安法，很難接受，那麼世界上什麼國家、什麼地方又沒有國安法呢？又有哪個地方的國安法比《香港國安法》更寬鬆呢？恐怕找不到。

當然必須指出，國安法不僅攸關整個國家的安全穩定和全體國民的福祉，而且與每一位香港市民、每一個企業和團體息息相關。國安和國安法應該是現代社會每一位公民、每一位居民常識和共識的重要組成部分。

　　《香港國安法》制定實施以來，香港社會各界迫切需要認識了解這部法律的來龍去脈、主要內容、如何實施以及對他們正常工作、生活以及未來所可能產生的影響，需要有一本系統全面、簡明易懂的讀物，幫助他們認識理解這部法律的核心要點和微言大義，澄清一些不正確、不全面的認識。這就是編寫這本書的初衷。本書分八章介紹國家安全的概念與國家安全立法，香港國安立法的必要性和緊迫性、立法依據、過程和性質定位，香港國安法確立的原則，中央維護國家安全的根本責任和機構，香港特區維護國家安全的憲制責任和機構，危害國家安全的罪行及責任，案件管轄及辦案程序，香港居民的權利與維護國家安全的義務。作為《香港基本法》和《香港國安法》的研究者，我們希望本書能夠為各位了解《香港國安法》提供一些學術綫索和啟發，僅供讀者參考。要尋求對《香港國安法》正式的解讀，自然要以中央和特區有關官方文件為準。

目　錄

第一章

國家安全
與國家安全立法

國家安全的概念與國家的基本構成要素密切相關。國家安全的概念，決定了對國家安全的認識以及國家安全立法的範圍。鑒於國家安全事務的重要性，每一個主權國家都將維護國家安全作為頭等大事，注重通過法治手段維護國家安全，出台了諸多關於維護國家安全的法律。2014 年我國更新了對國家安全的認識，提出了總體國家安全觀，以總體國家安全觀為指導，我國國家安全法律制度體系不斷得到健全完善。本章分國家與國家安全、我國國家安全立法、外國國家安全立法三部分進行介紹。

一、國家與國家安全

在國家安全的語境下，國家是安全的承載主體，安全是國家致力追求的目標。對國家概念的理解、對國家觀念的認知，直接影響國家安全的概念。

（一）國家的概念

根據國際公法理論，國家由居民（國內法上稱為公民或者國民）、領土（包括領陸、領水、底土和領空等）、主權（一國對內對外權力的結合）和政權（一國的治理機構的統合）四要素組成。在這四要素中，主權是國家最基本的屬性，是國家的自然權利。對內最高性和對外獨立性是主權的基本特徵，主權國家不論大小、強弱及制度差異，在國際法上享有平等的權利，可以按照自己的意志處理內政與外交事務而不受他國的控制和干涉。

以我國為例。**政權**：中華人民共和國，簡稱 "中國"，成立於 1949 年 10 月 1 日。根據我國憲法規定，我國是工人階級領導的、以工農聯盟為基礎的人民民主專政的社會主義國家。我國以五星紅旗為國旗、《義勇軍進行曲》為國歌，國徽內容為國旗、天安門、齒輪和麥稻穗，通用語言文字是中文普通話和規範漢字，首都是北京。**主權**：中國一直是主權獨立的國家。1971 年 10 月，第 26 屆聯合國大會通過決議，恢復中華人民共和國在聯合國的一切合法權利。居民：我國是一個以漢族為主體、56 個民族共同組成的統一的多民族國家；我國大陸地區有超過 14 億的人口，香港地區有 750 多萬人口，澳門地區有近 70 萬人口，台灣地區有 2300 多萬人口。領土：我國陸地面積約 960 萬平方公里，內海和邊海的水域面積約 470 多萬平方公里，省級行政區劃為 23 個省、5 個自治區、4 個直轄市、2 個特別行政區。

（二）國家安全的概念

國家是由人民（居民）、領土、主權、政權等基本要素組成的政治共同體，其中任何一個構成要素遭遇危險或受到威脅，都表明國家安全處於一定的危機狀態。因此，國家安全可以總體理解為維護國家四個基本構成要素的安全。從實踐來看，各國關於國家安全概念的規定方式並不相同，有的國家在國家安全法中進行規定，有的並未在法律上進行明確規定，而是在國家安全戰略中進行規定。受國家安全理念的差異、所面臨國家安全威脅的不同等因素影響，各國關於國家安全概念的界定也不盡相同。例如，根據 2015 年修訂的美國《軍事及相關術語詞典》對國家安全的定義，"國家安全" 是對美國國防與對外關係的總成，旨在獲得：優於任何其他國家、國家集團的軍事和國防優勢；對外關係中的有利地位；一種能夠成功抵抗來自國內外公開或隱蔽的敵對行為和破壞性行為的防禦能力和防禦姿態。《2015 年俄羅斯聯邦國家安全戰略》將 "國家安全" 界定為 "保障個人、社會和國家不受內外部威脅的狀態，以此保障俄羅斯聯邦公民的憲法權利及自由的實現、實現應有的生活水平和質量、主權、獨立、國家和領土完整以及經濟社會的可持續發展。" 日本警視廳在解釋日本國家安全時認為，"所謂我國的國家安全，應該理解為用軍事以外的手段保衛我國的領土，國民的生命、身體和財產不受侵犯，或者指我國的基本政治制度的永存。"

　　雖然各國關於國家安全的概念界定並不相同，但各國均將國家安全視為重大事務，採取一切可能的手段捍衛國家安全，這在一些國家元首的講話中體現得尤為明顯。1861 年 3 月 4 日，美國總統林肯在就職演說中指出："任何一個州都不能只憑自己的動議就合法地脫離聯邦；凡為此目的而作出的決議和法令在法律上都是無效的，任何一個州或幾個州反對合眾國當局的暴力行動都應根據情況視為叛亂……根據憲法和法律，聯邦是不容分裂的。"2013 年，時任美國總統奧巴馬發表電視講話《美國國家安全的過去、現在和未來》，指出 "每當威脅來臨，美國人民總是積極應對。正因為有了這種勇於戰鬥、不畏犧牲的精神，美國才能渡過難關。……讓我們彼此團結，珍惜他們用生命換來的一切，讓我們的國家更強大，更公平，更自由。這是我們的使命，也是我們的責任。"2018 年 3 月，俄羅斯總統普京在一次選舉聚會上被問道 "俄羅斯會在什麼情況下使用核武器？"普京表示，俄羅斯如果遭受打擊，面臨被消滅時，俄羅斯在反擊時才會做出使用核武器的決定。普京還反問，"如果俄羅斯都不存在了，我們為什麼還需要這個世界？"

　　國家安全是一個彈性的概念，根據不同時期面臨的國家安全威脅和挑戰的變化，各國對國家安全所涉及的領域和範圍不斷進行調整。如 2001 年 "9·11" 事件後，反恐及國土安全成為美國國家安全的第一要務；2002 年《美國國家安全戰略報告》稱恐怖主義是美國的首要威脅，恐怖主義與大規模殺傷性武器的結合是嚴重威脅，美國把對這些威脅進行先發制人的打擊作為國家安全戰略的基石。2010 年《美國國家安全戰略報告》強調經濟、教育、科技、能源、核擴散、互聯網與太空活動對國家安全的影響。近年來美國特別強調網絡安全，可見美國國家安全的定義不斷擴大，涵蓋的領域越來越廣泛。

　　對 "國家安全" 概念的理解往往和 "國家利益" 聯繫在一起，各國關於國家利益的具體範圍界定也不一致，但也存在共性因素。無論對於哪個國家，其國家利益的內涵都有兩個共同性：其一是在邏輯上所必需的利益，包括領土完整、政治制度的延續、文化的認同、國家的安全等，它們是國家之所以成為國家的核心利益或根本利益，是永久存在的利益；其二是由環境變化決定的利益，是國家依環境變化而不斷更新內容的利益，可稱為次要利益或可變利益。[1]

　　2011 年 9 月國務院新聞辦發表的《中國的和平發展》白皮

1　Hans J.Morgenthau.Another Great Debate: The National Interest of the United States[J]. *American Political Science Review*, 1952, 46(4): 972.

書明確界定了中國的核心利益，中國的核心利益包括：國家主權、國家安全、領土完整，國家統一，中國憲法確立的國家政治制度和社會大局穩定，經濟社會可持續發展的基本保障。

我國《國家安全法》第 2 條規定："國家安全是指國家政權、主權、統一和領土完整、人民福祉、經濟社會可持續發展和國家其他重大利益相對處於沒有危險和不受內外威脅的狀態，以及保障持續安全狀態的能力。"這一關於國家安全的定義就是緊緊圍繞維護國家核心利益展開的。2018 年 4 月 17 日，習近平在十九屆中央國家安全委員會第一次會議上強調了國家利益至上的原則，他指出："堅持人民安全、政治安全、國家利益至上的有機統一，人民安全是國家安全的宗旨，政治安全是國家安全的根本，國家利益至上是國家安全的準則，實現人民安居樂業、黨的長期執政、國家長治久安。"

我國對國家安全概念的界定，既包括安全狀態，也包括維護國家安全的能力。我們追求的國家安全既不像美國那樣追求"絕對安全"，也不像美國那樣無限泛化。我們強調"相對處於沒有危險和不受內外威脅的狀態"，就是要通過不斷加強自身安全能力建設，不斷克服和防範不安全因素對國家造成實質性危害。我們在強調維護我國國家安全的同時，還強調維護共同安全和世界和平，不對其他國家和國際社會構成安全威脅。

（三）國家安全的重要性

國家安全的重要性體現在它是一個國家存續發展的最基本

保障。國家一旦產生或建立起來，保障自身安全就成為其首要目標。當一個國家失去安全保障，面臨內部或者外來威脅，處於危機狀態，社會各領域的正常秩序被打斷，一個必然的結果就是國家發展將會陷入停滯、甚至陷入倒退、崩潰的狀態。比如，1999 年由於受到以美國為首的北約的空中打擊，南斯拉夫的國家安全遭到嚴重破壞，這不僅使其生存狀態嚴重惡化，而且最終導致南斯拉夫徹底解體。在這樣的安全環境中，何談國家發展？如果一個國家不能保障自己的安全，主權旁落，國家在實際上被外國政權所控制，又或者其他原因導致國家發生危機，失去獨立自主權，也就只能依附和從屬他國。如果國家命運掌握在別人手中，任人宰割和欺辱，那麼社會的穩定、科技的昌明、經濟的發展、人民的安康、國家的形象和尊嚴，都只是一句空話，不可能得到保障，那麼"這個國家就可能在不遠的將來成為一個僅存在於歷史教科書裏的'歷史國家'，而不再是活動於國際社會中的'現實國家'"。[1]

持續存在對於一個國家來說僅僅是最低要求，而不是其全部需求，也不是其存在的根本目的。國家安全直接的目的是維護國家的存續與發展，但就其最根本意義而言，則是為生活於國家中的公民服務。國家存在的意義，在於不斷發展，為其國民創造更好的生活條件，為國家的文明進步提供支撐保障。國家安全和社會穩定是改革、發展的前提。只有國家安全和社

1　劉躍進：《當前國際形勢下的國家安全問題》，《北京教育學院學報》1999 年第 4 期。

會穩定,改革、發展事業才能不斷推進。對國家、對社會、對公民個人來說,國家是否安全,事關重大。2014 年 4 月 15 日,習近平在中央國家安全委員會第一次會議上的講話中指出:"增強憂患意識,做到居安思危,是我們治黨治國必須始終堅持的一個重大原則。我們黨要鞏固執政地位,要團結帶領人民堅持和發展中國特色社會主義,保證國家安全是頭等大事。"為增強全民國家安全意識,紀念 2014 年 4 月 15 日中央國家安全委員會成立這一特殊日子,[1] 我國 2015 年出台的《國家安全法》第 14 條規定:"每年 4 月 15 日為全民國家安全教育日。"2016 年 4 月 14 日,在首個全民國家安全教育日到來之際,習近平主席作出指示:"國泰民安是人民群眾最基本、最普遍的願望。實現中華民族偉大復興的中國夢,保證人民安居樂業,國家安全是頭等大事。"2017 年 10 月,習近平在中國共產黨第十九次全國代表大會上的報告中指出:"國家安全是安邦定國的重要基石,維護國家安全是全國各族人民根本利益所在。"2020 年 10 月,中國共產黨第十九屆中央委員會第五次全體會議通過的《中共中央關於制定國民經濟和社會發展第十四個五年規劃和二〇三五年遠景目標的建議》,首次把統籌發展和安全納入"十四五"時期我國經濟社會發展的指導思想,並列專章作出戰略部署,突出了國家安全在黨和國家工作大局中的重要地位。2022 年 10 月,習近平在中國共產黨第

---

1 王振民:《維護國家安全的根本法律依據》,《人民日報》2015 年 7 月 30 日,第 11 版。

二十次全國代表大會上作的報告，首次在黨代會報告中將國家安全方面的內容單獨成章，以"推進國家安全體系和能力現代化，堅決維護國家安全和社會穩定"為題展開全面系統的闡述。2023 年 5 月，習近平總書記主持召開二十屆中央國家安全委員會第一次會議發表重要講話時強調，要全面貫徹黨的二十大精神，深刻認識國家安全面臨的複雜嚴峻形勢，正確把握重大國家安全問題，加快推進國家安全體系和能力現代化，以新安全格局保障新發展格局，努力開創國家安全工作新局面。

（四）總體國家安全觀

每個國家都有自己的國家安全觀。國家制度不同、經濟社會發展階段不同、所處的安全環境不同，國家安全觀也不盡相同。即使是同一個國家，也會隨著國家所處的安全形勢的發展變化適時調整自己的國家安全觀。2014 年 4 月 15 日，習近平在中央國家安全委員會第一次會議上提出了總體國家安全觀，強調"要準確把握國家安全形勢變化新特點新趨勢，堅持總體國家安全觀，走出一條中國特色國家安全道路"，"當前我國國家安全內涵和外延比歷史上任何時候都要豐富，時空領域比歷史上任何時候都要寬廣，內外因素比歷史上任何時候都要複雜，必須堅持總體國家安全觀，以人民安全為宗旨，以政治安全為根本，以經濟安全為基礎，以軍事、文化、社會安全為保障，以促進國際安全為依託，走出一條中國特色國家安全道路。"

　　總體國家安全觀是習近平主席總結以往歷史經驗、適應當前形勢任務的重要戰略思想，是對國家安全理論的重大創新，全面系統闡述了中國特色國家安全觀，明確了當代中國國家安全的內涵、外延、宗旨、目標、手段、路徑等，闡明了各重點國家安全領域以及各領域之間的關係。總體國家安全觀要求我們既重視外部安全，又重視內部安全，對內求發展、求變革、求穩定、建設平安中國，對外求和平、求合作、求共贏、建設和諧世界；既重視國土安全，又重視國民安全，堅持以民為本、以人為本，堅持國家安全一切為了人民，一切依靠人民，真正夯實國家安全的群眾基礎；既重視傳統安全，又重視非傳統安全，構建集政治安全、國土安全、軍事安全、經濟安全、文化安全、社會安全、科技安全、信息安全、生態安全、資源安全、核安全等於一體的國家安全體系；既重視發展問題，又重視安全問題，發展是安全的基礎，安全是發展的條件，富國才能強兵，強兵才能衛國；既重視自身安全，又重視共同安全，打造人類命運共同體，推動各方朝著互利互惠、共同安全的目標相向而行。

　　總體國家安全觀是中國共產黨歷史上第一個被確立為國家安全工作指導思想的重大戰略思想，它科學回答了維護和塑造中國特色國家安全所面臨的一系列重大問題，從國家安全的角度進一步深化了中國共產黨對執政規律的認識，為謀劃做好新時代國家安全工作提供了根本遵循。[1] 在總體國家安全觀指引下，我國維護國家安全事業取得新的重大進展。2015 年 1 月，中共中央政治局審議通過了以總體國家安全觀為指導的《國家安全戰略綱要》，為我國在新形勢下全面保障國家安全提供了強有力的戰略支撐。2015 年 7 月 1 日，全國人大常委會高票通過了《國家安全法》，以法律形式確立了總體國家安全觀的指導地位。2017 年 10 月，在中國共產黨第十九次全國代表大會的報告中，習近平在闡述新時代中國特色社會主義思想的精神實質和豐富內涵時，強調要堅持總體國家安全觀，他指出："統籌發展和安全，增強憂患意識，做到居安思危，是我們黨治國理政的一個重大原則。必須堅持國家利益至上，以人民安全為宗旨，以政治安全為根本，統籌外部安全和內部安全、國土安全和國民安全、傳統安全和非傳統安全、自身安全和共同安全，完善國家安全制度體系，加強國家安全能力建設，堅決維護國家主權、安全、發展利益。"2018 年 4 月，十九屆中央國家安全委員會第一次會議審議通過《黨委（黨組）國家安全責任制規定》，明確了各級黨委（黨組）維護國家安全的主體責任。2020 年 12 月，中共中央政治局就切實做好國家安全工作舉行第二十六次集體學習，中共中央總書記習近平在主持學習時強調，國家安全工作是黨治國理政一項十分重要的工作，也是保障國泰民安一項十分重要的工作。做好新時代國家安全

---

1 鍾國安：《深入把握新時代國家安全偉大成就》，載《求是》2022 年第 10 期。

工作，要堅持總體國家安全觀，抓住和用好我國發展的重要戰略機遇期，把國家安全貫穿到黨和國家工作各方面全過程，同經濟社會發展一起謀劃、一起部署，堅持系統思維，構建大安全格局，促進國際安全和世界和平，為建設社會主義現代化國家提供堅強保障。習近平還就貫徹總體國家安全觀提出十點要求：堅持黨對國家安全工作的絕對領導，堅持中國特色國家安全道路，堅持以人民安全為宗旨，堅持統籌發展和安全，堅持把政治安全放在首要位置，堅持統籌推進各領域安全，堅持把防範化解國家安全風險擺在突出位置，堅持推進國際共同安全，堅持推進國家安全體系和能力現代化，堅持加強國家安全幹部隊伍建設。2021 年，中共中央出台《中國共產黨領導國家安全工作條例》，系統回答了國家安全工作 "誰來領導" "領導什麼" "怎麼領導" 等重大問題，進一步從制度上強化了黨對國家安全工作的絕對領導。2021 年 11 月，中共中央政治局審議通過《國家安全戰略（2021—2025 年）》，對構建與新發展格局相適應的新安全格局，統籌做好重點領域、重點地區、重點方向國家安全工作作出部署。2022 年 10 月，習近平在中國共產黨第二十次全國代表大會上的報告中指出："國家安全是民族復興的根基，社會穩定是國家強盛的前提。必須堅定不移貫徹總體國家安全觀，把維護國家安全貫穿黨和國家工作各方面全過程，確保國家安全和社會穩定。"

二、我國國家安全立法

我國國家安全立法從無到有、從單一逐步走向豐富，經歷了不同的發展階段。新中國成立後，我國面臨著嚴峻的國家安全形勢，西方國家對新中國進行全面封鎖；1950 年，美國第七艦隊進入台灣海峽，阻止統一台灣；1950 年至 1975 年，朝鮮戰爭、越南戰爭相繼在我國周邊爆發；1962 年，爆發了中印邊境衝突；1969 年，蘇聯入侵珍寶島，我國被迫自衛反擊。這一時期，我國維護國家安全主要是通過政治、軍事、外交等手段。1978 年改革開放後，維護國家安全進入系統化、規範化時期，可以分為兩個階段：第一階段是填補空白，第二階段是系統構建。第一階段從 1978 年至 2014 年，國家先後制定了一系列維護國家安全的法律，從無到有填補維護國家安全的法律空白，包括：《刑法》《國家安全法》（1993）、《國防動員法》《反分裂國家法》《國防法》《領海及毗連區法》《兵役法》《戒嚴法》《突發事件應對法》《香港駐軍法》《澳門駐軍法》等。經過幾十年的改革開放，中國面臨的國際國內局勢發生了很大變化，國家安全風險也出現了新情況新問題。2014 年，習近平總書記提出總體國家安全觀，將國家安全分為傳統安全和非傳統安全。傳統安全包括政治安全（包括政權安全）、國土安全、軍事安全；非傳統安全包括社會安全、經濟金融安全、文化安

全、生物安全、網絡安全、核安全等方面。[1] 以總體國家安全觀
為指導，我國國家安全立法進度明顯加快，在國家層面，目前
已經形成以憲法為核心，以《國家安全法》為根本，以國家安
全專門領域立法為支撐，以其他相關法律、行政法規、地方性
法規等為補充的國家安全法律制度體系。同時，在我國維護國
家安全的整體法律體系中還包含了香港、澳門特區兩個維護國
家安全的子法律體系。

（一）我國國家安全法律制度體系

憲法具有最高法律效力，是開展國家安全工作的根本遵
循。國家安全屬一國最基本、最重要的利益，是國家主權不受
侵犯、國內經濟社會發展、公民權利實現的前提，是憲法規定
的重要內容。我國現行憲法於 1982 年 12 月 4 日通過，在 1988
年、1993 年、1999 年、2004 年、2018 年先後經歷五次修改，
在現行憲法中有不少條款與國家安全有密切的關係，屬國家安
全制度的直接憲法依據。如憲法序言第八自然段規定 "對敵視
和破壞我國社會主義制度的國內外的敵對勢力和敵對分子，必
須進行鬥爭"。憲法第 1 條第 2 款規定 "社會主義制度是中華
人民共和國的根本制度。中國共產黨領導是中國特色社會主義
最本質的特徵。禁止任何組織或者個人破壞社會主義制度"。
第 28 條規定 "國家維護社會秩序，鎮壓叛國和其他危害國家
安全的犯罪活動……" 第 52 條規定 "中華人民共和國公民有

1　張勇：《國家安全立法：現狀與展望》，載《中國人大》2020 年第 13 期。

維護國家統一和全國各民族團結的義務"。第 53 條規定，中華
人民共和國公民有保守國家秘密的義務。第 54 條規定"中華
人民共和國公民有維護祖國的安全、榮譽和利益的義務，不得
有危害祖國的安全、榮譽和利益的行為"。

我國《憲法》並未直接規定國家安全的定義，從憲法文本
的規定看，憲法上的國家安全具有如下基本特徵：國家安全是
國家生存的基礎、國家安全以人民安全為核心價值、維護國家
安全是公民的憲法義務、國家安全是國家治理的基本要求、國
家安全是具有包容性與不斷變遷的概念。[1]

2015 年 7 月 1 日，第十二屆全國人大常委會第十五次會
議高票通過了《國家安全法》，該法是一部立足全局、統領國
家安全各領域的綜合性、全局性、基礎性法律，在國家安全法
律制度體系中起統領、支撐作用。該法共 7 章 84 條，規定了
國家安全的含義和國家安全工作的指導思想，國家安全領導體
制和有關國家機構的職責，維護國家安全工作的基本原則，政
治、經濟、軍事、國土等各領域國家安全的任務和制度措施，
國家安全制度和保障措施以及公民、組織維護國家安全的權
利和義務，構建了我國國家安全法律制度體系的基本框架。此
外，《國家安全法》還對兩個特別行政區和港澳同胞維護國家
安全的責任提出了原則性要求，該法第 11 條第 2 款規定"維
護國家主權、統一和領土完整是包括港澳同胞和台灣同胞在內
的全中國人民的共同義務。"第 40 條第 3 款規定"香港特別

---

1 韓大元：《論中國憲法上的國家安全與人權的關係》，載《人權》2019 年第 5 期。

行政區、澳門特別行政區應當履行維護國家安全的責任"。

　　此外，由全國人大及其常委會制定修改的直接關係國家安全的法律還包括《國防交通法》（2016）、《網絡安全法》（2016）、《境外非政府組織境內活動管理法》（2017 修正）、《核安全法》（2017）、《國家情報法》（2018 修正）、《反恐怖主義法》（2018 修正）、《密碼法》（2019）、《出口管制法》（2020）、《生物安全法》（2020）、《國防法》（2020 修訂）、《人民武裝警察法》（2020 修訂）、《軍事設施保護法》（2021 修訂）、《兵役法》（2021 修訂）、《海警法》（2021）、《陸地國界法》（2021）、《數據安全法》（2021）、《個人信息保護法》（2021）、《反外國制裁法》（2021）、《反間諜法》（2023 修訂）等。為確保維護國家安全法律的有效實施，國務院還出台了配套的行政法規，如《反間諜法實施細則》《軍事設施保護法實施辦法》《徵兵工作條例》《關鍵信息基礎設施安全保護條例》《技術進出口管理條例》《外國常駐新聞機構和外國記者採訪條例》等。地方人大常委會也出台了一些配套的地方性法規，如《浙江省實施〈反恐怖主義法〉辦法》《新疆維吾爾自治區實施〈反恐怖主義法〉辦法》《山東省國家安全技術保衛條例》《河南省國家安全技術保衛條例》等。國務院有關部門也出台了《反間諜安全防範工作規定》（2021）、《公民舉報危害國家安全行為獎勵辦法》（2022）等維護國家安全有關事項的部門規章。

　　其他一些法律、行政法規、部門規章等也規定了涉及維護國家安全的內容。如《刑法》分則第一章規定了"危害國家安全罪"，《刑事訴訟法》規定了危害國家安全類犯罪案件的偵查、訴訟程序；《生物安全法》規定，國家建立生物安全審查制度，對影響或者可能影響國家安全的生物領域重大事項和活動，由國務院有關部門進行生物安全審查；《外商投資安全審查辦法》較為全面規定對影響或者可能影響國家安全的外商投資進行安全審查的內容；《網絡安全法》和《數據安全法》規定，對關鍵信息基礎設施運營者採購網絡產品和服務，網絡平台運營者開展數據處理活動，影響或可能影響國家安全的，應當進行網絡安全審查；《網絡安全審查辦法》規定了網絡安全審查的對象和範圍、基本原則、審查考慮因素、審查的流程和時限等內容，為網絡安全審查工作提供了具體指引；《數據出境安全評估辦法》規定了數據出境安全評估的範圍、條件和程序，為數據出境安全評估工作提供了具體指引；《知識產權對外轉讓有關工作辦法（試行）》規定，對技術出口、外國投資者併購境內企業等活動中涉及國家安全的知識產權對外轉讓行為進行審查。這些內容補充了國家安全專門領域立法之間的縫隙，銜接起了相關法律制度。

在"一國兩制"制度體系之下，特別行政區維護國家安全法律制度是我國國家安全法律制度體系中較為特殊的組成部分。由於國家層面維護國家安全的法律未列入基本法附件三，不在香港、澳門特區實施，因此，在中央維護國家安全的大體系之下，香港、澳門特別行政區應構建維護國家安全的子體系。[1] 從責任上來看，一國之內，無論什麼地方，維護國家安全的客體是共同的，即維護的是同一個國家的安全。特別行政區作為中國不可分離的部分，在維護國家安全的責任上自然沒有例外，與內地省、自治區、直轄市承擔同樣的責任，即維護國家安全只有"一國"之責，沒有"兩制"之分。但由於實行"一國兩制"，香港與內地實行不同的法律制度即普通法，香港維護國家安全的具體法律制度設計、法律標準上，可以與內地有所不同，包括危害國家安全行為的處罰範圍、處罰標準和處罰程度等，但不能長期缺失維護國家安全的法律制度。澳門亦然。以下分別對香港、澳門維護國家安全的法律制度和執行機制進行說明。

（二）香港維護國家安全的法律制度和執行機制

香港維護國家安全的法律制度大致由三個方面構成：香港原有法律中關於維護國家安全的規定、《香港基本法》的有關規定和第 23 條立法、國家層面的國家安全立法。

第一，回歸前香港沒有專門的國家安全立法，對危害國家安全行為的處理規定散見於《刑事罪行條例》《公安條例》《官方機密條例》《社團條例》等法律之中，內容涉及叛國罪、侵襲英王罪、煽動罪、煽動軍隊叛變罪、煽動軍警叛變罪、煽動警員產生不滿情緒罪、抵觸英國官方機密法案的犯罪、穿

1　王振民：《建立健全香港特別行政區維護國家安全的法治體系》，《光明日報》2020 年 2 月 26 日，第 11 版。

著政治性制服罪、與軍警制服有關的犯罪等。[1] 隨著香港回歸的臨近，為避免出現法律真空，1997 年 2 月，第八屆全國人大常委會第二十四次會議作出《關於根據〈香港基本法〉第 160 條處理香港原有法律的決定》，對香港原有法律進行了分類處理：對香港原有法律中抵觸香港基本法的，不採用為香港特區法律；香港原有法律中的部分條款抵觸《香港基本法》，這些條款不採用為香港特區法律；採用為香港特區法律的香港原有法律中的名稱或詞句在解釋或適用時須遵循特定的替換原則。

第二，《香港基本法》中有許多關於維護國家安全的條款，其中最直接的條款是第 23 條。《香港基本法》第 23 條授權香港特別行政區自行立法禁止叛國、分裂國家等七種危害國家安全的行為。2024 年 1 月 30 日，香港特區政府保安局公佈《維護國家安全：〈基本法〉第二十三條立法》諮詢文件，就《香港基本法》第 23 條立法展開公眾諮詢。公眾諮詢結束後，3 月 8 日，香港特區政府將《維護國家安全條例草案》提交特區立法會審議。3 月 19 日，特區立法會全票通過《維護國家安全條例》。3 月 23 日，《維護國家安全條例》刊憲生效。鑒於國家層面於 2020 年出台了《關於建立健全香港特別行政區維護國家安全的法律制度和執行機制的決定》（"5·28 決定"）和《香港國安法》等維護國家安全的法律，《維護國家安全條例》並未局限於《香港基本法》第 23 條規定的內容，而是全面落實"5·28 決定"及《香港國安法》規定的憲制責任和義務，與

---

1 趙秉志：《外向型刑法問題研究（上卷）》，中國法制出版社 1997 年版，第 302 頁。

已實施的《香港國安法》有機銜接，補齊了特區維護國家安全
制度機制的短板，共同構築起特區維護國家安全的堅實屏障。
《維護國家安全條例》對基本法第 23 條規定的危害國家安全的
行為和活動作出了規管，並適應香港維護國家安全的實際需要
完善了相關制度機制，使香港特區能夠全面有效防範、制止和
懲治危害國家安全的行為和活動。《維護國家安全條例》還通
過修訂《刑事罪行條例》《官方機密條例》《社團條例》等成文
法則的形式，實現與香港其他法例的銜接、兼容。

　　根據上述決定對香港原有法律的處理原則，《刑事罪行條
例》第 I 部和第 II 部對叛國罪的規定相當完備，採用為香港法
律，只是在解釋和適用時須將"女王陛下"、"王室"、"英國政
府"及"國務大臣"等類似名稱或詞句，相應地解釋為中央、
中國的其他主管機關或香港特別行政區政府。《官方機密條例》
的規定因不與《香港基本法》抵觸，故回歸後予以保留，適用
於香港地區。香港原有《社團條例》禁止外國的政治性組織或
團體在香港進行政治活動，禁止香港的政治性組織或團體與
外國的政治性組織或團體建立聯繫，這是符合《香港基本法》
的，但 1992 年港英政府違反《中英聯合聲明》，擅自對該條例
作出重大修改。因此，不採用 1992 年 7 月 17 日以來對《社團
條例》的重大修改。

　　1997 年香港回歸後，香港特區對《公安條例》和《社團條
例》進行了修訂，修訂後"國家安全"一詞的含義是"保衛中
華人民共和國的領土完整及獨立自主"。這一修訂雖然體現了

《香港基本法》第 1 條關於香港是中國不可分離的一部分的規定，以及《香港基本法》第 23 條的內容，但這種理解仍然是比較狹窄的，在香港地區對國家安全概念的理解應和我國 2015年《國家安全法》規定的國家安全概念相一致。

香港現行可以規管危害國家或公共安全、破壞公共秩序行為的本地刑事法律及行政措施主要規定在《刑事罪行條例》《社團條例》《官方機密條例》和《公安條例》中。如《公安條例》第 7 至 13 條規定了 "未經批准集結"，第 18 條規定了 "非法集結" 以及 "煽惑他人參與非法集結"，第 19 條規定了 "暴動"以及 "煽惑暴動" 等罪行。《社團條例》第 8 條規定了禁止社團的運作，第 18 至 25 條規定了禁止成為非法社團成員及組織和支持非法社團。《刑事罪行條例》第 2 條規定了 "叛逆"，第3 條規定了 "叛逆性質的罪行"，第 9 條規定了 "煽惑意圖"，第 10 條規定了 "罪行"。《官方機密條例》第 3 至 8 條規定了"間諜活動"，第 13 至 23 條規定了 "非法披露"。[1] 香港普通法中也有許多關於維護國家安全的判例。在實踐中，雖然也曾出現香港特區根據《社團條例》禁止 "香港民族黨" 運作等案例，但從總體上來看，香港本地法律中關於維護國家安全的規定基本處於 "沉睡" 狀態，尚未有效適用、激活。

第三，國家層面的國家安全立法，主要指全國人大《涉港國安決定》及其常務委員會制定的《香港國安法》。《涉港國安

1　盧雯雯、鄒平學：《香港現行法律和基本法第 23 條的關係：兼論適應化立法路徑的可行性》，載《港澳研究》2019 年第 3 期。

決定》和《香港國安法》並不是取代第 23 條立法，雖然兩者的內容存在交叉，如前者規定了四種危害國家安全的行為和活動、《香港基本法》第 23 條規定了七種危害國家安全的行為和活動，有兩種行為是相同的，一個是分裂國家，另外一個在第 23 條中表述為"顛覆中央人民政府"，在《香港國安法》中表述為"顛覆國家政權"，含義更為廣泛、更為充分。香港維護國家安全的法律制度包括國家層面、特區層面兩個方面，特區層面維護國家安全的法律制度要服從於國家層面的維護國家安全法律制度，《香港國安法》明確規定香港特區應履行維護國家安全的職責，包括儘早完成《香港基本法》規定的有關立法。香港特區第 23 條立法、香港原有法律中關於維護國家安全的規定不得違反《涉港國安決定》和《香港國安法》的內容。《香港國安法》規定本法的解釋權屬全國人大常委會，《立法法》規定全國人大常委會的法律解釋同法律具有同等效力，顯然，香港特區層面的維護國家安全法律制度也不得違反全國人大常委會對《香港國安法》作出的解釋。

回歸之後很長一段時間內，香港特區並未設立專門的維護國家安全的機構，中央也未向香港特區派駐維護國家安全的專門機構，香港未建立起維護國家安全的有效執行機制。《香港國安法》實施後，香港特區逐步建立了包括香港特區國安委、國家安全事務顧問、警務處國家安全處、律政司維護國家安全檢控科等機構在內的維護國家安全的一整套執行機制。中央也在香港特區設立駐港國安公署，依法履行維護國家安全職責，對特別行政區履行維護國家安全的職責進行監督、指導、協調、支持，並可依據《香港國安法》第 55 條直接對危害國家安全犯罪案件行使管轄權。由此，在香港特區建立起了維護國家安全的"雙執行機制"，兩套執行機制職責分工和案件管轄劃分清晰，又形成互補、協作和配合關係。

（三） 澳門維護國家安全的法律制度和執行機制

《澳門基本法》中有許多與維護國家安全相關的條款，最直接的條款是第 23 條。《澳門基本法》第 23 條授權澳門特別行政區自行立法禁止叛國、分裂國家等七種危害國家安全的行為。澳門特區已於 2009 年通過了《維護國家安全法》，完成了第 23 條立法的憲制義務。之後，澳門特區政府有序開展了配套立法工作，這些法律法規可分為四個方面：

1. 關於維護國家安全事務的機構組織法。2018 年，澳門特區通過了第 22/2018 號行政法規《維護國家安全委員會》，成立了澳門特區維護國家安全委員會，由其承擔統籌及協調澳門特別行政區維護國家主權、安全及發展利益的基本職責。澳門維護國家安全委員會由行政長官擔任主席，委員包括行政法務司司長、保安司司長（擔任副主席）、警察總局局長、行政長官辦公室主任、保安司司長辦公室主任、法務局局長、司法警察局局長等。澳門特區國安委還設立了內部附屬的常設執行及輔助部門——澳門特區國安委辦公室。2021 年，澳門特區行政長官提交《關於提請中央人民政府在澳門特別行政區維護國家安全委員會設立國家安全事務顧問和國家安全技術顧問的報告》。11 月 30 日，國務院作出《關於同意在澳門特別行政區維護國家安全委員會設立國家安全事務顧問和國家安全技術顧問的批覆》（國函〔2021〕121 號），決定在澳門特區國安委設立一名國家安全事務顧問和三名國家安全技術顧問。國家安全事務顧問由澳門中聯辦主任擔任，國家安全技術顧問由澳門中聯辦相關人員擔任。國家安全事務顧問的職責是：監督、指導、協調、支持澳門特區開展維護國家安全工作。國家安全技術顧問的職責是：協助國家安全事務顧問開展相關工作；就澳門特區國安委辦公室履行職責相關事務提供意見。國家安全事務顧問列席澳門特區國安委會議。國家安全技術顧問列席澳門特區國安委辦公室會議。2021 年 12 月 13 日，澳門特區公佈第 47/2021 號行政法規《修改第 22/2018 號行政法規〈澳門特別行政區維護國家安全委員會〉》，增加了國家安全事務顧問和國家安全技術顧問相關內容，落實了中央人民政府的批覆要求，為國家安全顧問制度在澳門特區落地實施以及國家安全事務顧問和國家安全技術顧問依法履職提供了有力的法律保障。

2019 年，澳門特區通過了第 35/2019 號行政法規《網絡安全委員會、網絡安全事故預警及應急中心及網絡安全監管實體》，在網絡安全委員會的領導監督下，網絡安全事故預警及應急中心、網絡安全監管實體和關鍵基礎設施營運者依法履行職責，共同保障澳門的網絡安全，助力維護國家的總體安全。2020 年 12 月，澳門特區立法會通過了第 26/2020 號法律《修改第

9/2002 號法律〈澳門特別行政區內部保安綱要法〉》，該法律修改了安全委員會的組成、澳門內部保安體系的組成等內容。安全委員會是行政長官在內部保安事宜上的專責諮詢及提供輔助的機關，安全委員會由民航局局長、海事及水務局局長、市政署市政管理委員會主席、懲教管理局局長組成。澳門特區內部保安體系由下列公共機構組成：警察總局、海關、治安警察局、消防局、司法警察局、澳門保安部隊事務局、澳門保安部隊高等學校、民航局（限於空中交通安全範疇）、水及水務局（限於行使海事當局權力）、懲教管理局（限於監務或監務技術範疇）。2017 年 4 月 24 日制定的第 14/2017 號行政法規《核准安全委員會的運作規定》，規定了安全委員會的會議召集、運作、執行等內容。

2. 維護國家安全執法、司法機構的相關法律。在執法方面，2020 年 10 月 12 日生效的第 14/2020 號法律《修改第 5/2006 號法律〈司法警察局〉》，明確將處理危害國家安全犯罪列入司法警察局的專屬職權。根據 2020 年 10 月 12 日生效的行政法規《司法警察局的組織及運作》規定，司法警察局新增保安廳及其轄下部門——國家安全情報工作處、國家安全罪案調查處、國家安全行動支持處、國家安全事務綜合處、恐怖主義罪案預警及調查處、網絡安全處，專責國家安全、反恐、維護網絡安全等工作。根據 1999 年 12 月 20 日通過的 7/1999 號法律《澳門特別行政區處理居民國籍申請的具體規定》，在審核國籍申請時，國家、特區安全及公共秩序的因素應優先給予考慮。根據 2021 年 8 月 5 日通過的第 16/2021 號法律《澳門特別行政區出入境管控、逗留及居留許可的法律制度》規定，基於非居民涉嫌與包括國際恐怖主義在內的跨國犯罪有關、非居民對澳門內部保安構成威脅，或基於安全性質的行政措施或根據司法裁判，非居民被阻止或禁止入境澳門特別行政區等原因，可拒絕非居民入境澳門特別行政區及拒絕相關簽證及許可的申請。根據 2022 年 7 月 22 日通過的第 10/2022 號法律《通訊截取及保障法律制度》規定，針對恐怖主義犯罪、危害國家安全犯罪，有理由相信進行通訊截取對發現事實真相屬必須，或不能 / 難以以其他方法取得證據的情況下，可由法官以批示命令或許可對通訊進行截取。在司法及審判方面，根據澳門特區 2019 年 2 月通過的第 4/2019 號法律《修改第 9/1999 號法律〈司法組織綱要法〉》規定，只有身份是中國公民的檢察院司法官及法官，才能被指派負責涉及危害國家安全犯罪的檢控及審判工作，這是澳門檢察和審判機關配合特區切實履行維護國家安全責任的重要舉措。

3. 維護國家安全的有關實體法。在反恐怖主義方面，2006 年 3 月 30 日澳門立法會通過的第 3/2006 號法律《預防及遏止恐怖主義犯罪》，對恐怖主義犯罪的罪名和刑罰作出規定。2017 年 5 月 11 日通過的第 3/2007 號法律《修改第 2/2006 號法律〈預防及遏止清洗黑錢犯罪〉及第 3/2006 號法律〈預防及遏止恐怖主義犯罪〉》，擴大了對恐怖犯罪的界定。在網絡安全領域，2019 年 6 月 6 日通過的第 13/2019 號法律《網絡安全法》，構建和規範了澳門特區網絡安全的架構，訂明了維護網絡安全的義務和責任。2020 年 4 月 16 日通過的第 4/2020 號法律《修改第 11/2009 號法律〈打擊電腦犯罪法〉》，明確了新的犯罪行為類型以及實施該等犯罪的刑事責任，賦予有關機關在打擊電腦犯罪方面更有效的調查工具。在博彩經營領域，2022 年 6 月 21 日，澳門特區立法會細則性通過《修改第 16/2001 號法律〈娛樂場幸運博彩經營法律制度〉》法案，修改後的《娛樂場幸運博彩經營法律制度》第 45 條規定，行政長官在聽取博彩委員會的意見後，可基於其危害國家或澳門特別行政區的安全的理由，解除娛樂場幸運博彩的經營批給。在社會安全領域，2002 年 11 月 27 日通過的第 9/2002 號法律《澳門特別行政區內部保安綱要法》，規範了澳門特區的內部保安工作（是指為保障公共秩序及安寧、保護人身及財產、預防及偵查犯罪以及管制出入境，並藉此確保社會穩定及個人基本權利和自由的行使，而由特區開展的長期性工作）。2004 年 2 月 25 日通過的第 2/2004 號法律《傳染病防治法》對有效預防、控制和治療傳染病，保障公共衛生作出規範。2013 年 3 月 27 日通過的第 5/2013 號法律《食品安全法》對食品安全的監督管理，食品安全風險的預防、控制及應對措施，以及針對食品安全事故的處理機制作出規範。2020 年 8 月 4 日通過的第 11/2020 號法律《民防法律制度》規定了澳門特區民防活動（是指預防和應對自然災害、意外事故、公共衛生事件、社會安全事件等突發公共事件）的原則及基本制度。在保密領域，根據 2001 年

7 月 24 日通過的第 11/2001 號法律《澳門特別行政區海關》，海關人員須服從關於司法保密的法律規定，並須遵守職業上的保密。2009 年 12 月 14 日通過的第 22/2009 號法律《對行政長官和政府主要官員離任的限制規定》第 4 條規定，離任行政長官及主要官員對在職時獲悉的機密或非公開的事實，如非屬向外公開者，須予以保密。第 14/2017 號行政法規《核准安全委員會的運作規定》規定，安全委員會會議的議題、內容及會議記錄，均具保密性質。第 22/2018 號行政法規《澳門特別行政區維護國家安全委員會》規定，委員會會議的議題、內容、會議紀錄及相關輔助文件，以及辦公室的工作，均具保密性質。2023 年 12 月 14 日，澳門特區立法會通過《保守國家秘密法》，以確保國家秘密得到適切和嚴格的保護。在國土安全領域，2018 年 7 月 2 日通過的第 7/2018 號法律《海域管理綱要法》對澳門特區海域管理的一般原則和制度框架作出規範。

4. 有關公職人員參選及任職資格的法律。1999 年 12 月 20 日通過的《就職宣誓法》對行政長官、主要官員、立法會主席、終審法院院長、檢察長、行政會成員、立法會議員、法官、檢察官等人的宣誓事宜作出規範，該法第 5 條規定，應依本法宣誓而拒絕宣誓者，喪失就任資格。2016 年 12 月，澳門特區根據全國人大常委會對《香港基本法》第 104 條釋法的精神，通過第 9/2016 號法律《修改第 3/2001 號法律〈澳門特別行政區立法會選舉制度〉》。修改後的法律第 4 條規定，立法會議員在任職期間不得出任任何外國議會或立法議會的成員，不得出任任何外國政府成員或公共行政人員。第 6 條規定，拒絕聲明擁護《澳門基本法》和效忠中華人民共和國澳門特別行政區者，或事實證明不擁護《澳門基本法》或不效忠中華人民共和國澳門特別行政區者，無立法會議員被選資格。上述條款所確立的法律規則在實踐中得到捍衛。2021 年 7 月 12 日，澳門特區第七屆立法會選舉管理委員會指出，為審核所有參選人的被選資格，特別是落實《澳門特別行政區立法會選舉制度》第 6 條第 8 項的相關規定，選舉管理委員會制定了以下七項準則：（1）參選人 / 候選人須維護我國《憲法》及《澳門基本法》確立的憲制秩序：若有事實證明參選人或候選人曾經組織、參與意圖推翻、破壞我國《憲法》所確立的國家根本制度的活動或發表與上述行為相關的言論，依法視為無被選資格。（2）參選人 / 候選人須維護國家的統一和領土完整：若有事實證明參選人或候選人曾經作出危害國家統一和領土完整的行為、發表分裂國家的言論或以任何方式參與上述相關活動，依法視為無被選資格。（3）防範參選人 / 候選人勾結外國或者境外勢力滲透特區權力機關：若有事實證明參選人或候選人曾經參加境外反華勢力組織安排的反中亂澳培訓活動，包括但不限於接受上述組織提供的資助，依法視為無被選資格。（4）參選人 / 候選人須尊重《憲法》及《澳門基本法》確立的政治體制：若有事實證明參選人或候選人曾作出惡意攻擊、抹黑、詆毀中華人民共和國或中華人民共和國澳門特別行政區的行為，發表與上述行為相關的言論，依法視為無被選資格。（5）參選人 / 候選人不得從事危害國家主權及安全的行為；若有事實證明參選人或候選人曾經作出違反第 2/2009 號法律《維護國家安全法》的規定，依法視為無被選資格。（6）參選人／候選人須尊重《憲法》及《澳門基本法》賦予全國人大及其常委會的權限；若有事實證明參選人或候選人曾經作出惡意攻擊或抹黑全國人大及其常委會所通過的立法、解釋或決定，依法視為無被選資格。（7）參選人／候選人不得為輔助作用者；若有事實證明參選人或候選人曾經為實施上述第一至第六項之行為而以任何方式給予實質支持、協助或提供便利，依法視為無被選資格。7 月 13 日，澳門特區第七屆立法會選舉管理委員會經審核，依法認定 20 名參選人因存在不擁護《澳門基本法》或不效忠中華人民共和國澳門特別行政區的事實而無被選資格，拒絕接納 5 個參選組別名單。7 月 20 日，針對 "學社前進" "新澳門進步協會" 和 "民主昌澳門" 三個參選組別的受託人提出的異議，立法會選舉管理委員會作出決定，認為有充分事實證明相關參選人曾作出不擁護《澳門基本法》或不效忠中華人民共和國澳門特別行政區的行為，其提出的異議不成立，予以駁回。7 月 22 日，三個參選組別的受託人向終審法院提出上訴。7 月 31 日，澳門終審法院裁定，三個參選組別的受託人提出的司法上訴理由不成立，維持立法會選舉管理委員會作出的拒絕接納該三份候選名單的決定。[1]

1　澳門終審法院第 113/2021 號案裁判書，https://www.court.gov.mo/sentence/zh-82dd686a58b1d3bf.pdf。

　　為貫徹落實總體國家安全觀，強化維護國家安全的憲制責任，全面預防和懲處危害國家安全犯罪，有效防範和遏制外來干涉，2022 年 8 月，澳門特區政府推動修訂《維護國家安全法》，並就修法工作展開公眾諮詢。2022 年 11 月 8 日，澳門特區政府公佈了修改《維護國家安全法》公開諮詢總結報告，逾九成意見支持特區政府修改《維護國家安全法》的方向和內容。2022 年 12 月 2 日，澳門特區政府行政會完成討論《修改第 2/2009 號法律〈維護國家安全法〉》法律草案，並交立法會審議。2023 年 5 月 18 日，澳門特區立法會審議通過《修改第 2/2009 號法律〈維護國家安全法〉》法案，該法案的主要內容包括：1. 設立 "一般規定" 章節，明確法律標的及宗旨、"國家安全" 的定義、法律的適用範圍、澳門特別行政區維護國家安全事務的職責及活動領域、相關組織保障、澳門居民及其他人在維護國家安全方面的義務等。2. 設立 "刑法規定" 章節，並完善《維護國家安全法》中的刑法規定，包括：完善 "分裂國家" 罪、將 "顛覆中央人民政府" 罪修訂為 "顛覆國家政權" 罪、增訂 "教唆或支持叛亂" 罪、完善 "煽動叛亂" 罪、將 "竊取國家機密" 罪修訂為 "侵犯國家秘密" 罪、將 "澳門的政治性組織或團體與外國的政治性組織或團體建立聯繫作出危害國家安全的行為" 罪修訂為 "與澳門特別行政區以外的組織、團體或個人建立聯繫作出危害國家安全的行為" 罪等。3. 設立 "刑事程序規定" 章節，主要通過准用現行第 6/97/M 號法律《有組織犯罪法》、第 10/2000 號法律《澳門特別行政區廉政

公署組織法》、第 2/2006 號法律《預防及遏止清洗黑錢犯罪》、
第 17/2009 號法律《禁止不法生產、販賣和吸食麻醉藥品及精
神藥物》，以及第 10/2022 號法律《通訊截取及保障法律制度》
的合適規定，完善與國家安全執法及相關司法活動相適應的刑
事訴訟制度。4. 設立 "預防性措施" 章節，引入三項預防性措
施，即 "情報通訊截取" "臨時限制離境" "提供活動資料"，
並通過准用或補充適用法例規定，建立相應的程序手續、監督
和權利救濟機制，平衡風險防控和權利保障的需要。5. 建議增
訂有關賦予執行《維護國家安全法》所生程序具緊急性和卷宗
保密處理等規定，並連同上述刑事程序規定和預防性措施，也
適用於《刑法典》第 297 條至第 305 條規定的危害澳門特區安
全的犯罪。6. 在既有的屬地原則和屬人原則基礎上，引入保護
管轄原則。修改後的《維護國家安全法》由單行刑法提升為澳
門特區維護國家安全法制的基礎、主幹和核心法律，有助於提
升特區統籌管理維護國家安全事務的能力，有助於切實維護國
家主權、安全和發展利益，確保澳門社會長期繁榮穩定。

此外，根據《澳門基本法》第 18 條規定，全國人大常委
會可將維護國家安全的全國性法律列入基本法附件三，在特別
行政區實施。在全國人大常委會決定宣佈戰爭狀態或因特區內
發生特區政府不能控制的危及國家統一或安全的動亂而決定特
別行政區進入緊急狀態時，中央人民政府可發佈命令將關於國
家安全的全國性法律在特別行政區實施。

三、外國國家安全立法

　　各國均把維護國家安全作為頭等大事，綜合運用政治、經濟、外交、國防、法律等多種手段維護國家安全。其中，法制手段是一條必不可少、行之有效的手段。西方大國在運用法制手段維護國家安全方面，起步較早，積累了豐富的經驗。[1] 這裏對美國、俄羅斯、英國、澳大利亞、新加坡、德國的國家安全法律制度進行簡要介紹。

（一）美國國家安全立法

　　美國的國家安全立法發端於 18 世紀末，發展於冷戰時期，完善於 "9·11" 事件後。經過 "二戰" 後幾十年不斷的發展革新，當代美國國家安全法律以《1947 年國家安全法》[2] 為基礎和主幹，以涉國家安全單行立法為脈絡，形成了體系完備、內容龐雜、領域廣泛的一整套法律體系，涉及內政外交的各個領域，為美國維護其國內安全和國際霸權提供了強有力的制度支撐。

　　美國最早的國家安全法律規定出現在憲法之中，憲法第

1　王振民：《維護國家安全的根本法律依據》，《人民日報》2015 年 7 月 30 日，第 11 版。

2　*National Security Law of 1947.*

3 條第 3 款規定了 "叛國罪",[1] 在美國的所有犯罪種類中,這
是唯一通過憲法形式加以規定的罪名,足見美國對於國家安
全的重視程度。為了在戰爭狀態下維護美國國家安全和維護
新政權的穩固,美國國會先後通過了《1798 年歸化法》《客籍
法》《1798 年敵對外僑法》和《1798 年懲治煽動叛亂法》[2],這四
部法律被統稱為《關於處置外僑和煽動叛亂的法令》。在 "一
戰" 至 "二戰" 之間,美國又先後頒佈了《1917 年間諜法》[3]
《1918 年懲治叛亂法》《1940 年外僑登記法》[4] 和《1943 年戰時勞
工糾紛法》[5] 等國家安全相關法律。

　　二戰結束後,美國通過了《1947 年國家安全法》,規範美
國國家安全機構的組織體制和職權範圍以及協調其關係。依據
《1947 年國家安全法》及其後的一系列修正案,美國相繼成立
了國家安全委員會、中央情報局和國防部等維護國家安全的組
織機構,初步奠定了美國現代國家安全體制的基礎。

　　冷戰開始後,為適應國際格局的迅速變化,美國頒佈了
一系列與國家安全相關的法律,包括《1949 年中央情報局法》[6]

1　美國憲法規定:"對合眾國的叛國罪只限於對合眾國發動戰爭,或依附敵人,給予敵人
　　以幫助和鼓勵。無論何人,除非根據兩名證人對同一公然行為的作證或本人在公開法
　　庭上的供認,不得被認定為叛國罪。國會有權宣告對叛國罪的懲罰,但因叛國罪而剝
　　奪公權,不得造成血統玷污,除非在被剝奪者在世期間,否則不得沒收其財產。"

2　*The Sedition Act of 1798.*

3　*Espionage Act.*

4　*Alien Registration Act.*

5　*War Labor Disputes Act.*

6　*Central Intelligence Agency Act of 1949.*

《1959 年國家安全局法》[1]《1980 年機密情報程序法》《軍人間諜罪懲治法》以及《國家安全和機密信息情報保護法案》等。

冷戰結束後，美國國家安全立法曾一度集中於加強國家安全教育、打擊經濟間諜領域，先後通過了《1991 年國家安全教育法》[2] 和《1996 年經濟間諜法》[3] 等法律。直到"9·11"事件發生後，立法重心轉而聚焦於反恐和保障國土安全、促進情報機構溝通與融合等領域。在此期間，美國先後通過了《國土安全法》[4]《情報改革與防恐法》《2001 年愛國者法》[5]《2002 年加強邊境安全和入境簽證改革法》[6] 等法律。

新時期的美國國家安全立法在繼續重視國土安全的基礎上，尤其關注經濟金融領域，先後通過了《2007 年外國投資與國家安全法》[7]《2018 年外國投資風險審查現代化法》[8] 等法律。此外，在網絡、環境、科技、太空等眾多非傳統安全領域，美國都開展了相應的立法工作，美國已成為世界上國家安全法律制度最完備的國家。

1　*National Security Agency Act of 1959.*

2　*National Security Education Act of 1991.*

3　*Economic Espionage Act.*

4　*Homeland Security Act.*

5　*USA PATRIOT Act.*

6　*Enhanced Border Security and Visa Entry Reform Act.*

7　*Foreign Investment and National Security Act of 2007.*

8　*Foreign Investment Risk Review Modernization Act of 2018.*

（二）俄羅斯國家安全立法

俄羅斯一直重視國家安全法律制度建設，1991 年蘇聯解體後，《俄羅斯聯邦國家安全法》即於 1992 年 3 月 5 日頒佈實施。該法分為五章，即總則、俄羅斯聯邦安全系統、俄羅斯聯邦國家安全會議、國家安全活動的經費開支、對外安全活動的監督。其立法目的是"確立保障個人、社會和國家安全的法律基礎，規定安全系統及其職能、安全機關的組織和財政撥款，以及對安全機關的活動進行監督"。該法規定，俄羅斯聯邦安全系統的基本組成部分是"立法、行政和司法機關，國家社會組織和團體以及參與維護國家安全的公民和調整安全領域的法律"。

繼《俄羅斯聯邦國家安全法》頒佈之後，為規範俄羅斯國家安全部和對外情報局的活動，1992 年 7 月，俄羅斯公佈了《俄羅斯聯邦國家安全機關法》和《對外情報機關法》。《俄羅斯聯邦國家安全機關法》規定了俄聯邦國家安全機關的使命、任務、工作手段，以及對國家安全機關的活動進行監督的制度等內容。

此外，俄羅斯還制定了《俄羅斯聯邦偵緝行動法》《俄羅斯聯邦反間諜局條例》《聯邦安全局條例》《俄羅斯聯邦安全會議條例》等法律法規。在反恐方面，出台了《反洗錢及資助恐怖主義法》《反極端主義活動法》《反恐怖主義法》和《關於與恐怖主義作鬥爭新措施法》等法律。

為適應國際形勢變化和國家安全工作需要，俄羅斯在 2010

年出台了新《俄羅斯聯邦安全法》，對國家安全委員會的機構組成、職能、運作機制等進行詳細規定。目前，俄羅斯形成了多層次結構的國家安全法律體系。

（三）英國國家安全立法

英國很早就開始進行國家安全立法，例如《1848 年叛國罪重罪法令》[1] 至今仍然有效，該法規定 "任何計劃或意圖推翻或罷免女王及其繼任者" 的人都將被判處重罪。一戰結束後，英國於 1919 年在戰時針對敵方間諜的相關法律基礎上頒佈《外國人限制法令》[2]，該法目前仍然有效。後來又出台了《1989 年國家安全局法》[3]《1994 年情報機構法》[4] 等法律。近年來，英國維護國家安全的法律更多以 "反恐法" 的形式出現。幾乎每次重大恐怖主義事件後，英國都適時調整法律，繼出台《2000 年反恐怖主義法》後，根據恐怖主義發展形勢，頻繁對該法進行修訂，先後頒佈《2001 年反恐怖主義、犯罪和安全法》[5]《2005 年預防恐怖主義法》[6]《2008 年反恐怖主義法》[7]《2010 年涉恐財產

---

1 *Treason Felony Act 1848.*
2 *Aliens Restriction Act 1919.*
3 *Security Service Act 1989.*
4 *Intelligence Services Act 1994.*
5 *The Anti-Terrorism, Crime and Security Act 2001.*
6 *Prevention of Terrorism Act 2005.*
7 *Counter Terrorism Act 2008.*

凍結法》[1] 及《2015 年反恐和安全法》[2] 等。

英國是世界上保密制度最嚴格的國家之一，先後出台了《1911 年官方機密法》[3]《1920 年官方機密法》[4]《1989 年官方機密法》[5]。此外，英國在 1977 年頒佈的英國專利法中，專門規定了當專利申請案中含有牽涉國防或公眾安全的情報時，專利局長即可發出指示，禁止或限制此項信息的發表或傳告。

在維護經濟安全方面，英國之前主要依據《2002 年企業法》[6]，通過企業合併對公共利益的影響為由進行干預以解決對英投資行為可能引起的國家安全隱憂。為進一步加強外國投資者收購英國企業股權或資產等投資行為涉及的國家安全問題的監管，英國出台了《2021 年國家安全和投資法案》[7]，規定政府可以審查和干預任何人（包括企業和投資者）進行的可能損害英國國家安全的某些收購。政府可以對收購施加某些條件，或者在必要時取消或阻止收購。如果政府有理由懷疑某項收購已經或可能引起國家安全風險，無論收購已經完成或進行中，都可以要求進行評估。此後，《2021 年國家安全和投資法》規定的外商投資國家安全審查制度與《2002 年企業法》規定的競爭和公共利益審查制度相互獨立並行存在。

1　*Terrorist Asset Freezing etc Act 2010.*

2　*Counter-Terrorism and Security Act 2015.*

3　*Official Secrets Act 1911.*

4　*Official Secrets Act 1920.*

5　*Official Secrets Act 1989.*

6　*Enterprise Act 2002.*

7　*National Security and Investment Act 2021.*

2023 年 7 月 11 日生效的《2023 年國家安全法》[1]，就間諜、破壞活動、配合外國勢力從事危害國家安全的活動，外國代理人登記，賦權情報機構和執法部門等作出規定，以嚇阻、偵察、阻斷來自其他國家的威脅。為實現法律之間的銜接協調，該法廢除了《1911 年官方機密法》《1920 年官方機密法》，修訂了《1989 年官方機密法》《2000 年反恐怖主義法》《2016 年調查權力法》[2]《2019 年反恐怖主義與邊境安全法》[3] 等法律。

（四） 澳大利亞國家安全立法

澳大利亞十分重視國家安全立法，建立了涵蓋範圍十分全面的國家安全法律制度體系，其中主要包括《澳大利亞安全情報局法》[4]《情報工作法》[5]《國家評估署法》《電信偵聽法》《澳大利亞刑法典》[6]《國家安全法修正（間諜活動及外國干涉）法》[7] 和《外國影響透明度法》[8]。《澳大利亞安全情報局法》賦予了澳大利亞情報局搜集、分析、評估、通報情報，監視國內反政府團體和外國來澳人員活動，開展反間諜偵察，防範外國干涉、顛

---

1 *National Security Act 2023.*

2 *Investigatory Powers Act 2016.*

3 *Counter Terrorism and Border Security Act 2019.*

4 *Australian Security Intelligence Organisation Act 1979.*

5 *Intelligence Services Act 2001.*

6 *Criminal Code Act 1995.*

7 *National Security Legislation Amendment（Espionage and Foreign Interference）Bill 2018.*

8 *Foreign Influence Transparency Scheme Act 2018.*

覆及恐怖襲擊等工作權限和任務。《情報工作法》為秘密情報局開展海外秘密情況搜集和行動，為國防圖像和地理空間情報局搜集有關海外人員或者組織能力、意圖或活動的地理空間和圖像情報，為信號情報局監聽、截收、破譯通訊信號並獲取情報等工作提供了法律依據。《國家評估署法》賦予了澳大利亞國家評估署情報評估、情報協調和情報指導等職權。同時，相關部門開展涉及電信監聽業務還需符合《電信偵聽法》的有關規定。

2018 年，澳大利亞議會審議通過《國家安全法修正（間諜活動及外國干涉）法》和《外國影響透明度法》，以應對外國代理人使用各種手段在澳大利亞從事影響和滲透活動。《國家安全法修正（間諜活動及外國干涉）法》旨在結合當前最新的間諜、竊密行為和技術手段，對澳大利亞現行國家安全法律制度予以修訂和完善，強化對已有間諜、竊密等罪行的處罰力度，並新設外國干涉、經濟竊密等罪行，主要目的是加大對間諜和外國代理人介入澳大利亞內政行為的處罰。此外，2018 年 7 月，澳大利亞維多利亞州議會通過了《2018 年選舉法修正案》，根據該法案規定，禁止接受海外政治捐贈，並要求政黨及時上報捐贈者信息和捐贈時間。任何違法者可能會面臨最高 10 年監禁。

（五）新加坡國家安全立法

新加坡獨立後，繼續沿用殖民時期的《煽動法》[1] 規範民眾言論，沿用《社團條例》規範社團註冊和管理，沿用《刑法典》和《觸犯輕微罪行條例》中關於國家安全的條款，沿用《公共秩序（保護）法令》提供特殊權力來應對大規模的社區暴動。同時，在殖民政府 1948 年《緊急狀態條例》的基礎上，重新修訂《內部安全法》[2]；在 1935 年《官方機密條例》的基礎上制定《官方機密法》。此外，頒佈《移民法令》（建國後更名為《移民法》）規範出入境管制。

目前，新加坡形成了以《新加坡共和國憲法》為基礎的國家安全法律制度體系，《內部安全法》是綜合性國家安全法律，該法對應對重大威脅包括顛覆活動、種族和宗教極端主義（如煽動種族或宗教仇恨、衝突和暴力）、間諜活動以及恐怖主義活動等作了規定。根據《內部安全法》規定，總理可以劃定某個區域為安全區域，在劃定安全區域之後，總理可以就安全區域制定任何他認為對公共安全有利的法規。根據《內部安全法》規定，執法者享有“預防性拘捕”的權力，執法者在需要的時候可以不經審判直接逮捕和拘役犯罪嫌疑人，以阻止某些人以任何形式危害新加坡的安全、破壞新加坡的公共秩序和基礎服務。新加坡《刑法典》第六章規定了有關危害國家的罪行及其處罰，任何人對政府發動戰爭、企圖或教唆發動戰爭等，

1　*Sedition Act.*

2　*Internal Security Act.*

涉及叛國和顛覆國家，可被處以死刑或終身監禁。《刑法典》第八章規定，犯有暴動罪的，應處以最高七年的有期徒刑，並可能處以鞭刑。新加坡其他關於維護國家安全的法律包括《官方機密法》《維護宗教和諧法》[1]《社團法》《政治捐贈法》[2]《公共秩序法》[3]《煽動法》《網絡安全法》[4]《防止網絡假信息和網絡操縱法》[5] 等。

（六）德國國家安全立法

根據《德國基本法》規定，國家安全事務包括中央警務問詢和情報機關、中央刑事警察機關、中央資料搜集機關承擔事宜，內政緊急狀態應對，國際恐怖主義危險防控等，是專屬聯邦政府的事權，必須自行管理而不能委託給各州。這就從憲法層面明確了國家安全事務的聯邦事權屬性。根據《德國基本法》的規定，德國出台了《聯邦憲法保衛法》《軍事間諜局法》《聯邦情報局法》《安全審查法》《聯邦邊防法》《護照法》《外國人管理法》《聯邦刑偵局預防國際恐怖主義法》等維護國家安全的相關法律。

縱觀以上國家的國家安全立法，各國國家安全立法既結合本國國情具備自身特殊性，同時也有不少共同點，如既有關於

1　*Maintenance of Religious Harmony Act.*

2　*Political Donations Act.*

3　*Public Order Act.*

4　*Cyber Security Act 2018.*

5　*Protection from Online Falsehoods and Manipulation Act.*

國家安全機關的組織法，也有國家安全機關執法的程序法和監督法、保障法；既有授權性規定，也有限權性規定，各國均努力在維護國家安全前提下保障人權。這些國家的國家安全立法經驗值得參考和借鑒。

第二章

"一國兩制"下香港維護國家安全的立法

沒有國家安全，就沒有香港的長期繁榮穩定，"一國兩制"就失去賴以存在的基礎。由於香港出現了重大的國家安全風險，在香港特區層面無法有效應對，因此有必要從國家層面建立健全香港特區維護國家安全的法律制度和執行機制。《憲法》和《香港基本法》共同構成香港特區的憲制基礎，香港維護國家安全立法，是在《憲法》和《香港基本法》軌道上進行的，是對"一國兩制"制度體系的完善和發展，而不是脫離《憲法》和《香港基本法》另搞一套。本章從香港維護國家安全立法的必要性和緊迫性、立法的依據、立法的過程、立法的性質定位、香港國安法的效力範圍五個方面介紹"一國兩制"下的香港維護國家安全立法。

一、開展香港維護國家安全立法的 必要性和緊迫性

　　2022 年是香港回歸祖國 25 週年,也是香港特區成立 25 週年和《香港基本法》生效實施 25 週年。香港特區在過去 25 年的時間裏受困於種種政治勢力的干擾和阻撓,一直未能履行《香港基本法》所規定的憲制責任和立法義務完成第 23 條立法。

　　《香港基本法》第 23 條規定:"香港特別行政區應自行立法禁止任何叛國、分裂國家、煽動叛亂、顛覆中央人民政府及竊取國家機密的行為,禁止外國的政治性組織或團體在香港特別行政區進行政治活動,禁止香港特別行政區的政治性組織或團體與外國的政治性組織或團體建立聯繫。"儘管特區政府在 2002 年至 2003 年期間根據《香港基本法》第 23 條規定在國家安全立法方面做出過重大努力,但始終未能在國家安全立法這一重要問題上實現重大突破,反而在香港特區引發一連串嚴重的"憲制危機",讓國家安全立法問題在香港特區最終變成一個極為敏感而令特區不願輕易觸碰的政治"禁忌"。

　　在過去 25 年的時間裏,香港特區內部政治生態發生了很大變化,國家安全立法成為香港特區一大難題,特區政府在此問題上表現出高度審慎。儘管此後特區政府也談及第 23 條立法,但現實卻是基本法第 23 條在過去 25 年間被各種各樣的政

治力量不斷利用炒作，已經被嚴重"污名化"和"妖魔化"。相反，具有濃厚本土主義色彩的"香港價值至上論"、"香港利益至上論"、"香港城邦論"、"香港民族自決論"等陸續被炮製出籠甚至登堂入室，"港獨"激進思潮和行動開始在香港社會不斷發酵蔓延。

事實上，隨著近些年來"一國兩制"香港實踐不斷走向縱深，香港特區所面臨的各種國家安全風險逐漸顯現，香港特區的國家安全形勢也變得日益嚴峻。不論是 2014 年發生的持續 79 天的非法"佔中"事件，還是 2016 年春節期間的"旺角暴亂"，都讓香港特區的"一國兩制"實踐不斷遭遇新的挑戰和風險。2019 年因為《逃犯條例》和《刑事事宜相互法律協助條例》的修訂而引發的"修例風波"，更是讓香港特區陷入接連不斷的管治危機和憲制危機之中。

香港"修例風波"源於 2018 年 2 月發生在台北的香港居民陳同佳殺人案，此案不僅讓香港特區陷入法律實施難題，也暴露出香港特區刑事法律制度存在著巨大的法律漏洞。為使此案得到妥善解決，香港特區政府決定於 2019 年 2 月啟動修訂《逃犯條例》（香港法例第 503 章）和《刑事事宜相互法律協助條例》（香港法例第 525 章）的工作，其目的是完善香港特區的法律制度，以便使香港特區能夠和台灣地區、澳門特區、中國內地及國際社會一起承擔共同打擊犯罪的責任，一方面能夠讓香港警方依法妥善處理香港居民陳同佳在台北的命案，讓犯罪兇手受到應有的懲罰，實現社會對於法律正義的基本要求；

另一方面也能夠填補香港刑事司法制度的法律漏洞,消除香港特區現行相關條例的不合理限制,提供切實可行的操作程序。然而,香港特區政府修訂《逃犯條例》和《刑事事宜相互法律協助條例》的努力卻被各種政治力量操控,轉換成為了一場具有"顏色革命"性質的街頭社會運動。隨著"修例風波"的持續蔓延、暴力活動不斷升級,這其中所暴露出來的一個基本問題就是,香港激進政治力量和外部政治勢力進行深度勾連和頻繁互動,以至於把香港特區變成了一個"戰場",變成一個中國和外部政治力量持續較量反覆博弈的前沿陣地。正是由於內外聯動,香港特區身陷外部力量強力介入特別行政區治理過程而製造的管治困局之中,而且它們試圖以此威脅中國以犧牲自身發展利益為代價做出妥協和讓步,干擾和阻撓中國整體戰略佈局和發展進程,包括影響"一帶一路"倡議的推進、粵港澳大灣區的建設和港澳特區深度融入國家發展大局的落實,等等。

特別是 2019 年下半年,隨著"修例風波"持續蔓延,暴力活動也不斷升級,香港本地極端反對力量和外部敵對勢力深度勾連,各種危害國家安全的活動愈演愈烈。"港獨"、"黑暴"和"攬炒"等極端政治勢力將"光復香港、時代革命"、"公投自決"、"香港獨立"等作為基本主張,煽動香港特區各大高校青年學生甚至中學生走上街頭,毫無底綫地實施各種暴力犯罪活動。他們肆無忌憚地圍攻香港中聯辦和特區立法會,癱瘓特區政府運作,污衊瓦解特區政府管治權威,破壞特區政府管治秩序，攻擊中資企業，利用網絡組織聯絡便利的條件和各種技術手段策劃實施各種亂港、鬧港、廢港活動，把一個繁榮穩定的香港變成了一個以"城市遊擊戰"為基本操作的"僱傭作戰戰場"，變成了一個外部敵對勢力和國家持續較量、反覆博弈的前沿陣地，讓香港特區治理難題演變成為中國國家安全的一場重大危機。

從香港特區"一國兩制"實踐的外部環境變化來看，一旦外部勢力通過各種渠道滲入香港並同本地一些政治勢力合流聯動，香港特區將有陷入內亂失序狀態的危險。美國在 2019 年藉香港發生"修例風波"的機會不遺餘力地推動制定《香港人權與民主法》，試圖實現香港從"英退美進"到"美國主導"的轉換，並且層層加碼、步步緊逼地放出"大招"向香港揮舞政治、法律和經濟制裁的大棒。另一方面則是香港本土反對派與台灣島內政治勢力勾連互動，出現"港獨"與"台獨"協同配合的合流之勢，形成兩個側翼配合外部敵對勢力和中國大陸正面衝突並試圖全方位遏制中國發展，這無疑對國家主權、安全和發展利益構成了嚴重的威脅和挑戰。

2020 年 5 月 22 日，全國人大常委會副委員長王晨在關於《涉港國安決定（草案）》的說明中，特別闡述了從國家層面建立健全香港特別行政區維護國家安全的法律制度和執行機制的必要性和重要性。他指出，香港回歸以來，國家堅定貫徹"一國兩制"、"港人治港"、高度自治的方針，"一國兩制"實踐在香港取得了前所未有的成功；同時，"一國兩制"實踐過程中也遇到了一些新情況新問題,面臨著新的風險和挑戰。一個突出問題就是香港特別行政區國家安全風險日益凸顯。特別是 2019 年香港發生"修例風波"以來,反中亂港勢力公然鼓吹"港獨"、"自決"、"公投"等主張,從事破壞國家統一、分裂國家的活動;公然侮辱、污損國旗國徽,煽動港人反中反共、圍攻中央駐港機構、歧視和排擠內地在港人員;蓄意破壞香港社會秩序,暴力對抗警方執法,毀損公共設施和財物,癱瘓政府管治和立法會運作。此外,近年來一些外國和境外勢力公然干預香港事務,通過立法、行政、非政府組織等多種方式進行插手和搗亂,與香港反中亂港勢力勾連合流、沆瀣一氣,為香港反中亂港勢力撐腰打氣、提供保護傘,利用香港從事危害我國國家安全的活動。這些行為和活動,嚴重挑戰"一國兩制"原則底綫,嚴重損害法治,嚴重危害國家主權、安全、發展利益,必須採取有力措施依法予以防範、制止和懲治。《香港基本法》第 23 條授權香港區自行立法禁止叛國、分裂國家、煽動叛亂等七種行為,這既體現了國家對香港特區的信任,也明確了香港特區負有維護國家安全的憲制責任和立法義務。然而,由於反中亂港勢力和外部敵對勢力的極力阻撓、干擾,第 23 條立法一直沒有完成。而且,自 2003 年第 23 條立法受挫以來,這一立法在香港已被一些別有用心的人嚴重污名化、妖魔化,香港特別行政區完成 23 條立法實際上已經很困難。香港現行法律中一些源於回歸之前、本來可以用於維護國家安全的有關規定,長期處於"休眠"狀態。除了法律制度外,香港特別行政區在維護國家安全的機構設置、力量配備和執法權力等方面存在明顯缺失；香港社會需要大力開展維護國家安全的教育，普遍增強維護國家安全的意識。總的看，《香港基本法》明確規定的第 23 條立法有被長期“擱置”的風險，香港特別行政區現行法律的有關規定難以有效執行，維護國家安全的法律制度和執行機制都明顯存在不健全、不適應、不符合的“短板”問題，致使香港特別行政區危害國家安全的各種活動愈演愈烈，保持香港長期繁榮穩定、維護國家安全面臨著不容忽視的風險。[1] 在此情況下，從國家層面開展香港維護國家安全的立法勢在必行，勢在快行。

1　參見王晨：《關於〈全國人民代表大會關於建立健全香港特別行政區維護國家安全的法律制度和執行機制的決定（草案）〉的說明》，《大公報》2020 年 5 月 23 日，第 A7 版。

二、開展香港維護國家安全立法的依據

從國家層面開展香港維護國家安全立法，必須嚴格按照國家憲法、香港基本法和全國人大《涉港國安決定》。

（一）《憲法》關於國家安全的規定

憲法作為一個國家的根本法，具有最高法律效力，是開展國家安全工作的根本依據。各國紛紛在憲法中確立了維護國家安全的內容，如美國《聯邦憲法》第 3 條第 3 款規定了叛國罪，《德國基本法》第 24 條規定，為維護和平，聯邦可加入互保的集體安全體系。我國《憲法》也規定了許多與維護國家安全有關的內容，體現在憲法的序言、總綱、公民基本權利與義務和國家機構等部分之中。如憲法序言在國家總任務、國家目標的表述中，揭示了中華人民共和國作為政治共同體的歷史使命，國家發展目標的規定是國家生存的憲法基礎。[1]《憲法》序言第八自然段規定 "對敵視和破壞我國社會主義制度的國內外的敵對勢力和敵對分子，必須進行鬥爭"。《憲法》序言第九自然段規定 "完成統一祖國的大業是包括台灣同胞在內的全中國人民的神聖職責"。

---

1 韓大元：《全國人大〈決定〉的憲法依據及與基本法相關條文的關係》，《紫荊》2020 年 6 月號。

在《憲法》第一章"總綱"部分，第 1 條規定："社會主
義制度是中華人民共和國的根本制度。中國共產黨領導是中國
特色社會主義最本質的特徵。禁止任何組織或者個人破壞社會
主義制度。"這是對國家根本政治制度的規定，是憲法最核
心、最重要的內容，而破壞國家安全的行為就是直接針對國家
安全和政權穩定、直接針對國家根本政治制度、直接針對憲法
權威的敵對性行為。第 4 條規定："禁止對任何民族的歧視和
壓迫，禁止破壞民族團結和製造民族分裂的行為。"第 28 條
規定："國家維護社會秩序，鎮壓叛國和其他危害國家安全的
犯罪活動……"第 29 條規定："中華人民共和國的武裝力量屬
於人民。它的任務是鞏固國防，抵抗侵略，保衛祖國，保衛人
民的和平勞動，參加國家建設事業，努力為人民服務。"

在《憲法》第二章"公民的基本權利和義務"部分，第 52
條規定："中華人民共和國公民有維護國家統一和全國各民族
團結的義務。"第 53 條規定，中華人民共和國公民有保守國
家秘密的義務。第 54 條規定："中華人民共和國公民有維護祖
國的安全、榮譽和利益的義務，不得有危害祖國的安全、榮譽
和利益的行為。"第 55 條規定："保衛祖國、抵抗侵略是中華
人民共和國每一個公民的神聖職責。依照法律服兵役和參加民
兵組織是中華人民共和國公民的光榮義務。"

在《憲法》第三章"國家機構"部分，第 62 條規定，全
國人大行使決定戰爭和和平問題的職權。第 67 條規定，全國
人大常委會行使決定戰爭狀態的宣佈、決定全國總動員或者局

部動員、決定全國或者個別省、自治區、直轄市進入緊急狀態的職權。第 80 條規定，國家主席根據全國人大的決定和全國人大常委會的決定，宣佈進入緊急狀態，宣佈戰爭狀態，發佈動員令。第 89 條規定，國務院依照法律規定決定省、自治區、直轄市的範圍內部分地區進入緊急狀態。第 93 條規定，中央軍事委員會領導全國武裝力量，等等。《國家安全法》第三章 "維護國家安全的職責" 對各個機關根據憲法需承擔的維護國家安全的職責進行了詳細規定。

（二）《香港基本法》關於維護國家安全的規定

維護國家安全本來就是 "一國兩制" 的應有之義，在 "一國兩制" 制度設計中本來就有關於維護國家安全的內容和要求，並不是此次立法才加上。維護國家主權、安全、發展利益是 "一國兩制" 方針的最高原則，在這個前提下，香港、澳門保持原有的資本主義制度長期不變，享有高度自治權。在《香港基本法》起草的討論中，就曾有人提出由中央直接制定國家安全法律並列入基本法附件三在香港實施這個思路。[1]《香港基本法》序言部分指出本法的立法目的是 "維護國家的統一和領土完整、保持香港的繁榮穩定"，與後者相比，"維護國家的統一和領土完整" 居於更重要的地位。《香港基本法》正文對香港維護國家安全的體系作出系統化的構建。香港基本法正文

---

1 李浩然主編：《香港基本法起草過程概覽》（上冊），三聯書店（香港）有限公司 2012 年版，第 194 頁。

關於維護國家安全的規定，可從原則、中央、特區三個層面來理解。

1. **原則層面。** 主要體現為《香港基本法》第 1 條和第 12 條規定。《香港基本法》第 1 條規定，香港是中華人民共和國不可分離的部分。這就明確了香港的憲制地位，即香港是國家的一部分，不是獨立的政治實體。《香港基本法》第 12 條規定，香港特區是直轄於中央人民政府的地方行政區域。這就明確了香港特區的地方政權屬性，負有維護國家安全的憲制責任和義務。

2. **中央層面。** 主要體現為《香港基本法》第 13、14、18 條規定。第一，中央負責香港特區的外交事務和防務。《香港基本法》第 13 條第 1 款規定："中央人民政府負責管理與香港特別行政區有關的外交事務。"第 14 條第 1 款規定："中央人民政府負責管理香港特別行政區的防務。"外交、防務都是國家安全的重要事務，自然屬中央事權，由中央直接負責。第二，根據《香港基本法》第 18 條第 3 款規定，全國人大常委會可以作出決定，將國防、外交以及其他不屬特區自治範圍內的全國性法律列入基本法附件三，在香港實施。第三，根據《香港基本法》第 18 條第 4 款規定，在兩種情況下中央政府可以發佈命令將任何全國性法律在香港實施：全國人大常委會宣佈戰爭狀態；香港特區內發生特區政府不能控制的危及國家統一或安全的動亂，全國人大常委會決定香港進入緊急狀態。

3. **特區層面。** 體現為兩個方面：其一，香港原有法律中維護國家安全的內容繼續保留。根據 1997 年 2 月全國人大常委會作出的處理香港原有法律問題的決定,經適應化之後可採用為香港特區法律。其二,《香港基本法》第 23 條規定,香港特區應自行立法禁止叛國、分裂國家、煽動叛亂、顛覆中央人民政府等七類危害國家安全的行為和活動。但這七類行為並不能涵蓋國家安全立法的全部內容,第 23 條的規定是義務條款而非授權條款。[1]

(三) 全國人大《涉港國安決定》

根據我國《憲法》第 57 條規定,全國人大是最高國家權力機關。它是全國人民的代表機關,代表全國人民統一行使國家權力,在整個國家機構體系中居於最高地位。基於全國人大的憲法地位,全國人大作出《涉港國安決定》的憲法依據是憲法第 31 條及憲法第 62 條第 2 項、第 14 項、第 16 項的規定。

我國《憲法》第 31 條規定:"國家在必要時得設立特別行政區,在特別行政區內實行的制度按照具體情況由全國人民代表大會以法律規定。"《憲法》第 62 條第 14 項規定全國人大"決定特別行政區的設立及其制度"。這裏講的制度既包括建立政治、經濟、文化以及相關的法律制度,同時也包括特區維護國家安全的相關制度,全國人大依照憲法有權有責建立特區維護國家安全的相關制度,堵住國家安全制度的漏洞,切實維護

---

1 張勇:《國家安全立法:現狀與展望》,《中國人大》2020 年第 13 期。

國家安全利益。《憲法》第 62 條第 2 項規定，全國人大行使"監督憲法實施"的職權。由於憲法和基本法共同構成特別行政區憲制基礎，基於憲法監督機關的地位，全國人大也有憲制義務完善特別行政區維護國家安全的法律制度和執行機制。同時，作為最高國家權力機關，全國人大行使《憲法》第 62 條第 16 項規定的 "應當由最高國家權力機關行使的其他職權"，一般稱之為 "兜底條款"。據此，全國人大 2020 年 5 月 28 日通過《涉港國安決定》，為全國人大常委會開展具體立法提供了直接的憲制依據。根據全國人大《涉港國安決定》的授權，隨後全國人大常委會制定了《香港國安法》。《香港國安法》第 1 條明確指出該法是根據憲法、《香港基本法》和全國人大《涉港國安決定》制定的。因此，從國家層面建立健全香港特區維護國家安全的法律制度和執行機制，具有充分的憲法依據。

三、香港維護國家安全立法的過程

（一）立法形式的選擇

根據《憲法》和《香港基本法》，結合多年來國家在特別行政區制度構建和發展方面的實踐，從國家層面建立健全香港特別行政區維護國家安全的法律制度和執行機制，有多種可用方式，包括全國人大及其常委會作出決定、制定法律、修改法律、解釋法律、將有關全國性法律列入《香港基本法》附件三和中央人民政府發出指令等。中央和國家有關部門在對各種因素進行綜合分析、評估和研判的基礎上，經認真研究並與有關方面溝通後提出了採取"決定＋立法"的方式，分兩步予以推進。第一步，全國人大根據憲法和《香港基本法》的有關規定，作出《涉港國安決定》，就相關問題作出原則規定，同時授權全國人大常委會就建立健全香港特別行政區維護國家安全的法律制度和執行機制制定相關法律；第二步，全國人大常委會根據《憲法》《香港基本法》和全國人大有關決定的授權，結合香港特別行政區具體情況，制定相關法律並決定將相關法律列入《香港基本法》附件三，由香港特別行政區在當地公佈實施。[1]

---

1 王晨：《關於〈全國人民代表大會關於建立健全香港特別行政區維護國家安全的法律制度和執行機制的決定（草案）〉的説明》，《大公報》2020 年 5 月 23 日，第 A7 版。

全國人大《涉港國安決定》和全國人大常委會立法之間的關係是：《涉港國安決定》和立法是一個整體和系統，不能把兩者割裂開來看。關於香港特別行政區維護國家安全制度安排的核心要素，已經在全國人大《涉港國安決定》中作出了基本規定。全國人大在《涉港國安決定》中授權全國人大常委會制定法律，全國人大常委會制定的《香港國安法》，是十三屆全國人大三次會議精神和《涉港國安決定》內容的全面展開、充分貫徹和具體落實，是香港特別行政區維護國家安全制度安排的法律化、規範化、明晰化。

之所以說《香港國安法》是結合香港特區具體情況制定的，可從兩個方面來理解：第一，單獨為香港量身打造《香港國安法》，而不是把全國維護國家安全的法律列入基本法附件三在香港地區實施，這本身就是堅持"一國兩制"的體現。其他國家的國家安全立法，都在全國適用，如美國出台的所有國家安全法律在全美國 50 個州和所有屬地統一實施，沒有例外。第二，雖然起草《香港國安法》時參考了許多國家的國家安全立法經驗，但從《香港國安法》的文本來看，主要還是結合香港特區具體情況制定的，目的在於解決香港面臨的現實問題，很多條款的內容都很有針對性，如《香港國安法》第三章關於四類罪行的規定，都是針對香港"修例風波"中嚴重危害國家安全的犯罪行為制定的。

（二）立法進程

2019 年 10 月，中國共產黨第十九屆中央委員會第四次全體會議提出："建立健全特別行政區維護國家安全的法律制度和執行機制，支持特別行政區強化執法力量。""絕不容忍任何挑戰'一國兩制'底綫的行為，絕不容忍任何分裂國家的行為。"要貫徹落實這一部署，在香港當時形勢下，就必須從國家層面建立健全香港特別行政區維護國家安全的法律制度和執行機制，改變國家安全領域長期"不設防"狀況。

2020 年 5 月 18 日，第十三屆全國人大常委會第十八次會議聽取和審議了《國務院關於香港特別行政區維護國家安全情況的報告》。會議認為，有必要從國家層面建立健全香港特區維護國家安全的法律制度和執行機制，同意國務院有關報告提出的建議。根據憲法和《香港基本法》的有關規定，全國人大常委會法制工作委員會擬訂了《涉港國安決定（草案）》，經全國人大常委會會議審議後決定，由全國人大常委會提請第十三屆全國人大第三次會議審議。5 月 28 日第十三屆全國人大第三次會議高票通過了《涉港國安決定》，自公佈之日起施行。這就完成了立法的第一步。

根據全國人大的授權，全國人大常委會隨即展開立法起草工作，廣泛聽取香港社會的意見。2020 年 6 月 17 日，委員長會議聽取了全國人大常委會法工委關於香港特別行政區維護國家安全法起草工作的情況彙報，認為草案符合憲法規定和憲法原則，符合"一國兩制"方針和香港基本法，符合全國人大《涉港國安決定》精神，是成熟可行的，決定將《香港國安法（草案）》提請全國人大常委會審議。6 月 18 日，委員長會議向第十三屆全國人大常委會第十九次會議提交法律草案，法工委負責人作了關於法律草案的說明，對草案進行一讀審議。6 月 30 日上午，第十三屆全國人大常委會第二十次會議舉行第二次全體會議，經表決，全票通過了《香港國安法》。《香港國安法》由國家主席習近平簽署第 49 號主席令予以公佈。6 月 30 日下午，第十三屆全國人大常委會第二十次會議舉行第三次全體會議，經表決，全票通過了《全國人大常委會關於增加〈香港基本法〉附件三所列全國性法律的決定》，決定將《香港國安法》列入《香港基本法》附件三，明確由香港特別行政區在當地公佈實施。同日，《香港國安法》由香港特區行政長官林鄭月娥簽署刊憲，即日生效。

《香港國安法》是一部兼具實體法、程序法和組織法內容的綜合性法律，是一部專門針對涉港國家安全問題而制定的全國性法律，一共六章 66 條。其主要內容可概括為六個方面：規定了中央政府維護國家安全的根本責任、香港特區維護國家安全的憲制責任；規定了香港特區維護國家安全應當遵循的原則；規定了香港特區維護國家安全相關機構的職責與活動準則；規定了防範、制止和懲治四類嚴重危害國家安全的罪行；規定了案件管轄、法律適用、程序等內容；規定了中央政府駐香港特區維護國家安全的機構設置及其職權範圍。

需要特別指出的是，這部法律的起草制定，通過多種渠道和形式聽取、徵求了有關方面的意見,特別是香港有關方面的意見,包括行政長官、有關的主要官員、立法會主席、建制派代表人士、港區全國人大代表、港區全國政協委員和部分省級政協委員、法律界人士,還有社會各界人士的意見。此外,還徵求了幾十家中央和國家有關機關、有關省、自治區、直轄市,以及臨近港澳的有關地區、設區的市的意見。還聽取了有關專家學者的意見。在全國人大常委會審議的環節充分聽取各方面意見,包括全國人大常委會組成人員在審議前後工作過程中方方面面的意見。所以,《香港國安法》凝聚了各方面的共識,體現了中央的精神,反映了全國各族人民包括香港同胞的意志和心願,從制定過程來看完全符合我國立法的法定程序。

四、香港維護國家安全立法的性質定位

（一）香港維護國家安全立法是對"一國兩制"制度體系的完善發展

　　從國家層面建立健全香港特別行政區維護國家安全的法律制度和執行機制，是完善"一國兩制"制度體系、推進國家治理體系和治理能力現代化的重要組成部分。"國家安全底綫愈牢，'一國兩制'空間愈大"。[1]"一國兩制"以國家安全為前提，"一國"之根越深越牢，"一國"之本越強越壯，國家安全工作越到位，"兩制"之樹才能越來越枝繁葉茂。因此，從"一國兩制"實踐一開始，就需要一套維護國家安全的法律制度來保障"一國兩制"事業行穩致遠。單獨為香港特區制定《香港國安法》，而不是把《國家安全法》《國家情報法》《反間諜法》《反恐怖主義法》等全國性法律列入基本法附件三在香港特區實施，本身就是堅持"一國兩制"原則的體現。香港國安立法最重要的目的就是讓香港重新回到"一國兩制"正確的軌道上去，堅定不移並全面準確貫徹"一國兩制"、"港人治港"、高度自治的方針，而不是實行"一國一制"，否則就沒有必要單獨出台《香港國安法》。從國家層面建立健全香港特區維護

1　張曉明：《維護國安是"一國兩制"核心要義　中央助港撥亂反正走出困境》，《大公報》2020 年 6 月 9 日，第 A2、A23 版。

國家安全的法律制度和執行機制，貫徹保障人權自由原則、法治原則、法律面前人人平等、無罪推定和罪刑法定原則，充分保障被告人的辯護權和其他合法權益。可以說，《香港國安法》的通過和實施不僅不會影響香港營商環境和商業活動，不會損害香港國際金融中心、貿易中心和航運中心地位，不會影響資本主義發展，反而對恢復廣大居民和投資者信心，捍衛香港國際金融、經濟中心地位，對香港資本主義制度的進一步發展提供了堅實的法治保障。

（二）香港國安立法是對《香港基本法》的完善和補充

根據《憲法》《香港基本法》和全國人大《涉港國安決定》的授權，在"一國兩制"憲制框架內，香港國安立法對在香港特區維護國家安全事務作出了明確規定。這在一定程度上彌補了《香港基本法》關於國家安全事務規定過於原則、不全面、相關工作長期沒有落地落實的不足。香港國安立法處理的是《香港基本法》制定時沒有完全解決的問題，香港國安立法不處理《香港基本法》已經明確解決了的問題。《香港基本法》賦予香港特區的高度自治不受香港國安立法影響，基本法關於人權保障、居民權利自由的所有條款繼續有效。香港法院適用普通法不變，法治和司法獨立不變，香港對高度自治範圍內的所有案件仍然享有完全的管轄權包括終審權，繼續按照普通法處理所有這些案件。香港國安立法要處理的是基本法制定時沒有完全解決的問題，即香港日常維護國家安全的問題，包括法律制度和執行機制。《香港國安法》明確國家安全事務屬中央事權，中央對香港特區維護國家安全事務享有包括立法權、行政權、執法權、司法權在內的全面權力，在維護國家安全事務中，中央發揮領導、指導、主導作用，必要時中央有關機關有權直接在香港特區辦理嚴重危害國家安全的案件。在堅持中央主導的前提下，《香港國安法》的制度設計高度尊重"一國兩制"，把在香港維護國家安全的主要權力和責任授予香港，充分發揮香港特區維護國家安全的憲制責任、主體責任。另外，本法還對香港居民權利自由的行使作出了規範，這也是憲法性法律的內容。因此，《香港國安法》不是取代《香港基本法》，而是對《香港基本法》的必要補充和發展完善，具有憲制性法律的地位和約束力，在香港特別行政區具有凌駕地位，是中央和香港特區在香港開展維護國家安全工作的主要法律依據。

（三）香港國家安全立法是對國家安全制度體系的完善和補充

香港自回歸之日起，就重新納入國家治理體系和憲制秩序之中，當然也就納入維護國家安全的總體格局和制度體系當中。儘管"一國兩制"下香港可以建立不同於內地的維護國家安全的子體系，包括不同的法律制度，但是這個子體系不能與國家維護國家安全的制度體系和法律相衝突。[1] 此次從國家層面

---

1 王振民：《建立健全香港特別行政區維護國家安全的法治體系》，《光明日報》2020 年 2 月 26 日，第 11 版。

完善香港特區維護國家安全的法律制度和執行機制,把香港特別行政區維護國家安全工作納入了整個國家安全治理體系,明確了中央事權和中央維護國家安全有關機關的權責,特別是中央人民政府設立駐港國安公署,由中央維護國家安全的有關機關聯合派駐人員履行法律賦予的相關職責,這是對整個國家安全制度體系的重要補充完善。

香港國安立法也極大充實了香港特區本地維護國家安全的法律。如前文所述,香港特區本地也沒有系統完整的維護國家安全的法律體系,有關規定分散在很多不同法律當中,《香港基本法》第 23 條的立法工作至今仍處於擱置狀態,現行法律中有關規定也未得到相應切實執行。從國家層面建立健全香港特別行政區維護國家安全的法律制度和執行機制,勢必涉及香港特區本地相關法律的修改。由於國家安全本來屬中央事權,因此一旦中央就有關國家安全事務進行了立法,香港本地法律中與本法抵觸的規定應該修改。相關執法和司法機關在運用法律時應當以國家層面的香港國安立法為準。因此香港特區維護國家安全的法律制度不僅是我國國家安全法律體系的重要組成部分,也是對香港本地維護國家安全制度體系的完善發展。

五、《香港國安法》的效力範圍

按照"一國兩制"的精神，《香港基本法》賦予香港特區單獨的刑事管轄權。[1]《香港國安法》再次對香港特區進行授權，授予香港特區四類危害國家安全案件的管轄權。2020 年 6 月 30 日，《香港國安法》在香港特區刊憲公佈，自當晚 11 時起開始生效。如何理解這裏的"生效"呢？一般認為，法律效力的範圍包括時間效力、空間效力、對人效力、對事效力。梳理《香港國安法》的條文可知，與世界各國的國家安全法一樣，《香港國安法》確立了屬地管轄、屬人管轄、保護管轄等原則。

（一）屬地管轄

屬地管轄是指國家對其領土範圍內的一切人、事、物享有完全的和排他的管轄權。作為"一國兩制"下享有高度自治權的地方行政區域，"特別行政區刑事管轄權的範圍，限於國家規定由其進行管轄的地域"。[2]《香港國安法》第 36 條規定："任何人在香港特別行政區內實施本法規定的犯罪的，適用本法。"這就確立了屬地管轄原則。一般來說，香港普通法將完成犯罪案件所需的最後作為或活動進行的地方，視為犯罪地，

1　王新清：《刑事管轄權基本問題研究》，中國人民大學出版社 2014 年版，第 82 頁。

2　同上，第 88 頁。

而根據《香港國安法》第 36 條規定："犯罪的行為或者結果有一項發生在香港特別行政區內的，就認為是在香港特別行政區內犯罪。"這種關於犯罪地認定的規則，在香港法例中也有類似的規則，如根據香港《刑事司法管轄權條例》所指定的欺詐和不誠實罪行，其犯罪的作為或結果的任何部分在香港發生，就視為案件發生於香港，香港法院就有管轄權。由於危害國家安全類案件的嚴重社會危害性、案情複雜性等特點，《香港國安法》確立的犯罪地認定規則有利於更好地制止、懲治相關犯罪。

此外，《香港國安法》第 36 條還規定："在香港特別行政區註冊的船舶或者航空器內實施本法規定的犯罪的，也適用本法。"這是符合基本法的相關規定的，《香港基本法》第 125 條規定，香港特別行政區經中央人民政府授權繼續進行船舶登記，並根據香港特別行政區的法律以"中國香港"的名義頒發有關證件。《香港基本法》第 129 條規定，香港特別行政區繼續實行原在香港實行的民用航空管理制度，並按中央人民政府關於飛機國籍標誌和登記標誌的規定，設置自己的飛機登記冊。正是因為《香港基本法》已經授權香港特區對船舶、航空器進行登記，同時授權香港特區對發生在船舶、航空器內的一般性犯罪行使管轄權，《香港國安法》才可以進一步授予香港特區對船舶、航空器內發生的危害國家安全案件行使管轄權。在一國登記的船舶、航空器，應遵守登記國的法律，受登記國管理，登記國對發生在船舶、航空器內的刑事案件行使管轄權是天經地義、正當合理的。有關國際公約承認航空器、船舶登記國的刑事管轄權，如《關於在航空器內的犯罪和犯有某些其他行為的公約》第 3 條第 1 款規定，航空器登記國有權對航空器內的犯罪和所犯行為行使管轄權。又如根據《聯合國海洋法公約》第 92 條的規定，船舶航行應僅懸掛一國的旗幟，而且除國際條約或本公約明文規定的例外情形外，在公海上應受該國的專屬管轄。因此，《香港國安法》的規定，既符合《香港基本法》的規定，也符合國際慣例和國際公約。

（二）屬人管轄

具有某國國籍的人，無論他走到哪裏，都要遵守他所屬國家的法律，這是公民應當遵守的法律義務，違背了這一法律義務，就要受到所屬國家的制裁，這是法治的必然要求。2013 年 6 月，曾任美國中央情報局技術分析員的愛德華・斯諾登將美國國家安全局關於 PRISM 監聽項目的秘密文件披露給了《衛報》和《華盛頓郵報》，隨即遭美國政府通緝，事發時斯諾登正在香港，隨後飛往俄羅斯。從法理上來看，美國對斯諾登是享有屬人管轄權的，但由於美國、俄羅斯之間沒有簽訂引渡協議，俄羅斯拒絕了美國提出的引渡請求，這就使得美國無法實現其管轄權。

國家對本國公民在領域外的犯罪行使刑事管轄權，為目前各國刑法所認同，但是各國對本國公民在領域外的哪些犯罪行使管轄權，規定並不一致。香港現行法律中也存在關於屬人管轄的規定，如根據《官方機密條例》規定，香港對其公務人員和永久性居民在香港以外的地方犯"非法泄露官方機密罪"亦有刑事管轄權。《香港國安法》第 37 條規定"香港特別行政區永久性居民或者在香港特別行政區成立的公司、團體等法人或者非法人組織在香港特別行政區以外實施本法規定的犯罪的，適用本法。"這就明確在香港特區處理危害國家安全類案件適用屬人管轄原則。

> 針對反中亂港分子逃竄至海外後繼續實施觸犯《香港國安法》的罪行，2023 年 7 月 3 日，香港警方宣佈，香港特區警務處國家安全處獲法院批准，向 8 名潛逃海外並涉嫌違反《香港國安法》的人士發出拘捕令並通緝該 8 人，包括任建峰、袁弓夷、郭鳳儀、郭榮鏗、許智峰、蒙兆達、劉祖迪、羅冠聰，每人懸紅 100 萬港元。警方發出逮捕令的一個重要依據是《香港國安法》第 37 條的規定。

（三）保護管轄

《香港國安法》第 38 條規定："不具有香港特別行政區永久性居民身份的人在香港特別行政區以外針對香港特別行政區實施本法規定的犯罪的，適用本法。"這一規定豐富了香港現行法律制度關於管轄權的內容，明確對違反《香港國安法》的四類犯罪適用保護管轄原則，可以滿足有效打擊危害國家安全犯罪的客觀需要。這一規定與我國《刑法》第 8 條規定類似，

《刑法》第 8 條規定："外國人在中華人民共和國領域外對中華人民共和國國家或者公民犯罪，而按本法規定的最低刑為三年以上有期徒刑的，可以適用本法，但是按照犯罪地的法律不受處罰的除外。"《德國刑法典》第 7 條規定："在國外實施針對德國人的行為，不管依行為地法律應當處罰還是不予處罰，均適用德國刑法。"美國作為普通法系的主要國家，在維護國家安全和打擊恐怖主義犯罪領域早已實行保護管轄，比如朱利安‧保羅‧阿桑奇（Julian Paul Assange）2006 年創建 "維基解密" 網站，2010 年該網站公佈了大量美國政府有關阿富汗戰爭和伊拉克戰爭的秘密文件，讓美國的外交形象遭到巨大打擊。美國聲稱阿桑奇在 2010 年 3 月協助美國陸軍前情報分析員切爾西‧曼寧破解了一個儲存在美國國防部計算機上的密碼，將最高面臨五年監禁。雖然他不是美國人並且已經逃到英國，美國一樣要求將他引渡到美國受審，實施管轄。《香港國安法》明確保護管轄原則，同樣符合國際慣例和各國通行做法。

香港國安法
確立的原則

一部法律所確立的基本原則，集中反映了這部法律的內容和本質，對於整部法律起到統領作用。《香港國安法》在第一章 "總則" 部分，規定了香港特區維護國家安全應堅持的幾項原則：保障人權原則、法治原則、罪刑法定原則、無罪推定原則、一事不再審原則、保障訴訟參與人訴訟權利原則。在第三章 "罪行和處罰" 部分規定了不溯及既往原則，在第六章 "附則" 部分規定了保守秘密原則、保護隱私原則。準確把握這些法律原則的內容和要求，對我們正確理解《香港國安法》十分重要。本章對上述法律原則一一進行介紹。

一、保障人權原則

在當今國際社會，維護和保障人權是一項基本法律和道義原則。促進和保護人權已成為國際社會的廣泛共識，各國紛紛在憲法中規定了基本人權的保障問題，我國《憲法》也在第 33 條規定 "國家尊重和保障人權"。根據《憲法》制定的《香港基本法》也體現了人權保障的精神，《香港基本法》第三章規定了香港居民享有的廣泛權利和自由，其中《香港基本法》第 39 條還規定："《公民權利和政治權利國際公約》《經濟、社會與文化權利的國際公約》和國際勞工公約適用於香港的有關規定繼續有效，通過香港特別行政區的法律予以實施。香港居民享有的權利和自由，除依法規定外不得限制，此種限制不得與本條第一款規定抵觸。"該規定中的 "通過特區的法律予以實施" 表明，國際人權公約的內容由特區立法機關制定法律加以實施。[1]《香港基本法》第 39 條的規定還表明，對香港居民享有的權利和自由不得任意進行限制，限制措施必須符合相關的要求。

關於限制權利、自由的正當理由，不僅國際公約有明確規定，如《公民權利和政治權利國際公約》第 12 條第 3 款規定：

---

[1]　楊曉楠：《〈香港基本法〉第 39 條的教義學分析：權利體系與規範功能》，載《華東政法大學學報》2020 年第 5 期。

"上述權利，除法律所規定並為保護國家安全、公共秩序、公共衛生或道德、或他人的權利和自由所必需且與本公約所承認的其他權利不抵觸的限制外，應不受任何其他限制。"各國也在憲法中對基本權利的限制作了規定，如《新加坡憲法》第 14 條規定，為了維護新加坡及其國內任何地區的安全，國會可以立法對言論、集會和結社自由進行限制。可見，國家安全是限制權利自由的正當理由，《香港國安法》的有關規定符合國際人權公約的要求，並未改變《香港基本法》所確立的人權保障標準。至於"約翰內斯堡原則"、"錫拉庫扎原則"，是一些學者共同研究提出的學術觀點，並不是國際公約，也沒有國際法約束力。以"約翰內斯堡原則"為例，由於沒有在保護人權與維護國家安全、公共秩序之間取得合理平衡，迄今未被接納為國際法的標準。

《香港國安法》第 4 條規定："香港特別行政區維護國家安全應當尊重和保障人權，依法保護香港特別行政區居民根據《香港特別行政區基本法》和《公民權利和政治權利國際公約》《經濟、社會與文化權利的國際公約》適用於香港的有關規定享有的包括言論、新聞、出版的自由，結社、集會、遊行、示威的自由在內的權利和自由。"這裏以言論自由為例進行說明。言論自由是有底綫、有法定邊界的自由，是相對的自由，並非絕對自由。在香港人權法領域，《香港人權法案條例》是《香港基本法》的下位法，維護國家安全是其應該遵守的法治底綫。《香港人權法案條例》第 16 條也規定，出於尊重他人的權利和聲譽，保障國家安全，維護公共秩序、公共衛生和道德的目的，可以對言論自由進行限制。言論自由不可以違反《憲法》及《香港基本法》，觸及國家安全這一底綫。分裂國家以及顛覆國家政權等危害國家安全的行為和活動，不屬言論自由範疇，必須零容忍並嚴厲打擊。《香港國安法》只是給言論自由劃定了清晰邊界，並沒有克減正常的言論自由。同時，《香港國安法》以及根據《香港國安法》授權制定的《香港國安法第 43 條實施細則》規定了嚴格的執法權限和程序，不論是中央還是香港特區，任何維護國家安全的工作和執法，都必須嚴格依照法律規定、符合法定職權、遵循法定程序，不得侵犯香港居民、法人和其他組織的合法權益。

同時，我們也應該注意到，國家安全是權利、自由實現的前提條件。美國國父們在《聯邦黨人文集》中指出 "在一個明智而自由的人民認為必須注意的許多事物當中，為自己提供安全看來是首要的事情"。[1] 在一個社會裏要保障基本權利，必須先保障國家安全和領土完整，維護國家政權的穩定。當發生國際、國內危機時，正常的憲法秩序受到破壞，基本權利的保障也就失去了基礎。從一定意義上可以說，國家安全是基本權利保障的前提之一，如果國家安全得不到保障，人權自由只能是空中樓閣。以下試舉例說明。由於爆發 "敘利亞危機"，敘利亞人民常年面臨死亡的威脅，政府的運作處於癱瘓狀態，根本

---

1 ［美］漢密爾頓、傑伊、麥迪遜：《聯邦黨人文集》，程逢如、在漢、舒遜譯，商務印書館 1980 年版，第 11 頁。

談不上對本國公民權利的保護。2015 年 9 月 2 日，土耳其海灘上一具幼童遺體的照片迅速傳遍世界，遇難的敘利亞男孩叫艾蘭·庫爾迪，只有三歲大，為躲避戰亂，當天凌晨他們一家人試圖從土耳其博德魯姆半島出發，偷渡至希臘科斯島，由於他所乘坐的難民船嚴重超載而傾覆，不幸發生翻船事故。這個悲劇故事應驗了中國的一句古話"覆巢之下，豈有完卵"，當國家動盪不安時，哪裏還談得上個人最基本權利的保護。

　　《香港國安法》第 1 條就規定了本法的立法目的是"堅定不移並全面準確貫徹'一國兩制'、'港人治港'、高度自治的方針，維護國家安全 …… 保持香港特別行政區的繁榮和穩定，保障香港特別行政區居民的合法權益 ……"從這一規定語句的前後順序就可以看出，維護國家安全最終是為了維護香港的繁榮穩定，進而更好地保障香港居民的合法權益。2019 年發生的"修例風波"，讓香港一度陷入"黑暴"肆虐的動盪局面，香港市民的生命財產和自由權利遭到嚴重侵害。《香港國安法》出台後，香港社會重歸安寧，香港市民重獲被"黑暴"奪走的種種權利和自由，人權進一步得到保障和改善。《香港國安法》針對的是分裂國家、顛覆國家政權、組織實施恐怖活動、勾結外國或境外勢力危害國家安全四類罪行，懲治的是極少數違法犯罪分子，保護的是絕大多數普通市民，即使是對極少數違法犯罪分子，他們的人權仍受到法律保障，例如必須經過法庭審訊才能被定罪，訴訟期間有權獲得律師辯護、無罪推定等各類法定權利。

二、法治原則

　　《香港國安法》第 5 條不僅原則性地規定“防範、制止和懲治危害國家安全犯罪，應當堅持法治原則”。還規定了在刑事司法領域體現的一些具體原則，如罪刑法定原則、無罪推定原則、保障訴訟權利原則、一事不再審原則，這充分彰顯了《香港國安法》的法治價值與法治導向。

（一）罪刑法定原則

　　罪刑法定原則的基本含義是：犯罪行為的界定、種類、構成條件和刑罰處罰的種類、幅度，均事先由法律明文加以規定，對於法律沒有明文規定為犯罪的行為，不得定罪處罰。《香港國安法》第 5 條規定：“法律規定為犯罪行為的，依照法律定罪處刑；法律沒有規定為犯罪行為的，不得定罪處刑。”這實質上就是罪刑法定原則。一般認為，罪刑法定原則最早的淵源是英國 1215 年《自由大憲章》第 39 條的規定，即“任何自由人，如未經其同級貴族之依法裁判，或經國法判決，皆不得被逮捕，監禁，沒收財產，剝奪法律保護權，流放，或加以任何其他損害”。現代刑法學之父費爾巴哈明確提出“罪刑法定主義”，並將其概括為“法無明文規定不為罪、法無明文規定不處罰”。經過幾百年的發展，罪刑法定原則已經成為許多國家刑法中的重要原則，並成為衡量一個國家法治化程度的重要標準。《香港國安法》規定罪刑法定原則，強調法律的確定性和公開性，有利於個人權利和自由的保障。

（二）無罪推定原則

關於無罪推定原則的經典表述方式是：任何人在被確定有罪之前應把其當成無罪的人對待，即推定為無罪。《香港國安法》第 5 條規定："任何人未經司法機關判罪之前均假定無罪。"這實質上規定了無罪推定原則。無罪推定原則起源於意大利，由著名法學家貝卡尼亞提出，他在《論犯罪與刑罰》一書中提到："在沒有做出有罪判決之前，任何人都不能被稱作罪犯，任何人，當他的罪行沒有得到證明的時候，根據法律他應當被看作無罪的人。"作為世界通行的一項刑事訴訟原則，該原則已深入人心，並為各國刑事立法所採用，是否貫徹這一原則，已成為衡量一個國家民主法治發展程度與人權保護狀況的標準之一。有的國家甚至將無罪推定原則規定為一項憲法原則，如法國《人權宣言》第 9 條規定："所有人直到被宣告有罪之前，均應被推定為無罪。"《意大利憲法》第 27 條規定："被告在最後定罪前不得被視為有罪。"《香港國安法》規定此原則的意義在於表明，《香港國安法》旨在懲處極少數嚴重危害國家安全的犯罪分子，保護大多數人的合法權益。

（三）保障訴訟參與人訴訟權利原則

公民的訴訟權保障也已成為一種國際趨勢，《世界人權宣言》第 10 條規定："人人完全平等地有權由一個獨立而無偏倚的法庭進行公正的和公開的審訊，以確定他的權利和義務並判定對他提出的任何刑事指控。" 這就明確將獲得裁判權作為一項人權加以保障。《公民權利和政治權利國際公約》第 14 條第 3 款規定，在判定對他提出的任何刑事指控時，人人完全平等地有資格享受以下最低限度的保證：有相當時間和便利準備他的辯護並與他自己選擇的律師聯絡；出席受審並親自替自己辯護或經由他自己所選擇的法律援助進行辯護；等等。有的國家在憲法中規定了公民的訴訟權利，如《意大利憲法》第 24 條規定："在任何一級訴訟中和任何情況下，辯護是不可侵犯的權利。應通過特別法規確保經濟不富裕的公民擁有在任何司法程序中能夠行動並進行辯護的手段。" 為被告人提供最低限度的權利保障，是為了實現控辯平等，控辯平等原則的重要理論包括權力制衡、人權保障。要實現公平審訊，就要以權利制衡權力，實現權力與權利的平衡。《香港國安法》第 5 條規定："保障犯罪嫌疑人、被告人和其他訴訟參與人依法享有的辯護權和其他訴訟權利。" 這意味著在香港處理危害國家安全類案件時，要保障辯方對案件事實和證據的知情權、調查權等權利，實現控辯雙方之間平等對抗，在懲處犯罪的同時保障基本人權。

（四）一事不再審原則

"一事不再審"原則最早起源於羅馬共和國時期的民事訴訟，後來也運用於刑事審判，已被世界上大多數國家所採納，英美法系國家稱之為"禁止雙重危險"，大陸法系國家稱之為"一事不再理"，國際刑法中有時稱之為"一案不二理"等。聯合國《公民權利和政治權利公約》《美洲人權公約》《歐洲人權公約》均將這一原則規定為一項基本人權，如《公民權利和政治權利公約》第 14 條第 7 款規定："任何人已經依照一個國家的法律和刑事程序被最後定罪或者宣告無罪的，就不得以同一罪名再予審判和懲罰。"根據該原則的要求，同一個人因為同一個行為不得遭受兩次審判或者懲罰。《香港國安法》第 5 條規定："任何人已經司法程序被最終確定有罪或者宣告無罪的，不得就同一行為再予審判或者懲罰。"這就確認了在香港處理危害國家安全類案件須遵守"一事不再審"原則。這一重要原則的理論基礎是：國家不得運用其所擁有的資源和權力，對一個公民或者一項犯罪行為實施反覆多次的刑事追訴，從而達到定罪的結果；如果沒有這一限制，被告人將一直生活在焦慮和不安全的狀態之中。因此"一事不再審"原則的重要功能就在於防止國家濫用追訴權，從而保障公民合法權益。

三、不溯及既往原則

　　法不溯及既往作為一項在東西方傳統文化中均有淵源的古老法治原則，被絕大多數法治國家所認可和接受。在古羅馬時期，這一原則被提煉為"法律僅僅適用於將來"的法律格言；在中國，《唐律》中的《斷獄律》表述為"犯罪未斷絕適逢格改者，格重聽從犯時，格輕聽從輕法"。今天，許多國家以憲法的形式確立這一項原則，如美國 1787 年聯邦憲法規定"追溯既往的法律不得通過"。我國《立法法》也明文規定了不溯及既往原則，《立法法》第 104 條規定："法律、行政法規、地方性法規、自治條例和單行條例、規章不溯及既往，但為了更好地保護公民、法人和其他組織的權利和利益而作的特別規定除外。"《香港國安法》是全國人大常委會制定的全國性法律，當然要遵守這一原則。《香港國安法》第 39 條規定："本法施行以後的行為，適用本法定罪處刑。"這實際上就明確了"不溯及既往"的法律原則，這表明《香港國安法》不是"秋後算賬"，不會以現在的罪名去定過去的罪行，也不會以現在的量刑去處罰過去的罪行。這一原則可以限制公權力的擴張和濫用，維護社會秩序的穩定，保護人們所期望的信賴利益。《香港國安法》關於追溯力問題的規定，與國際上刑事法律通常的規定一致，符合國際通行慣例，可以起到"安民告示"的作用，有利於香港更好再出發。

　　當然，“法不溯及既往”並不意味著在《香港國安法》公佈之前已經發生的危害國家安全的犯罪行為就可以一筆勾銷、不承擔任何法律責任。香港特區現行法律包括《刑事罪行條例》《公安條例》等對危害國家安全行為和活動都有規定，可以運用上述香港本地法律依法懲治危害國家安全的行為。這不存在溯及既往的問題，因為這些法律本來一直存在並有法律效力。

四、保守秘密原則

處理危害國家安全案件時應保守秘密，是各國通行做法。如根據英國《1989 年官方機密法》規定，是或曾經是公務員或政府僱員的人，如果沒有合法授權，泄露任何因其作為公務員或政府僱員的地位而掌握的或者曾經掌握的信息、文件或其他物品的，構成犯罪。關於保守案件秘密的要求，香港本地法律已經有相關規定，如《官方機密條例》第 17 條規定，屬或曾經屬公務人員或政府承辦商的人如在沒有合法權限的情況下，披露本條適用並憑藉他作為公務人員或政府承辦商身份而由或曾經由他管有的資料、文件或其他物品，即屬犯罪。

《香港國安法》第 63 條針對不同主體規定了關於保守秘密的不同義務：第一，辦理本法規定的危害國家安全犯罪案件的有關執法、司法機關及其人員或者辦理其他危害國家安全犯罪案件的香港特別行政區執法、司法機關及其人員，應當對辦案過程中知悉的國家秘密、商業秘密予以保密。第二，擔任辯護人或者訴訟代理人的律師應當保守在執業活動中知悉的國家秘密、商業秘密。第三，配合辦案的有關機構、組織和個人應當對案件有關情況予以保密。

《香港國安法》第 43 條授權香港警務處維護國家安全部門辦理危害國家安全案件時可以採取一些特定措施，《香港國安

法第 43 條實施細則》清晰並詳細地列明執行這些特定措施的
程序要求、所需符合的情況和審批的條件等，其目的是確保相
關人員在執行《香港國安法》，採取《香港國安法》第 43 條規
定的措施時，既能達到防範、制止和懲治危害國家安全行為和
活動的目的，也能同時符合《香港國安法》對尊重和保障人權
以及依法保護各項權利和自由的要求。如在截取通訊方面，為
有效防止和偵測危害國家安全罪行及保護涉及國家安全的數據
的機密性，所有截取通訊及秘密監察行動的申請，須經行政長
官批准；而進行侵擾程度較低的秘密監察行動，可向行政長官
指定的首長級警務處人員申請。授權當局須確定秘密行動能符
合 "相稱性" 和 "必要性" 的驗證標準，方可作出授權。

五、保護隱私原則

處理危害國家安全案件時堅持保護隱私原則，是各國通行做法。如根據美國《1978 年外國情報監視法》[1]，對"偶然搜集"到的信息中必須"遮蓋"人物身份，不得違反程序而隨意"揭示"。在斯諾登披露美情報部門的大規模監聽活動後，美國社會開始對政府大規模監控表達抗議，2015 年《自由法案》的通過反映了美國"唯國家安全與反恐至上"論調得到限制，個人隱私權重獲重視。根據《自由法案》的規定，在因調查涉恐活動需搜集通訊數據時，須先取得外國情報監控法庭許可，除非緊急狀態，不可直接向通訊公司索取數據。英國《2016 年調查權力法》[2] 第 82 條規定了對未經授權披露通信數據的懲戒機制，即按照簡易程序，在英格蘭、蘇格蘭和威爾士地區施行單處或者並處不超過 12 個月的監禁刑或處以最高額以下的罰款，在北愛爾蘭地區施行單處或者並處不超過 6 個月的監禁刑或處以最高額以下的罰款。如果涉及罪行嚴重，按照普通程序，在以上四個地區施行單處或者並處兩年以下監禁刑或處以最高額以下的罰款。《香港國安法》第 63 條規定了不同主體在保護隱私方面的義務：第一，辦理本法規定的危害國家安全犯罪案件的

1　*The Foreign Intelligence Surveillance Act.*

2　*Investigatory Powers Act 2016.*

有關執法、司法機關及其人員或者辦理其他危害國家安全犯罪案件的香港特別行政區執法、司法機關及其人員，應當對辦案過程中知悉的個人隱私予以保密。第二，擔任辯護人或者訴訟代理人的律師應當保守在執業活動中知悉的個人隱私。

在實踐中，針對"修例風波"中嚴重侵犯個人隱私的不法做法，香港高等法院已經發佈禁制令予以規制，這對在處理危害國家安全案件時做好保護隱私工作具有啟發借鑒意義。如於 2019 年 8 月 12 日開設的社交媒體 Telegram 群組"阿団撠老豆老母"，專門"起底"警務人員和政府官員，包括行政長官林鄭月娥、律政司司長鄭若驊等，高院法官彭寶琴在內的司法人員也在名單上，總共多達 1500 人。針對警員、特務警察及其家屬被起底及滋擾，2019 年 10 月 25 日，高等法院發佈臨時禁制令（HCA 1957/2019）。針對司法人員及其家屬被起底及滋擾，2020 年 10 月 30 日，高等法院發佈臨時禁制令（HCA 1847/2020），任何違反臨時禁制令的人士均有可能干犯藐視法庭，並可被判處監禁或罰款。

第四章

中央維護國家安全的根本責任和機構

中央對香港特區有關的維護國家安全事務負有根本責任，中央已經在香港特區設立了中聯辦、外交部駐港公署、香港駐軍承擔相關維護國家安全的職能。為更好地履行中央維護國家安全的職責，根據《香港國安法》規定，中央在香港特區設立駐港國安公署這一專門的維護國家安全機構，並賦予其依法辦理危害國家安全犯罪案件等職能。本章從中央維護國家安全的根本責任、中央駐香港特區維護國家安全的機構及其職能兩個方面進行介紹。

一、中央維護國家安全的根本責任

　　《香港國安法》第 3 條規定："中央人民政府對香港特別行政區有關的國家安全事務負有根本責任。香港特別行政區負有維護國家安全的憲制責任，應當履行維護國家安全的職責。香港特別行政區行政機關、立法機關、司法機關應當依據本法和其他有關法律規定有效防範、制止和懲治危害國家安全的行為和活動。"這一規定對中央和特別行政區維護國家安全的基本責任及其落實進行了分工。中央人民政府對與香港特區有關的國家安全事務負有根本責任，這一根本責任的性質可以從三個層面來理解：一是原始的、初始的、固有的責任；二是全面的責任；三是最高的責任，有關國家安全的事務到了中央層面就要做出最終決定。[1] 結合《香港基本法》的規定，可以從三個方面來理解中央對香港特區有關的國家安全事務負有的根本責任：

　　1. 國家安全事務屬中央事權。無論聯邦制或者單一制國家，維護國家安全都是國家事務，屬聯邦或者中央事權，由聯邦或者中央直接負責，地方配合執行。如俄羅斯聯邦憲法規定，國家安全的職權屬聯邦專有，各聯邦主體無權行使。美

---

1 《焦點訪談：香港國安法，深度解讀來了》，央視網：http://news.cctv.com/2020/07/03/ARTIKW8TFyDZBj52hqKsEyMP200703.shtml。

國聯邦政權（包括行政、立法和司法）負責構建美國全國維護國家安全的制度體系，制定並執行維護國家安全的法律，統一行使維護國家安全的司法權，任何一個州都沒有國家安全的立法、執法和司法權。我國也如此。2013 年 11 月 12 日，中國共產黨第十八屆中央委員會第三次全體會議通過《中共中央關於全面深化改革若干重大問題的決定》，該決定明確將 “國防、外交、國家安全、關係全國統一市場規則和管理等作為中央事權”。國家安全事務屬中央事權，是指國家安全立法、行政、執法、司法等一整套的權力都屬中央權力範圍。雖然《香港基本法》授予香港特別行政區就維護國家安全可行使部分立法權，但這並不改變國家安全是中央事權的屬性，也不改變全國人大具有最高立法權的屬性，也不可能在法律上影響中央立法機構根據實際情況和需要繼續建構維護國家安全的法律制度和執行機制。此外，根據《香港基本法》第 18 條規定，全國人大常委會決定宣佈戰爭狀態或因香港特區內發生香港特區政府不能控制的危及國家統一或安全的動亂而決定香港特區進入緊急狀態，中央人民政府可發佈命令將有關全國性法律在香港特區實施。這一規定也表明，中央對與香港特區有關的國家安全事務承擔最終和兜底責任。

2. 與中央事權有關的權力，既可以由中央直接行使，也可以由中央授權特區行使。維護國家安全的權力屬中央事權，外交、國防都屬維護國家安全的重要方面和內容。根據《香港基本法》第 13 條、第 14 條規定，中央人民政府負責管理與香港特區有關的外交事務、管理香港特區的防務。中央直接行使外交、國防方面的有關權力。中央也可授權香港特區行使維護國家安全的權力、負責維護國家安全的憲制事務，如《香港基本法》第 23 條授權香港特區自行立法禁止叛國等七種危害國家安全的行為和活動。雖然《香港基本法》對維護國家安全作了規定，但規定得比較籠統，《香港國安法》對中央、特區維護國家安全的責任、權力進行了更加細緻的規定，補充完善了《香港基本法》的有關內容。根據《香港國安法》規定，香港特區管轄在香港特區發生的絕大多數危害國家安全案件，這是中央對香港特區作出的新的授權。《香港國安法》至少從兩個方面體現了中央對與香港特區有關的國家安全事務承擔根本責任：（1）中央授權香港特區管轄發生在香港特區的絕大多數危害國家安全案件，同時中央保留特定情形下直接辦理危害國家安全案件的權力。根據《香港國安法》設立駐港國安公署，是中央政府履行維護國家安全根本責任的重要舉措。根據《香港國安法》第 56 條規定，對由駐港國安公署直接偵辦的有關案件，最高人民檢察院指定有關檢察機關行使檢察權，最高人民法院指定有關法院行使審判權。中央之所以保留特定情形下對極少數嚴重危害國安案件的管轄權，旨在為香港維護國家安全守住底綫。（2）要求香港特區設立維護國家安全委員會，負責香港特區維護國家安全事務，承擔維護國家安全的主要責任，並接受中央人民政府的監督和問責。

3. 從國家層面建立健全香港特區維護國家安全的法律制

度和執行機制，體現了中央對香港特區有關的國家安全事務負有根本責任。自回歸之日起，香港就重新納入國家治理體系，中央政府對香港整體利益和香港同胞根本福祉懷有最大關切，對維護香港特別行政區的憲制秩序負有最大責任，對香港特別行政區維護國家安全工作負有最終責任。國家安全立法屬國家立法權，中央通過《香港基本法》第 23 條授予香港特別行政區維護國家安全的部分立法權，並不改變國家安全立法屬中央事權的屬性，也並不因此喪失在維護國家安全方面應有的責任和權力。全國人大出台《涉港國安決定》並授權全國人大常委會制定《香港國安法》，從國家層面建立健全香港特區維護國家安全的法律制度和執行機制，就是中央對香港特區有關國家安全事務承擔根本責任的生動體現。從《香港國安法》制定通過的程序和在香港特區落地實施過程來看，之所以採取全國人大《涉港國安決定》結合全國人大常委會專門立法的方式和程序，並由全國人大常委會通過《全國人大常委會關於增加〈香港基本法〉附件三所列全國性法律的決定》，將《香港國安法》列入《香港基本法》附件三，明確規定由香港特別行政區在當地公佈實施，是基於我國《憲法》關於全國人大及其常委會性質與職權的規定，即由國家最高權力機關及其常設機關進行立法來具體體現中央對維護國家安全承擔的根本責任。全國人大《涉港國安決定》對全國人大常委會的授權並非一次性授權，而是概括性授權，在維護國家安全的廣泛領域，中央有權根據形勢發展變化需要進行必需的立法，包括在憲法和《香港基本法》軌道和"一國兩制"制度框架下，繼續構建滿足香港特別行政區維護國家安全需要的有關法律制度和執行機制。

　　2020 年 7 月 1 日，全國人大常委會法工委主任沈春耀在國務院新聞辦舉行的新聞發佈會上，應詢對"香港特別行政區維護國家安全"的含義作了解釋。

　　有記者問，這部法律的名稱是《中華人民共和國香港特別行政區維護國家安全法》，法律內容不限於香港特別行政區。請問如何理解"香港特別行政區維護國家安全"的含義？沈春耀表示，這個關鍵詞至少包括三層含義：

　　第一，香港特別行政本身要依法維護國家安全。這是一個憲制責任。香港特別行政區行政機關、立法機關、司法機關都要依據香港國安法和其他有關法律的規定來履行維護國家安全的職責。香港特別行政區本身很重要，也是負主要責任。

　　第二，在香港特別行政區維護國家安全。中央人民政府在香港特別行政區設立維護國家安全的機構，法律中明確為"維護國家安全公署"。中央原有的幾個機構和維護國家安全也有一定關係。因此，第二層含義是地域性的，在香港特別行政區維護國家安全但不限於香港特別行政區本身。

　　第三，與香港特別行政區有關的國家安全事務，中央人民政府負有根本責任。根本責任是最高責任、最終責任、全面的責任。這一層面超出了上述兩個層面的含義。

二、中央駐香港特區維護國家安全的機構及其職責

《香港國安法》第五章專章規定了"中央人民政府駐香港特別行政區維護國家安全機構"。根據《香港國安法》，中央設立駐港國安公署作為履行維護國家安全職能的專責機構。《香港國安法》出台之前，中央在香港特區已經設立的中央人民政府駐香港特別行政區聯絡辦公室、中華人民共和國外交部駐香港特別行政區特派員公署、中國人民解放軍駐香港部隊三個機構也承擔著維護國家安全的職責。《香港國安法》第 52 條也明確規定，駐港國安公署應當加強與香港中聯辦、外交部駐港公署、香港駐軍的工作聯繫和工作協同。以下對這四個機構的設置和職責進行簡要介紹。

（一）香港中聯辦

香港中聯辦，前身是新華通訊社香港分社，成立於 1947 年 5 月，當時以新聞通訊機構的名義向港英當局登記註冊。新中國成立後，鑒於中國政府在香港沒有官方代表機構，凡遇有需要同港英當局接觸聯繫或交涉的事宜，就授權新華社香港分社出面辦理。港英當局自 20 世紀 60 年代起就由港督政治顧問負責同新華分社的日常聯繫。1978 年港督麥理浩第一次出席新

華社香港分社舉辦的中華人民共和國國慶招待會，自此形成慣例，此後歷任港督每年都出席這個活動，直到香港回歸中國之前。這是英方對新華社香港分社作為中國政府派出的實際上的代表機構的一種默認。在香港回歸祖國前的過渡時期，新華社香港分社機構及其人員的安全由港英當局提供保護。新華社香港分社使用密碼通訊，同北京的機密文件往來使用外交郵袋，由外交信使押運，港英當局都予以默認。可以說，香港回歸祖國之前，新華通訊社香港分社以中華人民共和國政府駐香港最高代表機構的身份，履行中央賦予的各項職責。香港回歸祖國之後，新華通訊社香港分社繼續作為中央人民政府授權的工作機構履行職責。香港特區政府於 1999 年 7 月 2 日在《政府憲報》上公佈，新華通訊社香港分社是中央人民政府在香港特區設立的機構之一。1999 年 12 月 28 日，國務院第 24 次常務會議決定，新華通訊社香港分社自 2000 年 1 月 18 日起正式更名為中央人民政府駐香港特別行政區聯絡辦公室，簡稱中聯辦，內地稱中央駐港聯絡辦，並通知香港特區政府。

根據《國務院關於更改新華通訊社香港分社、澳門分社名稱問題的通知》，國務院明確香港中聯辦行使以下五項職能：

1. 聯繫外交部駐香港特別行政區特派員公署和中國人民解放軍駐香港部隊。

2. 聯繫並協助內地有關部門管理在香港的中資機構。

3. 促進香港與內地之間的經濟、教育、科學、文化、體育等領域的交流與合作，聯繫香港社會各界人士，增進內地與香港之間的交往，反映香港居民對內地的意見。

4. 處理有關涉台事務。

5. 承辦中央人民政府交辦的其他事項。

香港中聯辦不是《香港基本法》第 22 條所指的一般意義上的“中央人民政府所屬各部門”，儘管《香港基本法》沒有對中聯辦的設置和法律地位予以明文規定，但無論是之前的新華通訊社香港分社，還是更名後的香港中聯辦，都是中華人民共和國中央人民政府的派出機構，負責代表中央處理香港有關事務，有權力、有責任對涉及中央與特區關係事務、“一國兩制”方針和《香港基本法》正確實施、政治體制正常運作和社會整體利益等重大問題行使監督權。在香港中聯辦的上述職能中，有些直接涉及國家安全，如處理有關涉台事務。1995 年 6 月 22 日，時任國務院副總理錢其琛在香港特區籌委會預委會第五次會議上，宣佈了中央人民政府處理“九七”後香港涉台問題的基本原則和政策，“九七”後香港的涉台問題，凡屬涉及國家主權和兩岸關係的事務，由中央人民政府安排處理，或由香港特別行政區政府在中央人民政府的指導下處理。

（二）駐港國安公署

中央人民政府在香港特別行政區設立維護國家安全公署，依據的是《涉港國安決定》和《香港國安法》。《涉港國安決定》明確提出：“中央人民政府維護國家安全的有關機關根據需要在香港特別行政區設立機構，依法履行維護國家安全相關職責。"根據《香港國安法》的規定，中央人民政府在香港特區設立維護國家安全公署，代表中央人民政府依法履行維護國家安全職責，行使相關權力。駐港國安公署是中央人民政府的派出機關，代表中央人民政府而非某個中央部門依法履行職責，不同於《香港基本法》第 22 條所指的中央各部門，各省、自治區、直轄市在香港特別行政區設立的機構。駐港國安公署是在香港中聯辦、外交部駐港公署、香港駐軍之外，中央人民政府在香港特別行政區設立的第四個機構。

根據《香港國安法》第 49 條規定，駐港國安公署的職責主要是：

1. 分析研判香港特別行政區維護國家安全形勢，就維護國家安全重大戰略和重要政策提出意見和建議；

2. 監督、指導、協調、支持香港特別行政區履行維護國家安全的職責；

3. 收集分析國家安全情報信息；

4. 依法辦理危害國家安全犯罪案件。

此外，根據《香港國安法》第 54 條規定，駐港國安公署、外交部駐港公署會同香港特區政府採取必要措施，加強對在港的外國和境外非政府組織的管理和服務。在履職這一職責時，駐港國安公署承擔主要責任，外交部駐港公署、香港特區政府進行配合。2023 年 1 月 1 日，香港外國記者會（FCC）辦公樓的租期到期，香港特區政府決定讓香港外國記者會續租，但租期由以往的 7 年縮短為 3 年，特區政府還首次在租約中加入維護國家安全的條款，如果涉及國家安全利益，特區政府可實時終止租約。這一措施使駐港的非政府組織更尊重在香港特區實施的法律，自覺規避法律風險。

中央人民政府對香港特別行政區有關的國家安全事務負有最大責任和最終責任，作為中央人民政府的派出機構，駐港國安公署有責任確保有關法律執行到位，有效實施。因此，《香港國安法》規定，駐港國安公署與香港特區維護國家安全的機構建立協調機制，監督、指導和支持香港特區維護國家安全的工作。駐港國安公署在辦理危害國家安全犯罪案件時，負責立案偵查工作，適用《刑事訴訟法》等相關法律的規定。

駐港國安公署人員由中央人民政府維護國家安全的有關機關聯合派出。《香港國安法》第 50 條規定，駐港國安公署應當嚴格依法履行職責，依法接受監督，不得侵害任何個人和組織的合法權益。駐港國安公署人員除須遵守全國性法律外，還應當遵守香港特區法律。駐港國安公署人員依法接受國家監察機關的監督。

同時，《香港國安法》第 60 條規定，駐港國安公署及其人員依據本法執行職務的行為，不受香港特區管轄。持有駐港國安公署製發的證件或者證明文件的人員和車輛等在執行職務時不受香港特區執法人員檢查、搜查和扣押。駐港國安公署及其人員享有香港特區法律規定的其他權利和豁免。

《香港國安法》規定了在中央和特區兩個層面維護國家安全的法律制度，駐港國安公署在履行維護國家安全的職責時，要注意與香港特區層面維護國家安全的機構做好銜接、配合工作。根據《香港國安法》第 53 條的規定，駐港國安公署應當與香港特區國安委建立協調機制，監督、指導香港特別行政區維護國家安全工作，駐港國安公署的工作部門應當與香港特區維護國家安全有關機關建立協作機制，加強信息共享和行動配合。

（三）外交部駐港公署

根據《香港基本法》第 13 條規定，中央人民政府負責管理與香港特別行政區有關的外交事務。1997 年 7 月 2 日，為履行好這一職責，中華人民共和國外交部在香港設立機構處理有關外交事務，即外交部駐港公署。

根據《香港基本法》的有關規定，外交部駐港公署的主要職責是：

1. 處理中央人民政府負責管理的與香港特別行政區有關的外交事務。

2. 協調處理香港特別行政區參加有關國際組織和國際會議事宜；協調處理國際組織和機構在香港特別行政區設立辦事機構問題；協調處理在香港特別行政區舉辦政府間國際會議事宜。

3. 處理有關國際公約在香港特別行政區的適用問題；協助辦理須由中央人民政府授權香港特別行政區與外國談判締結的雙邊協議的有關事宜。

4. 協調處理外國在香港特別行政區設立領事機構或其他官方、半官方機構的有關事宜。

5. 承辦外國國家航空器和外國軍艦訪問香港特別行政區等有關事宜。

6. 承辦中央人民政府和外交部交辦的其他事項。

外交部駐港公署的多項職責與維護國家安全密切相關。《香港國安法》第 54 條規定，駐港國安公署、外交部駐港公署會同香港特別行政區政府採取必要措施，加強對外國和國際組織駐香港特別行政區機構、在香港特別行政區的外國和境外新聞機構的管理和服務。在履行這一職責時，外交部駐港公署承擔主要責任，駐港國安公署、香港特區政府進行配合。據統計，截至 2020 年 9 月 1 日，駐港外國機構共有 63 間總領事館，56 間名譽領事館及 6 間官方認可機構。中央人民政府已與多個外國政府就其駐港領事館在港的職能、特權和豁免權簽訂了雙邊協定／協議。截至 2020 年 7 月 1 日，中央人民政府已與五個國際組織達成有關在香港設立辦事處的協議和安排。此外，香港作為國際金融中心、貿易中心和航運中心，同時也是很多跨國公司和機構的亞洲區總部的駐在地。因此，外交部駐港公署在維護國家安全方面的職能作用不可忽視。

由於美方對外國駐美國使領館房地產管理有規定，根據對等原則，如果美國駐港總領事館有意租賃、購置、出售或以其他任何方式獲得或處置任何位於香港特區的房地產，以及實施館舍新建、改建、擴建、修繕等工程時，美國政府應提前 60 天經外交部駐港公署向中國政府提出申請。美政府在提供詳細信息、並取得中央政府書面答覆同意後方可辦理有關手續。2021 年 2 月 25 日，美國在遵守外交義務，就其駐港澳總領事館的一處房屋出售獲得中國政府的書面同意後，該處房屋交易才得以達成，並在香港特區政府土地註冊處完成買賣協議備忘錄註冊。

（四）香港駐軍

根據《香港基本法》第 14 條規定，中央人民政府負責管理香港特別行政區的防務。為履行好這一職責，1993 年香港駐軍在深圳開始組建，1994 年 10 月 25 日在深圳舉行成立大會，正式成軍。香港駐軍是由中央人民政府派駐香港特別行政區負責防務的國家武裝力量，由陸軍、海軍和空軍部隊組成，隸屬於中華人民共和國中央軍事委員會。這符合我國憲法的有關規定，我國《憲法》第 93 條規定 "中華人民共和國中央軍事委員會領導全國武裝力量"。

為保障香港駐軍依法履行職責，維護國家的主權、統一、領土完整和香港的安全，1996 年第八屆全國人大常委會第二十三次會議通過了《香港駐軍法》。根據《香港駐軍法》第 5 條規定，香港駐軍履行下列防務職責：防備和抵抗侵略，保衛香港特別行政區的安全；擔負防衛勤務；管理軍事設施；承辦有關的涉外軍事事宜。根據《香港駐軍法》第 6 條規定，全國人大常委會決定宣佈戰爭狀態或者因香港特別行政區內發生香港特別行政區政府不能控制的危及國家統一或者安全的動亂而決定香港特別行政區進入緊急狀態時，香港駐軍根據中央人民政府決定在香港特別行政區實施的全國性法律的規定履行職責。

第五章

香港特區維護國家安全的憲制責任和機構

維護國家安全是香港特別行政區的憲制責任，但長期以來，由於法律制度不健全和執行機制不完善，香港維護國家安全的憲制責任並未得到很好落實。《香港國安法》彌補了香港特區在國家安全立法和執行機制上的缺失。《香港國安法》執行機制最大的特點是"雙執行機制"，在中央層面，設立駐港國安公署，依法履行維護國家安全職責，對特別行政區履行維護國家安全的職責進行監督、指導、協調、支持，並依據《香港國安法》第55條可直接對危害國家安全犯罪案件行使管轄權。在特區層面，設立特區國安委等一整套維護國家安全機構，依法處理維護國家安全的具體事務。兩套執行機制職責分工和案件管轄劃分清晰，同時又形成互補、協作和配合關係，共同構成香港特區維護國家安全完整的制度和機制。本章從香港特區維護國家安全的憲制責任、香港特區維護國家安全的機構及其職責兩個方面介紹相關內容。

一、香港特區維護國家安全的憲制責任

《香港國安法》第 3 條第 2 款規定："香港特別行政區負有維護國家安全的憲制責任，應當履行維護國家安全的職責。"對於香港特區維護國家安全的憲制責任可以從以下三個方面來理解：

第一，香港特區維護國家安全的憲制責任是由香港特區的法律地位決定的。《香港基本法》第 1 條、第 12 條明確規定了香港特區的法律地位，即"香港特別行政區是中華人民共和國不可分離的部分"，"香港特別行政區是中華人民共和國的一個享有高度自治權的地方行政區域，直轄於中央人民政府"。作為直轄於中央人民政府的一個地方行政區域，維護國家主權、統一和領土完整，依法防範、制止、懲治任何危害國家安全的行為，是香港特別行政區應當履行的憲制責任。同內地的省、自治區、直轄市一樣，香港特區負有同樣的維護國家安全的責任。全國人大常委會 2015 年通過的《國家安全法》第 40 條也規定："地方各級人民代表大會和縣級以上地方各級人民代表大會常務委員會在本行政區域內，保證國家安全法律法規的遵守和執行。地方各級人民政府依照法律法規規定管理本行政區域內的國家安全工作。香港特別行政區、澳門特別行政區應當履行維護國家安全的責任。"雖然《國家安全法》未列入

《香港基本法》附件三，不在香港特區實施，但這並不免除香港特區維護國家安全的責任。《香港國安法》第 2 條規定：“關於香港特別行政區法律地位的香港特別行政區基本法第一條和第十二條規定是香港特別行政區基本法的根本性條款。香港特別行政區任何機構、組織和個人行使權利和自由，不得違背香港特別行政區基本法第一條和第十二條的規定。”這一規定，可謂抓住了在香港特區維護國家安全的關鍵。

第二，香港特區維護國家安全的憲制責任，是相對於中央維護國家安全的根本責任而言的，特區的憲制責任要服從中央的最高責任。這種服從集中表現為兩個方面：一方面，行政長官就特區維護國家安全事務向中央負責並報告工作。《香港基本法》第 43 條規定，行政長官是特區的首長，代表特別行政區，行政長官依照本法規定對中央人民政府和香港特區負責。《香港國安法》第 11 條規定，香港特區行政長官應當就特區維護國家安全事務向中央人民政府負責，並就特區履行維護國家安全職責的情況提交年度報告。對行政長官提交年度報告的內容，可以從三個層面來理解：1. 行政長官擔任香港特區國安委主席，須報告香港特區國安委履行職責的情況。2. 行政長官作為特區行政機關的首長，須報告特區行政機關履行維護國家安全職責的情況。3. 行政長官作為特區的首長，須報告香港特區行政、立法、司法等所有機構履行維護國家安全職責的情況。[1] 另一方面，香港維護國家安全工作接受中央的指導、監督。《香港國安法》第 12 條規定，香港特區設立維護國家安全委員會，負責香港特區維護國家安全事務，承擔維護國家安全的主要責任，並接受中央人民政府的監督和問責。《香港國安法》第 49 條規定，駐港國安公署的職責之一就是 "監督、指導、協調、支持香港特別行政區履行維護國家安全的職責"。

　　第三，香港特區維護國家安全憲制責任的內容。根據《香港國安法》第二章 "香港特別行政區維護國家安全的職責和機構" 的規定，香港特區維護國家安全的憲制責任包括：在本行政區域內保證相關方針政策和法律的遵守和執行，管理職責範圍內的維護國家安全工作；完善香港本地維護國家安全的法律制度；協助和配合中央駐港維護國家安全機構開展國家安全工作；積極開展國家安全宣傳和教育等。《香港國安法》實施後，香港特區修訂完善了有關本地法律以及指南、指引等規範性文件，以更好履行維護國家安全的責任。2021 年 10 月 27 日，香港特區立法會三讀通過《2021 年電影檢查（修訂）條例》，規定檢查員在評審電影時，須考慮國家安全的因素，並賦權香港政務司司長，如認為上映的影片不利於國家安全，可指示電影檢查監督撤銷該影片的核准證明書或豁免證明書。因應修訂條例生效，《有關電影檢查的檢查員指引》亦相應更新，指引列明，檢查員應小心留意影片中會不利於國家安全的內容，包括

1　畢雁英：《釋法明責　築牢底綫——全國人大常委會關於香港國安委法定職責的解釋》，《大公報》2023 年 1 月 3 日，第 A4 版。

可能構成危害國家安全罪行或可能以其他方式損害香港特區維護國家安全的行為或活動所作的描繪、刻畫或表現，及可客觀和合理地被視作認同、支持、宣揚、美化、鼓勵或煽動該等行為或活動的內容；當考慮整部影片所產生的影響及對相當可能觀看該影片的人相當可能產生的影響時，檢查員應顧及其防範和制止危害國家安全行為或活動的職責，及香港居民維護國家主權、統一和領土完整的共同義務，並考慮該影片可能產生的影響會否令其上映不利於國家安全等。2022 年 5 月 16 日，香港勞工及福利局局長作出《2022 年社會工作者註冊條例（修訂附表 2）公告》，將"危害國家安全的罪行"納入《社工註冊條例》附表 2 的罪行當中，從 2022 年 7 月 22 日起，除非得到所有社工註冊局委員同意，被裁定干犯任何危害國家安全罪行的人士不能擔任、或不能繼續擔任註冊社工。2022 年 8 月 29 日，香港特區政府更新《物料供應及採購規例》，在採購及服務的標準條款及條件中新增與國家安全相關的條款，訂明如出於國家安全考慮，政府可在採購中取消個別投標者的資格，以及在合約期間終止合約。若承辦商曾經或正在作出可能構成或導致發生危害國家安全罪行或不利於國家安全的行為或活動，或繼續僱用承辦商或繼續履行合約不利於國家安全，或政府合理地認為上述任何一種情況即將出現，政府可以立即終止合約。即使招標文件中有任何相反的規定，政府保留以投標者曾經、正在或有理由相信投標者曾經或正在作出可能導致或構成發生危害國家安全罪行的行為或活動為由，取消其投標者資格的權利，又或為維護國家安全，或為保障香港的公眾利益、公共道德、公共秩序或公共安全，而有必要剔除有關投標者。

2023 年 5 月 10 日，香港特區立法會三讀通過《2023 年法律執業者（修訂）條例草案》，以本地立法形式落實了《全國人大常委會關於〈香港國安法〉第 14 條和第 47 條的解釋》。修訂《法律執業者條例》後，將以逐案方式處理海外律師是否可以專案認許方式參與國家安全案件的問題，其基本原則是，除非有例外情況，否則不得批准海外律師以專案方式參與國家安全案件的審理。例外情況是指，行政長官有充分理由相信申請人就有關國家安全案件以大律師身份執業或行事，並不涉及國家安全或不會不利於國家安全。香港特區法院在收到海外律師的申請後，必須根據《香港國安法》第 47 條向行政長官提出並取得由行政長官發出的證明書，以認定該申請是否屬例外情況。法院除非收到行政長官的證明書，認定申請屬例外情況，否則不得認許海外律師為該案件的大律師。

二、香港特區維護國家安全的機構及其職責

《香港國安法》第二章"香港特別行政區維護國家安全的職責和機構"專門規定特區維護國家安全的機構及其職責權限，這些機構包括行政長官、香港特區政府、香港特區國安委、國家安全事務顧問、保安局、警務處、律政司、特區法院等，以下逐個進行簡要介紹。

（一）行政長官

根據《香港基本法》和《香港國安法》規定，行政長官是香港特區維護國家安全的第一責任人，主要有以下職責：

1. 向中央人民政府負責並提交報告。《香港國安法》第 11 條規定："香港特別行政區行政長官應當就香港特別行政區維護國家安全事務向中央人民政府負責，並就香港特別行政區履行維護國家安全職責的情況提交年度報告。如中央人民政府提出要求，行政長官應當就維護國家安全特定事項及時提交報告。"根據《香港基本法》第 43 條規定，行政長官是香港特區的首長，代表香港特區對中央人民政府負責。根據《香港基本法》第 48 條規定，行政長官的職權之一是"負責執行本法和依照本法適用於香港特別行政區的其他法律"，《香港國安

法》是適用於香港特區的全國性法律，行政長官負有在香港特區執行該法的責任，《香港國安法》規定行政長官就該法執行情況向中央人民政府提交報告，符合《香港基本法》的規定和要求。2022 年 11 月 26 日，中央人民政府向香港特別行政區行政長官發出公函（國函〔2022〕132 號），要求行政長官就《香港國安法》實施以來，特別行政區履行維護國家安全職責，包括特區國安委工作等有關情況，向中央人民政府提交報告。2022 年 11 月 28 日，香港特區行政長官向中央人民政府提交報告。其實，《香港國安法》出台之前，香港特區行政長官已經就維護國家安全事項向中央人民政府提交過報告。2019 年 2 月 26 日，中央人民政府向香港特別行政區行政長官發出公函（國函〔2019〕19 號），就香港特別行政區政府依法禁止 "香港民族黨" 運作一事表明意見，並要求行政長官就依法禁止 "香港民族黨" 運作等有關情況向中央人民政府提交報告。2019 年 4 月 16 日，香港特區行政長官向中央人民政府提交香港特區政府依法禁止 "香港民族黨" 運作及有關情況的報告。

2. 領導香港特區國安委工作。根據《香港國安法》第 13 條規定，香港特區國安委由行政長官擔任主席，成員包括政務司長、財政司長、律政司長、保安局局長、警務處處長、本法第 16 條規定的警務處維護國家安全部門的負責人、入境事務處處長、海關關長和行政長官辦公室主任。香港特區國安委下設秘書處，由秘書長領導。秘書長由行政長官提名，報中央人民政府任命。

3. 任命維護國家安全有關部門負責人。《香港國安法》第
16 條規定，香港特區政府警務處設立維護國家安全的部門，
配備執法力量。警務處維護國家安全部門負責人由行政長官任
命。《香港國安法》第 18 條規定，香港特區律政司設立專門的
國家安全犯罪案件檢控部門，負責危害國家安全犯罪案件的檢
控工作和其他相關法律事務。律政司國家安全犯罪案件檢控部
門負責人由行政長官任命，行政長官任命前須書面徵求駐港國
安公署的意見。

4. 指定法官處理危害國家安全案件。《香港國安法》第 44
條第 1 款規定，香港特區行政長官應當從裁判官、區域法院法
官、高等法院原訟法庭法官、上訴法庭法官以及終審法院法官
中指定若干名法官，也可從暫委或者特委法官中指定若干名法
官，負責處理危害國家安全犯罪案件。行政長官在指定法官前
可徵詢香港特區國安委和終審法院首席法官的意見。指定法官
負責處理危害國家安全犯罪案件的制度，主要基於三個方面的
考慮：一是案件性質。危害國家安全犯罪案件較其他性質的案
件更為複雜、敏感，有必要從法官中選擇業務能力更強、經驗
更豐富的法官來負責審理。二是確保類案同判。指定處理這類
案件的法官，會對危害國家安全犯罪案件的性質、特點、量刑
等問題進行深入研究，這有利於保持同類案件審理的專業性和
一致性，確保案件得到公平、公正、有效的處理。三是參考司
法先例。在香港司法實踐中，區域法院設立專門處理家庭法律
訴訟的家事法庭，即從區域法院法官中指定法官審理案件。在

外國司法實踐中，加拿大首席法官也挑選一組特派法官負責判定相關案件是否屬國家安全案件。

在香港特別行政區訴黎智英及另三人一案（[2023] HKCFI 1440）中，黎智英提出永久終止聆訊申請，其理據之一是《香港國安法》規定的指定法官任命制度會剝奪被告獲得公平審訊的權利，因為對指定法官的任命和重新任命的行政自由裁量權缺乏控制，也缺乏適當的制度保障指定法官的獨立性。高等法院原訟法庭拒絕接納上述理由，否決有關申請。高等法院原訟法庭法官認為，司法人員的任命，均經由司法人員推薦委員會建議，由於該委員會是獨立諮詢機構，故行政長官在誰可獲任命為指定法官一事上並沒有絕對決定權。此外，每一位法官都必須嚴守司法誓言和《法官行為指引》，而分配案件的工作也全然由司法機構處理。觀乎《香港國安法》的整體立法原意，就是要與《香港基本法》並行一致，以為香港特區的司法獨立提供充分保障。法庭聆訊一般是公開進行的，裁決理由也是公開宣佈的，遇有被定罪的情況，被告人也可提出上訴。

5. 會同香港特區國安委制定相關實施細則。《香港國安法》第 43 條第 1 款規定，香港特區政府警務處維護國家安全部門辦理危害國家安全犯罪案件時，可以採取香港特區現行法律准予警方等執法部門在調查嚴重犯罪案件時採取的各種措施，並可以採取要求信息發佈人或者有關服務商移除信息或者提供協助、要求外國及境外政治性組織、外國及境外當局或者政治性組織的代理人提供資料等措施。《香港國安法》第 43 條第 3 款授權行政長官會同香港特區國安委制定第 43 條第 1 款規定措施的實施細則。2020 年 7 月 7 日，行政長官會同香港特區國安委制定的《香港國安法第 43 條實施細則》已經刊憲生效。

　　6. 就國家安全或國家秘密認定問題發出證明書。根據《香港國安法》第 47 條規定，香港特區法院在審理案件中遇有涉及有關行為是否涉及國家安全或者有關證據材料是否涉及國家秘密的認定問題，應取得行政長官就該等問題發出的證明書，上述證明書對法院有約束力。2022 年 12 月 30 日，第十三屆全國人大常委會第三十八次會議通過了《全國人大常委會關於〈香港國安法〉第 14 條和第 47 條的解釋》。該解釋的第二條指出，《香港國安法》第 47 條中"應取得行政長官就該等問題發出的證明書"應理解為，特區法院"應當向行政長官提出並取得行政長官就該等問題發出的證明書"。該解釋的第三條指出，如果香港特區法院沒有向行政長官提出並取得行政長官就該等問題發出的證明書，香港特區國安委應根據《香港國安法》第 14 條的規定履行法定職責，對該等情況和問題作出相關判斷和決定。

（二）香港特區國安委

　　根據《香港國安法》第 12 條規定，香港特區成立香港特別行政區維護國家安全委員會，負責香港特區維護國家安全事務，承擔維護國家安全的主要責任。2020 年 7 月 3 日，香港特區國安委成立並開始運作。

根據《香港國安法》第 14 條第 1 款規定，香港特區國安委的職責為：

1. 分析研判香港特別行政區維護國家安全形勢，規劃有關工作，制定香港特別行政區維護國家安全政策。

2. 推進香港特別行政區維護國家安全的法律制度和執行機制建設。

3. 協調香港特別行政區維護國家安全的重點工作和重大行動。

從上述職責可知，香港特區國安委在特區維護國家安全工作中發揮牽頭抓總、議事決策、統籌協調的中樞作用。為保障香港特區國安委高效、獨立運作，《香港國安法》第 14 條第 2 款規定，香港特區國安委的工作不受香港特區任何其他機構、組織和個人的干涉，工作信息不予公開。香港特區國安委作出的決定不受司法覆核。《全國人大常委會關於〈香港國安法〉第 14 條和第 47 條的解釋》第一條明確了《香港國安法》第 14 條包含的三項規則：（1）香港特區國安委有權對是否涉及國家安全問題作出判斷和決定，工作信息不予公開；（2）香港特區國安委作出的決定不受司法覆核，具有可執行的法律效力；（3）香港特區任何行政、立法、司法等機構和任何組織、個人均不得干涉香港特區國安委的工作，均應當尊重並執行香港特區國安委的決定。

《香港國安法》之所以賦予特區國安委獨立地位，原因有二：首先，由於國家安全是中央事權，特區國安委的各項工作關乎全國整體安全，特區法院作為地方司法機構，無從對中央事權形成準確判斷，如接受司法覆核則相當於賦予香港司法機關推翻中央國安決策的權力，違反香港基本的憲制秩序。其次，出於保守國家秘密的需要，香港特區國安委的信息不予公開，法院對該決定的合法性、合理性、程序正當性等難以做出判斷。但是，不受司法覆核不意味著香港特區國安委的工作不受監督制約。根據《香港國安法》第 12 條規定，香港特區國安委須接受中央人民政府的監督和問責。

為保障香港特區國安委能夠準確、全面、有效履行職責，《香港國安法》第 15 條規定，香港特區國安委設立國家安全事務顧問，由中央人民政府指派。國家安全事務顧問的工作內容包括就香港國安委履行職責相關事務提供意見，列席香港國安委會議。2020 年 7 月 3 日中央人民政府任命時任香港中聯辦主任駱惠寧為首任香港特區國安委國家安全事務顧問，國家安全事務顧問制度開始在香港特別行政區運行。

在黎智英訴律政司司長一案（HCMP 253/2023）中，黎智英藉原訴傳票申請屬宣佈性質的救濟：《全國人大常委會關於〈香港國安法〉第 14 條和第 47 條的解釋》並不影響法院在英國律師 Tim Owen 的認許法律程序中的判決，或者由高等法院原訟法庭根據《香港國安法》第 47 條向行政長官提出並取得行政長官發出的證明書。在黎智英訴香港特區國安委、入境事務處處長一案（HCAL 566/2023）中，黎智英尋求許可就香港特區國安委的決定、入境事務處處長拒絕英國律師 Tim Owen 兼任工作申請的決定進行司法覆核。高等法院原訟法庭對兩案一併聆訊，並作出裁決（[2023] HKCFI 1382）。原訟法庭指出，《香港國安法》第 12 條特別設立特區國安委，特區國安委直接受中央人民政府監督及問責，監督特區國安委的權力保留為中央人民政府專有，就此等屬中央政府事權的事宜，特區法院並不獲賦予任何角色或權力，原因是在香港特區憲制秩序下，法院明顯在憲制上不具備處理此等事宜的資格及能力。《香港國安法》沒有授予特區法院任何對特區國安委在《香港國安法》第 14 條下的工作行使司法職能的司法管轄權。申請人以普通法下的越權原則來質疑特區國安委的有關決定超出職權範圍是完全錯誤的。《全國人大常委會關於〈香港國安法〉第 14 條和第 47 條的解釋》與《香港國安法》具有同等效力，並於《香港國安法》生效之日（2020 年 6 月 30 日）生效。按照全國人大常委會所作解釋，香港特區國安委作出的關於英國律師 Tim Owen 代理黎智英案可能引發國家安全風險的決定，屬《香港國安法》第 14 條規定的特區國安委權力範圍之內的事項。全國人大常委會所作解釋第一段規定，入境事務處處長應當嚴格執行特區國安委的決定，入境事務處處長的決定無疑是根據《香港國安法》合法地行使其權力，履行其維護國家安全的職責。因此，法院裁定，針對特區國安委的決定及入境事務處處長的決定而擬提出的司法覆核顯然完全無可爭辯之處，有關許可申請予以駁回。當司法覆核的許可申請被拒絕，原訴傳票法律程序因而成為了學術討論，原訴傳票法律程序遂予駁回。

（三）特區政府

根據《香港基本法》和《香港國安法》，香港特區政府在行政長官領導下具體負責本地維護國家安全的日常工作。特區政府開展這些工作須接受中央的監督指導。

1. 儘早完成《香港基本法》第 23 條立法。《香港國安法》第 7 條規定，香港特區應當儘早完成《香港基本法》規定的維護國家安全立法，完善相關法律。這一規定中所言的《香港基本法》規定的維護國家安全立法，即"第 23 條立法"。從國家層面制定了《香港國安法》，不代替香港本地第 23 條立法。香港特區仍然應當儘早完成這項立法，並完善香港本地維護國家安全的相關法律，構建完整的香港地方維護國家安全的法律制度體系。2022 年 12 月 30 日，全國人大常委會法制工作委員會負責人就《全國人大常委會關於〈香港國安法〉第 14 條和第 47 條的解釋》答記者問時指出：《香港國安法》第 7 條規定應當認真落實到位。在十三屆全國人大常委會第三十八次會議審議《國務院關於提請解釋〈香港國安法〉有關條款的議案》時有意見明確提出，適應實施《香港國安法》和維護國家安全的新形勢新要求，香港特別行政區應當及時修改完善本地相關法律，包括《法律執業者條例》等，充分運用本地法律解決《香港國安法》實施中遇到的有關法律問題。這一意見是有道理的，應當引起有關方面足夠重視。

2. 加強維護國家安全和防範恐怖活動的工作。《香港國安法》第 9 條規定，香港特區應當加強維護國家安全和防範恐怖活動的工作。這一規定是對特區政府加強維護國家安全工作的總體要求，並著重突出防範恐怖活動的重要性。《香港國安法》強調對恐怖活動的"防範"，這就要求特區政府積極採取措施進行提前干預，及早消除和應對恐怖活動風險。2021 年 11 月 19 日，香港警務處、入境處、海關、消防處等跨部門反恐專責組在廣深港高鐵西九龍站進行代號"虎速"的跨部門反恐演習，以強化跨部門反恐專責組與各部門在整合反恐情報及應對恐襲事件方面的應變能力，同時提高公眾對反恐工作的認知。為鼓勵市民提供涉恐涉暴罪案綫索，打擊恐怖主義在港萌芽，2022 年 6 月 8 日，香港警方推出由跨部門反恐專責組負責管理的"反恐舉報熱綫"，並增設賞金制度。

3. 加強對國家安全的宣傳、指導、監督和管理。《香港國安法》第 9 條規定："對學校、社會團體、媒體、網絡等涉及國家安全的事宜，香港特別行政區政府應當採取必要措施，加強宣傳、指導、監督和管理。"這一規定強調了特區政府對學校、社團、媒體、網絡的監督管理職能，學校、社會團體、媒體和網絡不是法外之地，不能任由危害國家安全言論和行為的發生。《香港國安法》實施後，特區政府已經依法履行指導、監管職責。比如，在社團管理方面，2021 年 9 月 13 日，香港特區政府稅務局修訂《屬公共性質的慈善機構及信託團體的稅務指南》，如任何團體支持、推廣或從事不利於國家安全的活動，稅務局將不再認定其為慈善團體，並會撤銷根據《稅務條例》第 88 條給予的豁免繳稅資格。2022 年 9 月 16 日，特區政府刊憲修訂職工會登記要求，從 2022 年 9 月 19 日起登記職工會須簽署聲明，確認職工會的所有目的及宗旨均為合法，並不會進行或從事任何可能危害國家安全或不利於國家安全及違反香港法例的行為或活動，這一安排有助職工會登記局履行《香港國安法》有關監督和管理職工會的責任，修訂後的表格不會影響香港居民及組織加入職工會的權利和自由。在媒體管理方面，2020 年 9 月，香港警方修訂《警察通例》，將"傳媒代表"的定義修改為在政府新聞處新聞發佈系統登記的機構以及國際認可的知名非本地媒體所發出的身份證明文件的記者、攝影師及電視台工作人員。2021 年 9 月 29 日，香港電台向員工發出《香港電台編輯政策及流程》文件，指出香港電台有責任履行特區維護國家安全的憲制和法律責任，要求必須以香港是國家一部分的角度處理"一國兩制"事宜，節目不得提供平台鼓勵、煽動、宣揚、美化、認同或同情任何危害國家安全行為或活動，也不得引起對中央或特區政府憎恨、歧視或敵意。在網絡監管方面，2023 年 6 月 5 日，香港特區政府律政司向高等法院申請禁制令及臨時禁制令（HCA 855/2023），以禁止四項與歌曲《願榮光歸香港》（或稱 "Glory to Hong Kong"，以下簡稱 "有關歌曲"）有關的非法行為。有關歌曲自 2019 年起開始廣泛流傳，歌詞內容含有已被法庭裁定可構成煽動的口號，而有關歌曲近期亦多次被錯誤表述為 "香港國歌"（而非正確的《義勇軍進行曲》），對國歌造成侮辱，對國家和特區造成嚴重損害。為履行維護國家安全的憲制責任，有效防範、制止和懲治危害國家安全的行為和活動，特區政府經仔細考慮後決定向法院申請針對任何人以下行為的禁制令：

（1）在下述（i）或（ii）的前提下，以任何方式（包括在互聯網及／或任何可供網上取覽的媒介及／或任何基於互聯網的平台或媒介）廣播、表演、刊印、發佈、出售、要約出售、分發、傳佈、展示或複製有關歌曲，不論是其曲調或歌詞或曲詞（包括有關歌曲的改編本，而其曲調、歌詞及／或曲詞實質上與有關歌曲相似者），尤其是主張把香港從中華人民共和國分離出去：

（i）意圖煽動他人犯分裂國家罪，違反《香港國安法》第二十一條，以及在能構成上述煽動的情況下；或

（ii）在具《刑事罪行條例》第9條所界定的煽動意圖下；

（2）以任何方式（包括在互聯網及／或任何可供網上取覽的媒介及／或任何基於互聯網的平台或媒介）廣播、表演、刊印、發佈、出售、要約出售、分發、傳佈、展示或複製有關歌曲，不論是其曲調或歌詞或曲詞（包括有關歌曲的改編本，而其曲調、歌詞及／或曲詞實質上與有關歌曲相似者），意圖侮辱國歌，違反《國歌條例》第7條，致令其：

（i）相當可能被誤會為對香港特別行政區而言屬國歌；或

（ii）使人聯想到香港特別行政區是一個獨立國家並擁有其本身的國歌；或

（3）幫助、導致、促致、煽惑、協助和教唆他人實施或參與任何上文第（1）或（2）段所列明的行為；或

（4）明知而授權、准許或容許他人實施或參與任何上文第

（1）或（2）段所列明的行為。

4. 開展國家安全教育。《香港國安法》第 10 條規定，香港特區應當通過學校、社會團體、媒體、網絡等開展國家安全教育，提高香港特別行政區居民的國家安全意識和守法意識。由於長期以來國家安全教育的缺失和不足，香港社會的國家安全意識比較淡漠，《香港國安法》為香港特區政府開展國家安全教育提供了明確的法律依據。在學校開展國家安全教育方面，香港特區教育局已經採取多項措施。比如，發出第 3/2021 號通告《國家安全：維護安全學習環境　培育良好公民》，向學校提供有關學校行政和教育的指引，以維護安全有序的校園學習環境，並培養學生成為守法的良好公民。發出第 2/2021 號通告《國家安全教育在學校課程的推行模式及學與教資源》、4/2021 號通告《國家安全教育的課程文件》、第 6/2021 號通告《學校國家安全教育：新增課程文件及學與教資源》，公佈《香港國家安全教育課程框架》和十多個相關科目的國家安全教育課程框架。發出第 54/2021 號通函《國家安全教育的參考書》、第 89/2021 號通函《給幼稚園派發國家安全教育的參考書》、第 67/2022 號通函《2022 "全民國家安全教育日"："國家安全教育展板" 及 "'國事小專家' 互動問答遊戲資源套"》、第 103/2022 號通函《國家安全教育的繪本〈我們的國家，我們的安全〉》、第 204/2022 號通函《"國家安全教育展板" 及 "國家安全教育網上學習平台"》，支援學校推行國家安全教育。發出第 112/2021 號通函《國家安全教育到校教師工作坊》，邀請學校參加國家安全教育到校教師工作坊，支援教師開展國家安全教育。發出第 35/2022 號通函《"2022 年國家安全齊參與"計劃》、第 174/2022 號通函《"2023 年國家安全齊參與"計劃》，邀請學校參加由教育局和保安局合辦的 "國家安全齊參與" 計劃。發出第 13/2022 號通告《新聘任教師〈基本法及香港國安法〉測試要求》，明確要求從 2023/24 學年起，所有公營學校、直資學校及參加幼稚園教育計劃的幼稚園的新聘教師必須在《基本法及香港國安法》測試取得及格成績，方可獲考慮聘用。此外，2022 年 12 月 15 日，香港特區教育局還公佈了新制定的《教師專業操守指引》，該指引強調教師應自覺維護國家安全、社會秩序及公眾利益，正確理解憲法、基本法和《香港國安法》及相關法例，尊重國家基本制度，不應組織、策劃、實施或參與違反基本法、《香港國安法》或任何香港法律的活動，不應鼓吹違反社會秩序的言論，不應向學生傳遞或宣揚違法違規、違反社會秩序的訊息和言論，直接或間接煽惑或促使學生進行違法違規、違反社會秩序的活動。嚴重違反《教師專業操守指引》的教師，可被取消教師註冊。

　　5. 支付維護國家安全開支、核准人員編制。根據《香港國安法》第 19 條規定，經行政長官批准，香港特區政府財政司司長應當從政府一般收入中撥出專門款項支付關於維護國家安全的開支並核准所涉及的人員編制，不受香港特區現行有關法律規定的限制。2021 年 10 月 20 日，香港特區政府向香港立法會提交維護國家安全開支專門款項的報告，表示政府撥出 80

億元支付未來數年的開支，主要考慮到特區國安委、警務處國安處、律政司維護國安檢控科的人員編制和執行任務所需的開支。特區國安委秘書處設有專屬的會計財務小組，處理相關工作的收支安排和財務事宜，直接向特區政府財政司司長彙報，財政司司長亦安排了對有關賬目進行獨立財務審計。2023 年 5 月 19 日，香港特區政府刊憲公佈最新一期特區政府賬目，財政司司長經行政長官批准，增撥 50 億元專門款項，用作維護國家安全開支。

（四）保安局

保安局是香港特區政府的決策局之一，負責制定保安的相關政策，包括維持治安、實施出入境及海關管制、協助罪犯改過自新、協助濫用藥物者戒毒，以及提供消防及緊急救援服務等。保安局下轄的紀律部隊包括香港警務處、消防處、懲教署、入境事務處、香港海關和政府飛行服務隊等。根據《香港國安法》第 13 條規定，保安局局長、警務處處長、入境事務處處長、海關關長都是香港特區國安委的成員。這些成員均應在其職責範圍內負責相應的維護國家安全工作，落實香港特區國安委作出的決定。在《香港國安法》出台前，香港特區保安局就已經根據香港本地法律規定履行維護國家安全的職責。2018 年 9 月 24 日，香港特區政府保安局局長依據《社團條例》作出命令，禁止 "香港民族黨" 在香港運作。2019 年 2 月 19 日，香港特別行政區行政長官會同行政會議作出決定，確認保安局局長命令有效。在《香港國安法》實施後，保安局負責統籌及協調各紀律部隊的維護國家安全工作，紀律部隊將在保安局的直接領導下在各自職責範圍內履行維護國家安全的職責。入境事務處維護國家安全的職責包括：在各出入境口岸加強檢查及詢問可疑人士、在審理各項赴港或延期簽證申請時加入國家安全風險評估，以及與駐港國安公署、外交部駐港公署加強溝通協作等。海關維護國家安全的職責包括防止違禁物品及受管制物品非法進出香港、加強風險評估和情報分析等。

（五）香港警務處

《香港國安法》第 16 條規定，香港特區政府警務處設立維護國家安全的專門部門，配備執法力量。特區警務處及其維護國家安全部門是香港本地維護國家安全最為重要的執法力量。2020 年 7 月 1 日，香港警務處國家安全處正式成立，香港國安處分為"情報"、"行動"、"後勤支持"三大部門，"情報"部門負責分析所收到的情報，"行動"部門負責拘捕，"後勤支持"部門負責訓練前綫人員。

根據《香港國安法》第 17 條規定，香港警務處維護國家安全部門承擔六項職能：

1. 收集分析涉及國家安全的情報信息。

2. 部署、協調、推進維護國家安全的措施和行動。

3. 調查危害國家安全犯罪案件。

4. 進行反干預調查和開展國家安全審查。

5. 承辦香港特別行政區維護國家安全委員會交辦的維護國家安全工作。

6. 執行本法所需的其他職責。

為保障香港警務處維護國家安全部門正確、有效履行職責，《香港國安法》規定了多項保障和監督措施：

1. **根據需要，可以從特區之外聘請人員協助工作。**《香港國安法》第 16 條第 3 款規定，警務處維護國家安全部門可以從香港特區以外聘請合格的專門人員和技術人員，協助執行維護國家安全相關任務。

2. **採取多種調查措施。**《香港國安法》第 43 條第 1 款規定，香港特區警務處維護國家安全部門辦理危害國家安全案件時，可以採取香港特區現行法律准予警方等執法部門在調查嚴重犯罪案件時採取的各種措施，並可以採取以下措施：搜查可能存有犯罪證據的處所、車輛、船隻、航空器以及其他有關地方和電子設備；要求涉嫌實施危害國家安全犯罪行為的人員交出旅行證件或者限制其離境；對用於或者意圖用於犯罪的財產、因犯罪所得的收益等與犯罪相關的財產，予以凍結，申請限制令、押記令、沒收令以及充公；要求信息發佈人或者有關服務商移除信息或者提供協助；要求外國及境外政治性組織，外國及境外當局或者政治性組織的代理人提供資料；經行政長官批准，對有合理理由懷疑涉及實施危害國家安全犯罪的人員進行截取通訊和秘密監察；對有合理理由懷疑擁有與偵查有關的資料或者管有有關物料的人員，要求其回答問題和提交資料或者物料。2020 年 7 月 6 日行政長官會同香港特區國安委制定了第 43 條實施細則。

在黎智英訴警務處處長一案（[2022] HKCA 1574）中，2022 年 7 月 8 日，香港警方根據《香港國安法第 43 條實施細則》附表 1 第 2 條取得搜查手令，該手令明確授權搜查黎智英的兩部 iPhone 手機的電子內容（不論其是否新聞材料，但聲稱受法律專業保密權保護的電子內容除外）。黎智英向高等法院原訟法庭申請司法覆核許可，質疑該搜查手令的效力，其提出的理由是，《香港國安法第 43 條實施細則》附表 1 第 1 條規定的"指明證據"一詞並不涵蓋新聞材料，原訟法庭駁回其許可申請，黎智英不服，向高等法院上訴法庭提出上訴。上訴法庭指出，《香港國安法第 43 條實施細則》附表 1 第 1 條將"指明證據"定義為"屬或包含（或相當可能屬或包含）危害國家安全罪行的證據的任何物件"。"指明證據"一詞涵蓋新聞材料，理由是：新聞材料所得的保護並非絕對，就任何刑事罪行調查所涉的搜查和檢取而言，新聞材料並不獲豁免，危害國家安全罪行調查所涉的搜查和檢取亦當如此。為達到《香港國安法》有效防範、制止和懲治危害國家安全罪行的主要目的，警方必須能夠就任何包含或相當可能包含危害國家安全罪行證據的對象（包括新聞材料）進行有效的搜查。如果將新聞材料排除在"指明證據"定義範圍之外，將不當地限制以致削弱警方調查的成效，這對實現《香港國安法》的上述主要目的不利。對"指明證據"解釋為包括新聞材料並未減損香港本地法律對新聞自由提供的保護，也不違反合法性原則。因此，上訴法庭駁回黎智英的上訴。

在黎智英訴保安局局長一案（[2021] HKCFI 2804）中，保安局局長根據《香港國安法第 43 條實施細則》附表 3 第 3（1）條發出通知，通知述明，保安局局長有合理理由懷疑通知所指明的財產是《香港國安法第 43 條實施細則》附表 3 第 3 條所指的罪行相關財產，申請人被指示"除根據局長批予的特許的授權外，不得直接或間接處理指明財產"。指明財產包括申請人持有的壹傳媒有限公司所有股份。申請人向高等法院原訟法庭提出申請，要求法庭宣告《香港國安法第 43 條實施細則》附表 3 及本案中保安局局長發出的通知所指的"處理"不包括行使該等股份的任何表決權，或者根據《香港國安法第 43 條實施細則》附表 3 第 4（2）條特許申請人行使該等股份的表決權。原訟法庭認為，公司股東的表決權是受《香港基本法》第 6 條、第 105 條保障的財產權，但對財產權的保障並非絕對，《香港國安法》所訂的凍結制度沒有理由把表決權劃分出來或另行處理，如果該等股份已藉通知而凍結，不禁止行使股份附帶的重要權利並不合理。即使"處理"一詞在某種程度上有欠精確，這也並非將行使表決權豁除於處理該等股份之外的充分理由，凍結制度設有特許，可在防範、制止、懲治危害國家安全罪行的目的與保障財產權之間取得平衡，減輕"處理"一詞有欠精確的影響。因此，沒有理由對《香港國安法第 43 條實施細則》附表 3 第 3 條的條文進行狹義解釋，把投票權的行使排除在外。故原訟法庭駁回申請人的申請。

　　在 J 及其他人訴警務處處長一案（[2021] HKCFI 3586）中，香港警方申請並獲法庭批出根據《香港國安法第 43 條實施細則》附表 7 第 3（2）條發出的提交物料令，要求 J 及其他人向警方交出若干資料，J 及其他人向高等法院原訟法庭提出申請，要求更改提交物料令，以在須交出的部分資料內遮蓋若干個人資料，延展遵從提交物料令的時限，以遮蓋部分資料的相關內容。原訟法庭認為，終審法院在 P 訴廉政專員一案（[2007] HKCFA 37）中提出不得損害調查工作完整性和效率的觀點，同樣甚至更為適用於根據《香港國安法第 43 條實施細則》附表 7 發出的提交物料令，因為國家安全至關重要。法院不應批准涉及調查實質內容的更改《香港國安法第 43 條實施細則》附表 7 下提交物料令的申請，否則可能出現損害調查工作完整性及效率的風險。在決定物料是否相關或有用時，法院應給予警方若干自由度，也應對其意見給予恰當比重。法院不應妨礙正在進行中的刑事調查，或被要求過早決定什麼與調查相關或有用。基於上述分析，如果法院在提交物料令的單方面申請階段已就物料是否相關或有用作出裁決，原則上不應批准以同樣議題撤銷或更改該等提交物料令的申請或要求。處理撤銷或更改提交物料令的申請時，法院可根據《香港國安法第 43 條實施細則》附表 7 第 3（4）（d）條再作權衡，其中不涉及應用舉證責任。本案中要求更改提交物料令的申請並無理據，故駁回 J 及其他人的申請。

3. 接受香港特區國安委的監督。《香港國安法》第 43 條第 2 款規定，香港特區國安委對警務處維護國家安全部門等執法機構採取本條第 1 款規定措施負有監督責任。

此外，維護國家安全並不僅僅是專門機關的事情，香港警務處履行維護國家安全的職責，也需要其他部門和香港居民的配合和支持。2020 年 11 月 5 日，為了便利市民提供與國家安全相關的資料或舉報，警務處國家安全處開設"國安處舉報熱綫"。香港居民可通過微信、電話短訊及專設電郵，向警務處作出國家安全相關的非緊急舉報。

（六）律政司

《香港國安法》第 18 條規定，香港特區律政司設立專門的國家安全犯罪案件檢控部門，負責危害國家安全犯罪案件的檢控工作和其他相關法律事務。2020 年 6 月 30 日，律政司設立專門的國家安全犯罪案件檢控部門——維護國家安全檢控科。7 月 3 日，香港特區政府發言人指出，維護國家安全檢控科的首批檢控官已由律政司長在徵得香港特區國安委同意後作出任命。

根據《香港國安法》的規定，律政司及維護國家安全檢控科的主要職能包括：

1. 專屬的案件檢控權。根據《香港國安法》第 41 條第 1、2 款規定，香港特區管轄危害國家安全犯罪案件的立案偵查、檢控、審判和刑罰的執行等訴訟程序事宜，適用本法和香港特別行政區本地法律。未經律政司長書面同意，任何人不得就危害國家安全犯罪案件提出檢控。

2. **循公訴程序檢控。**《香港國安法》第 41 條第 3 款規定，香港特區管轄的危害國家安全犯罪案件的審判循公訴程序進行。

3. **決定是否有陪審團參與審理案件。**《香港國安法》第 46 條規定，對高等法院原訟法庭進行的就危害國家安全犯罪案件提起的刑事檢控程序，律政司長可基於保護國家秘密、案件具有涉外因素或者保障陪審員及其家人的人身安全等理由，發出證書指示相關訴訟毋須在有陪審團的情況下進行審理。凡律政司長發出上述證書，高等法院原訟法庭應當在沒有陪審團的情況下進行審理，並由三名法官組成審判庭。凡律政司長發出前款規定的證書，適用於相關訴訟的香港特別行政區任何法律條文關於"陪審團"或者"陪審團的裁決"，均應當理解為指法官或者法官作為事實裁斷者的職能。

在唐英傑訴律政司司長一案（[2021] HKCA 912）中，律政司司長根據《香港國安法》第 46 條發出證書，指示該刑事案件由三名法官組成審判庭在沒有陪審團的情況下進行審理。申請人向高等法院原訟法庭提出司法覆核許可申請，原訟法庭拒絕批予許可，並作出多項裁定，包括：（1）申請人不享有在陪審團席前接受審訊的憲法權利；（2）律政司司長作出的決定屬檢控決定，根據《香港基本法》第 63 條規定不受任何干涉，不能由法院基於一般司法覆核理由覆核；（3）律政司司長無須在發出證書前聆聽申請人的意見或通知申請人；（4）在沒有任何不真誠或不誠實指控的情況下，法院無權干涉。申請人就其司法覆核許可申請被拒向高等法院上訴法庭提出上訴。上訴法庭指出，《香港國安法》第 46 條第 1 款沒有明文規定被控人可針對律政司司長發出證書而提出常規司法覆核，如果把《香港國安法》第 46 條第 1 款解釋為允許提出常規司法覆核，會使《香港國安法》第 42 條第 1 款規定的"確保危害國家安全犯罪案件公正、及時辦理"的目的失效。律政司司長根據《香港國安法》第 46 條第 1 款發出證書的決定，屬檢控決定，受《香港基本法》第 63 條保障不受干涉。根據普通法，只有在不誠實、不真誠或其他特殊情況的有限理由下，才可覆核檢控決定，而不能基於合法性原則及程序保障的常規司法覆核理由予以質疑。申請人沒有指出本案有不誠實或不真誠的情況，故駁回其上訴。

（七）香港特區法院

　　《香港國安法》強調了香港特區司法機關在維護國家安全中的重要作用。《香港國安法》第 3 條規定，香港特區的行政機關、立法機關、司法機關應當依據本法和其他有關法律規定有效防範、制止和懲治危害國家安全的行為和活動。《香港國安法》第 8 條規定，香港特區執法、司法機關應當切實執行《香港國安法》和香港特區現行法律有關防範、制止和懲治危害國家安全行為和活動的規定，有效維護國家安全。具體來說，香港特區法院維護國家安全的職責包括：

1. 指定法官須自覺遵守《香港國安法》。根據《香港國安法》第 44 條第 1、2 款規定，由行政長官指定若干名法官負責處理危害國家安全犯罪案件，指定法官的任期為一年。凡有危害國家安全言行的，不得被指定為審理國家安全犯罪案件的法官。在獲任指定法官期間，如有危害國家安全的言行，終止其指定法官資格。

2. 指定法官負責處理危害國家安全犯罪案件的檢控程序。根據《香港國安法》第 44 條第 3 款規定，在裁判法院、區域法院、高等法院和終審法院就危害國家安全犯罪案件提起的刑事檢控程序應當分別由各該法院的指定法官處理。根據《香港國安法》第 45 條規定，除本法另有規定外，裁判法院、區域法院、高等法院和終審法院應當按照香港特區的其他法律處理就危害國家安全犯罪案件提起的刑事檢控程序。因此，《刑事訴訟程序條例》《裁判官條例》等香港本地法律在審理此類案件中應當適用，不過，當這些香港本地法律規定與《香港國安法》的規定不一致時，《香港國安法》的有關規定優先適用。

在香港特別行政區訴譚得志一案（[2021] HKDC 424）中，被告稱根據《裁判官條例》第 88 條、附表 2 第 III 部，其被控的發表煽動文字罪，應轉介高等法院原訟法庭，區域法院並無司法管轄權審理。區域法院法官裁定，根據《香港國安法》第 41 條第 3 款、第 45 條規定，危害國家安全犯罪案件的審判循公訴程

序，可以在裁判法院、區域法院、高等法院和終審法院進行審
理。譚得志被控的發表煽動文字罪會危害國家安全，屬"可公訴
罪行"，《香港國安法》的規定凌駕於香港本地法律，因此，《裁
判官條例》第 88 條及附表 2 第 III 部所訂明的例外，即煽動文字
罪只能由高等法院原訟庭審理便屬無效。區域法院有司法管轄權
處理案件，裁判官轉介案件至區域法院合法有效。

3. 審理危害國家安全案件。根據《香港國安法》第 40 條
規定，除本法第 55 條規定的情形外，香港特區對本法規定的
四類危害國家安全犯罪案件行使管轄權。《香港國安法》對四
類危害國家安全犯罪的構成要件、量刑幅度等做出了規定，在
處理這四類案件時，香港特區法院應適用《香港國安法》的規
定。同時，危害國家安全犯罪案件不限於這四種，特區法院也
可適用《刑事罪行條例》《公安條例》等香港本地法律，對相
關行為做出相關的罪責認定。關於審判公開，根據《香港國安
法》第 41 條規定，審判應當公開進行，因為涉及國家秘密、
公共秩序等情形不宜公開審理的，禁止新聞界和公眾旁聽全部
或者一部分審理程序，但判決結果應當一律公開宣佈。

第六章

危害國家安全的罪行及責任

《涉港國安決定》授權全國人大常委會制定相關法律，切實防範、制止和懲治任何分裂國家、顛覆國家政權、組織實施恐怖活動等嚴重危害國家安全的行為和活動以及外國和境外勢力干預香港特別行政區事務的活動。根據這一授權，全國人大常委會通過的《香港國安法》第三章專門規定了"罪行和處罰"，規定了分裂國家罪、顛覆國家政權罪、恐怖活動罪、勾結外國或者境外勢力危害國家安全罪四類罪行，並確立了相應的定罪標準和處罰措施。這四類罪行是香港近年來表現最突出、影響最大的四類危害國家安全罪行。《涉港國安決定》給全國人大常委會的授權，不是一次性的授權，今後全國人大常委會可以根據香港實際情況和需要，繼續制定相關法律，繼續就危害國家安全有關行為定罪量刑。本章根據《香港國安法》第三章的規定，對這四類罪名的犯罪構成、刑事責任進行介紹。

一、分裂國家罪

國家領土是民眾安居樂業的家園，維護國家的統一和領土完整是維護國家安全的首要任務。根據《香港國安法》第 20條的規定，分裂國家犯罪主要表現為以下三種情況：

1. **侵犯國家領土完整。**即 "將香港特別行政區或者中華人民共和國其他任何部分從中華人民共和國分離出去"。採用任何方式或者以任何名義否定或者改變香港特別行政區是中華人民共和國不可分割的一部分的行為均構成對國家領土完整的侵害。分裂國家領土的行為不僅是指 "港獨" 活動，也包括 "台獨"、"藏獨"、"疆獨" 等分裂活動，在香港特別行政區從事此類分裂活動均觸犯《香港國安法》第 20 條的規定。

2. **改變地方的法律地位。**即 "非法改變香港特別行政區或者中華人民共和國其他任何部分的法律地位"。任何人否認香港特別行政區是中華人民共和國組成部分，否認特別行政區的憲制法律地位，都是《香港國安法》所不能容忍的。同樣，任何非法改變中國現行的民族區域自治制度以及敵視 "一個中國" 的憲法宣示的行為均構成對國家統一和領土完整的侵犯。

3. **破壞國家主權的行使。**即 "將香港特別行政區或者中華人民共和國其他任何部分轉歸外國統治"。這種情況表現為試圖將香港特別行政區或者中華人民共和國任何部分置於任何外國的權力和管制之下，要求特別行政區政府遵從外國政府的指令，聽從外國權力機關發號施令，否定或者削弱中華人民共和國對香港特別行政區的主權，將香港變為或者變相淪為外國的殖民地或附屬地。

分裂國家的行為可以表現為組織、策劃、實施、參與實施，或者煽動、協助、教唆、以金錢或者其他財物資助他人實施分裂國家的犯罪行為。

所謂組織、策劃分裂國家，表現為提出設想、制定計劃、串謀商議進行分裂國家的活動，或者為實現分裂國家的設想、計劃聯絡人員，建立團夥，舉行會議等行為。組織、策劃行為因帶有一定的系統性、計劃性和號召性而具有較高的社會危害性和危險性，無論該行為是否表現為數人的共同犯罪，對每一組織者、策劃者個人均應當分別追究刑事責任。

所謂煽動分裂國家，通常表現為通過鼓吹、鼓動、唆使、策動、引誘、煽惑、挑動等行為致使特定的或者不特定的人員產生分裂國家的犯罪決意，或者刺激、助長其已產生的分裂國家的犯罪決意。煽動行為包括口頭煽動、書面煽動或者採用任何可產生煽動效果的其他方式進行煽動；明知書面文字中載有煽動分裂國家、破壞國家統一的內容而執意予以出版、印刷、複製、發行、傳播的，應當以煽動分裂國家罪定罪處罰。

在香港特別行政區訴馬俊文一案（［2022］HKCA 1151）中，高等法院上訴法庭法官以普通法的"煽惑罪"為鑒，首次為裁定煽動分裂國家罪的情節輕重列出十項考慮因素，包括：犯案的處境；犯案的手法；煽動的次數、時間的長短和行為的持續性；煽動的規模；是否突發或有預謀；是否涉及武力或以武力相脅；是否夥同他人犯案；被煽動的對象、群體大小，和對他們的潛在影響；是否成功煽動，或發生這種情況的風險和迫切度；犯案者在社會或某個界別或範圍內的實際或潛在影響力。法官據此裁定本案屬《香港國安法》第 21 條規定的"情節嚴重"類別，原因有八項：1. 案發期間香港仍有暴力非法集會，危害國家安全和法治的風險仍然比較高；2. 馬俊文多次貶損國安法，多次強調"宣揚'港獨'並不違法"，嚴重挑戰《香港國安法》的權威及香港法治的根基，增加引致他人分裂國家的風險；3. 馬俊文於各大型商場犯案，明顯是要加強其煽動效果，且次數多兼持續時間長，又利用接受採訪及互聯網擴大接觸範圍；4. 馬俊文選擇在風險較高的事件紀念日犯案，增加活動演變成暴力的風險；5. 馬俊文有預謀犯案，多次事前在 Facebook 或 Telegram 頻道呼籲公眾參加；6. 以年輕學生為煽動對象，大肆宣揚"港獨"，以醞釀下一場"時代革命"來臨；7. 煽動他人以多種方式傳達分裂國家的信息，包括罷工、罷課、罷市；8. 屢屢在獲得保釋後接受記者採訪，重複煽動他人分裂國家，視法紀如無物。法官以五年三個月為量刑起點，以被告沒有就案情爭議而節省審訊時間為由減刑三個月，判處馬俊文監禁五年。

在香港特別行政區訴呂世瑜一案（[2023] HKCFA 26）中，被告人呂世瑜被控煽動分裂國家罪，呂世瑜認罪後，區域法院裁定其罪行屬於“情節嚴重”的情形，應以 5 年 6 個月為量刑起點，考慮到呂世瑜認罪（根據香港本地法律，認罪可予扣減三分之一刑期），刑期可予扣減，但根據《香港國安法》第 21 條的強制性規定，扣減後的刑期不得低於五年的法定最低刑期，基於此，區域法院判處呂世瑜監禁五年。呂世瑜認為刑罰過重，提出上訴，其理據是區域法院未考慮《香港國安法》第 33 條規定關於法定最低刑期亦可扣減的情形。高等法院上訴法庭審理後裁定，《香港國安法》第 33 條規定的可減輕處罰的情形屬於窮盡列舉，呂世瑜案不符合《香港國安法》第 33 條規定的情形，於是駁回上訴，維持原判。呂世瑜向終審法院提出上訴，終審法院裁定，《香港國安法》第 21 條規定的法定刑期屬強制規定，法院只能在法定的幅度內判刑，不考慮《香港國安法》第 33 條的規定，法院就不能突破《香港國安法》第 21 條規定的刑罰下限。《香港國安法》第 33 條規定的減輕處罰的情形是窮盡列舉。

此外，終審法院明確了《香港國安法》下的量刑步驟：第一步是根據案件情形確定量刑幅度。終審法院認同高等法院上訴法庭在馬俊文案中提出的十項考量因素有助於評估罪行的嚴重程度，但也指出十項考慮因素並非盡列無遺，也不應予以機械適用。第二步是在量刑幅度內確定量刑起點，並考慮加刑和減刑因素。法院可考慮香港本地法律規定的量刑原則，但是量刑起點和終點都應在法定幅度之內。第三步是適用《香港國安法》第 33 條關於從輕、減輕或免除處罰的規定。

所謂教唆分裂國家，是指採用勸說、利誘、授意、慫恿、收買、威脅等方法將自己的分裂國家犯罪意圖灌輸給本來沒有該犯罪意圖的人，指使其按照教唆人的犯罪意圖實施犯罪行為。對於教唆他人實施分裂國家罪的人員，無論被教唆人是否接受教唆或者是否實施了被教唆的犯罪，均應當以教唆實施分裂國家罪定罪處罰。

所謂資助他人分裂國家，是指明知是犯罪組織或者實施犯罪活動人員而為其提供資金，或者提供器材、設備、交通工具、武器裝備、活動場所等各種物質條件或者便利。資助方式、資助時間沒有限定，無論是在犯罪組織或者個人實施分裂國家犯罪行為之前、之中或者之後進行資助，都可以成立資助分裂國家罪；無論被資助者是否被追究了刑事責任，對於資助行為均可單獨定罪處罰。

協助實施分裂國家犯罪行為，是指幫助或者配合他人實施犯罪活動，一般以存在其他共同犯罪人的犯罪活動為條件，而且協助犯罪者在共同犯罪中往往處於輔助的地位，從共同犯罪的意義上講，通常被稱為“幫助犯”，但是，當《香港國安法》明確將“協助”實施規定為分裂國家罪的罪狀之一時，對於協助犯罪行為可以獨立定罪處罰。

分裂國家犯罪是危險犯罪，而且是抽象危險犯罪，也就是說，法律所列舉的行為一旦實施，就可能造成危害國家安全的危險或風險，而這種危險或風險即構成犯罪的危害性，無論行為人實施的行為是否實際造成了領土分離、法律地位破壞或者主權喪失等外部損害結果，也無論相關行為是否有相當可能或者足以造成這樣的損害結果，只要行為人具有分裂國家的目的和意圖並且實施了《香港國安法》第 20 條和第 21 條列舉的某一行為，即構成犯罪；對於此種危險犯罪，一般也不做犯罪未遂和犯罪既遂的區分。《香港國安法》第 20 條和第 21 條所列舉的分裂國家行為就是法律嚴禁超越的紅綫，或者說越綫必罰的禁區，越過這條紅綫，涉入這一禁區，即構成犯罪，行為人不得以尚未造成或者不足以造成"香港獨立"等分裂國家的結果為自己辯解。

對於分裂國家罪，根據具體行為的類型、行為人在犯罪中所起的作用、犯罪情節的輕重以及在量刑時應當或者可以考慮的其他法定因素，《香港國安法》規定了六個由重到輕的量刑檔次：最重的刑罰是無期徒刑；第二個量刑檔次是十年以上有期徒刑；第三個量刑檔次是五年以上十年以下有期徒刑；第四個量刑檔次是三年以上十年以下有期徒刑；第五個量刑檔次是五年以下有期徒刑、拘役或者管制；第六個量刑檔次是三年以下有期徒刑、拘役或者管制。根據《香港國安法》第 64 條的規定，這裏所說的"有期徒刑"、"無期徒刑"，分別指香港特別行政區法律規定的"監禁"、"終身監禁"，"拘役"參照適用香港特別行政區相關法律規定的"監禁"、"入勞役中心"、"入教導所"，"管制"參照適用香港特別行政區相關法律規定的"社會服務令"、"入感化院"。

　　在香港特別行政區訴鍾翰林一案（[2021] HKDC 1484）中，被告人承認分裂國家罪、處理已知道或相信為代表從可公訴罪行的得益的財產罪等控罪，基於被告人所同意的案情，區域法院法官認為，被告所犯罪行屬《香港國安法》第 20 條規定的"積極參加者"類別。根據《香港國安法》第 20 條規定，"積極參加者"的判刑是 3 年以上 10 年以下監禁，法官以 4 年半為量刑起點，給予被告人 25% 的刑期扣減，最終判處其 40 個月監禁，法官對其處理已知道或相信為代表從可公訴罪行的得益的財產罪判處 18 個月監禁，後一罪行刑期的 3 個月與前一罪行的刑期分期執行，被告人共被判 43 個月監禁。

二、顛覆國家政權罪

國家政權是國家權力與國家機關履職活動的總稱，構成國家職能賴以運作的基礎，對國家政權機關及其履職活動的破壞或者使之癱瘓，將直接導致國家管理體制和手段的削弱或喪失，使國家安全陷入危機，使社會秩序陷入混亂。《香港國安法》第 22 條將顛覆國家政權的犯罪行為歸納為以下四種情況：

1. 顛覆國家基本制度。即"推翻、破壞中華人民共和國憲法所確立的中華人民共和國根本制度"。這裏所說的"根本制度"主要是指在中國主體實行的社會主義制度和在香港實行的特別行政區制度。顛覆國家政權罪中的推翻、破壞行為既包括以使用武力、威脅使用武力的方式對國家基本憲法制度進行衝擊和破壞，也包括任何不經法定程序而改變憲法所確立的基本制度的其他非暴力手段。

2. 顛覆政權機關。即"推翻中華人民共和國中央政權機關或者香港特別行政區政權機關"。這裏所說的"中央政權機關"包括中央國家機關及中央政府在香港特別行政區的派駐機構，所說的"香港特別行政區政權機關"主要是指香港特別行政區行政長官及其所領導的行政機關、香港特別行政區立法機關以及香港特別行政區司法機關。顛覆政權機關比較多的情況是以使用武力、暴力或者威脅使用武力、暴力的方式對政權機關進行衝擊、佔據或者破壞，也可能表現為以言論、文字等各種方式煽動、教唆他人推翻國家政權機關。

3. **擾亂政權機關履職**。即"嚴重干擾、阻撓、破壞中華人民共和國中央政權機關或者香港特別行政區政權機關依法履行職能"，例如：干擾、阻撓中央政府駐港機構開展工作，阻礙、限制特別行政區行政長官履行職務，採用任何非法手段致使特別行政區行政機關陷於癱瘓，採用非法、不正當惡意手段阻撓、干擾特別行政區立法會正常運作，以使用武力、暴力或者威脅使用武力、暴力的方式阻撓特別行政區法院依法獨立開展審判活動，等等。

4. **損毀政權機關履職處所**。即"攻擊、破壞香港特別行政區政權機關履職場所及其設施，致使其無法正常履行職能"，比如，在中央駐港機構或特別行政區行政機關、立法機關、司法機關的辦公場所故意縱火、聚眾衝闖、進行"打砸搶"活動，對政權機關執行公務或者提供公共服務時所使用的設備、工具、網絡信息系統進行破壞或者使之癱瘓，等等。

顛覆國家政權罪的比較常見行為方式表現為使用武力、暴力或者以使用武力、暴力相威脅，例如：組織武裝或者暴力團夥，策劃實施武裝暴亂或者動亂，或者以發動武裝暴動、動亂相威脅，但是，顛覆政權的手段並不限於此，可以表現為一切能夠對國家政權機關或者國家政權機關的職能運行造成干擾、破壞、癱瘓的非法手段，即使這種手段並不含有武力或者暴力的成分，例如：採用造謠惑眾、惡意誹謗或者製造仇恨的方式，煽動對國家政權的仇恨情緒，或者採用其他非法手段、"軟暴力"、非法計謀干擾、阻礙國家政權機構正常履行職能。

顛覆國家政權的犯罪既可能表現為抽象危險犯罪，也可能表現為具體危險犯罪。那些以武力或者威脅使用武力為手段組織、策劃、實施推翻、破壞憲法所確立的根本制度或者推翻中央政權機關或者特別行政區政權機關的行為，一旦付諸實施，無論是否足以導致實際危險，均認為造成顛覆國家政權的危險或者風險，從而作為抽象危險犯罪予以懲處。對於採用其他非法手段干擾、阻撓、破壞中央政權機關或者特別行政區政權機關依法履行職能，或者攻擊、破壞中央和香港特別行政區政權機關履職場所及其設施的行為，《香港國安法》則要求達到一定的嚴重程度，或者要求達到足以導致危害結果發生的危險程度，因而，在《香港國安法》第 22 條第 1 款第（三）項和第（四）項列舉的情況下，需要具體分析有關行為是否達到對政權機關依法履行職能造成嚴重干擾、阻撓、破壞或者足以致使政權機關無法正常履行職能的危險程度。

顛覆國家政權罪，同《香港國安法》規定的其他危害國家安全犯罪一樣，均屬故意犯罪，行為人不僅意識到自己的行為可能發生危害國家安全的後果，而且有意追求這種犯罪後果的發生；同時，《香港國安法》規定的分裂國家罪、顛覆國家政權罪、恐怖活動罪、勾結外國或者境外勢力危害國家安全罪還要求行為人具有特定的目的或者特定的政治意圖。對於顛覆國家政權罪來說，是否具有危害國家安全的特定目的是區分該罪與一般的妨害公務罪、破壞公私財物罪等其他犯罪行為的重要特徵。危害國家安全的犯罪目的可以結合行為人從事有關活動時提出或者表達的意願、主張、口號、綱領或者可證明的言行、文字加以判斷和證明。

對於顛覆罪國家政權罪，根據具體行為的類型、行為人在犯罪中所起的作用、犯罪情節的輕重以及在量刑時應當或者可以考慮的其他因素，《香港國安法》規定了六個由重到輕的量刑檔次：最重的刑罰是無期徒刑；第二個量刑檔次是十年以上有期徒刑；第三個量刑檔次是五年以上十年以下有期徒刑；第四個量刑檔次是三年以上十年以下有期徒刑；第五個量刑檔次是五年以下有期徒刑、拘役或者管制；第六個量刑檔次是三年以下有期徒刑、拘役或者管制。

在香港特別行政區訴王逸戰及另三人一案（[2022] HKDC 1210）中，四名被告被控串謀煽動他人實施顛覆國家政權罪。本案中的四名被告不是被直接裁定違反《香港國安法》第 22 條和第 23 條，而是被裁定違反《香港國安法》第 22 條、第 23 條及《刑事罪行條例》第 159A 條、第 159C 條。區域法院法官認為，香港特別行政區訴馬俊文案（[2022] HKCA 1151）確立的針對分裂國家罪的判刑規則，也適用於顛覆國家政權罪，法官將馬俊文案作為一個標杆案例，用來衡量本案屬 "情節嚴重" 或 "情節較輕"，基於本案被告進行公開發言的次數較馬俊文案少、沒有類似馬俊文案使用社交媒體進行煽動，法院裁定本案屬"情節較輕"的類別，在這一類別中又屬偏近嚴重的一端。最終，被告王逸戰、陳枳森、朱慧盈因認罪得到減刑三分之一，分別被判處監禁36個月、34個月、30個月，被告黃沅琳被判入教導所。

在香港特別行政區訴阮嘉謙及另六人一案（[2022] HKDC 1147）中，七名被告被控串謀煽動他人實施顛覆國家政權罪。區域法院法官認為，香港特別行政區訴馬俊文案（[2022] HKCA 1151）確立的判刑規則，也適用於顛覆國家政權罪。在考慮本案的整體實際情況後，法官認為，在整體層面上，本案的罪行屬"情節嚴重"，但考慮到犯案人的年紀和不成熟和其他令他在不完全知情的情況下作出錯誤決定，干犯本案罪行，在疑點利益歸於被告的前提下，法官將被告犯案的情節降低至"情節較輕"，在平衡了判處有阻嚇力的刑罰和給予被告更生機會後，法官判處五名年齡低於21歲的被告入教導所。對另外兩名被告，在特別行政區訴蔡永傑及另一人一案（[2023] HKDC 214）中，區域法院法官裁定蔡永傑、陳右津的犯案情節屬《香港國安法》第23條規定的"情節嚴重"類別，參照高等法院上訴法庭在香港特別行政區訴呂世瑜案（[2022] HKCA 1780）中提出的"最低刑期原則"，法官判處被告蔡永傑、陳右津各監禁五年。

三、恐怖活動罪

近年來，在香港有些人為了實現自己的政治主張或者分裂國家、顛覆政權的目的，不惜犧牲廣大公眾的生命財產安全，提出所謂"攬炒"的口號，採用暴力手段要挾公共權力機關和公眾社會接受、認可他們的政治主張，威脅稱不接受其主張就與公眾和社會"同歸於盡"，此種行為和做法，不僅對公共安全，也對國家安全造成嚴重威脅或者損害，有可能導致恐怖活動犯罪。

《香港國安法》所懲治的恐怖活動罪是一種特定的恐怖活動犯罪，實施此種恐怖活動的人懷有特定的政治目的或意圖，即"脅迫中央人民政府、香港特別行政區政府或者國際組織或者威嚇公眾以圖實現政治主張"，這裏所說的"政治主張"通常與憲法制度、法律制度、社會制度相關，無論這種政治主張是否可能危害國家安全，也無論這種政治主張是否具有任何合理成分，當為了實現特定政治主張而對政府、公眾和社會採取暴力和恐嚇手段時，相關活動則可能發展成為恐怖活動犯罪。

從行為特點上講，恐怖活動犯罪通常表現為針對公眾的人身或財物安全實施的暴力和破壞活動，根據《香港國安法》第24條的規定，這種暴力活動主要表現為以下情況：

1. 針對人身的嚴重暴力行為。比如，在公共場所向他人身上潑灑汽油並點火焚燒；不顧周圍人群的安全，向他人開槍射擊甚至掃射等；為製造第 24 條第一款列舉的恐嚇效果而針對特定個人的嚴重暴力行為，亦屬此列。

2. 爆炸、縱火或者投放毒害性、放射性、傳染病病原體等物質。此類行為無論實施於公共場所，還是實施於私人場所，只要表現為置公眾或者不特定多數人的健康和安全於不顧，則構成危害公共安全、製造公共恐慌的行為。

3. 破壞交通工具、交通設施、電力設備、燃氣設備或者其他易燃易爆設備。這種破壞活動將使公共安全、公眾生活和社會的正常秩序與運轉面臨危險或者陷於癱瘓。

4. 嚴重干擾、破壞水、電、燃氣、交通、通訊、網絡等公共服務和管理的電子控制系統。由於現代社會的生活、服務和管理通常採用電子技術加以控制，對公共服務設施電子系統的破壞同樣會使公眾生活和社會的正常秩序與運轉面臨危險或者陷於癱瘓。

5. 以其他危險方法嚴重危害公眾健康或者安全。例如：駕駛機動車輛在公共場所或者向不特定多數人進行衝撞，從高層建築物向可能有行人或者車輛通過的地面投擲可能造成損害的物品，等等。

恐怖活動犯罪既可能以共同犯罪的方式加以實施，也可能由個人單獨實施，包括採用"獨狼"方式加以實施。如果為實施或者意圖實施恐怖活動犯罪而形成集團或者團夥，這種集團或者團夥將構成恐怖活動組織，策劃和領導該組織的行為，將單獨構成《香港國安法》第 25 條規定的組織、領導恐怖活動組織罪。參加恐怖活動組織的行為也可能單獨構成犯罪，無論該組織是否實施了《香港國安法》第 24 條列舉的恐怖活動。

根據《香港國安法》第 26 條的規定，為恐怖活動組織、恐怖活動人員、恐怖活動實施提供培訓、武器、信息、資金、物資、勞務、運輸、技術或者場所等支持、協助、便利的行為，以及為恐怖活動組織、恐怖活動人員、恐怖活動實施製造、非法管有爆炸性、毒害性、放射性、傳染病病原體等物質的行為，均單獨構成犯罪。實施上述行為的人雖然沒有直接參與恐怖暴力活動，但其行為使得恐怖活動更加具有專業性和危險性，或者通過提供相關的經濟資助和資源使得恐怖活動更加猖獗和持續，因而也在嚴厲打擊之列。

由於恐怖活動罪是社會危險性較高的犯罪，法律的打擊門坎通常會前移，力爭在犯罪發生之前就能夠有效地加以制止和防範，因此，《香港國安法》第 26 條明確規定：除前面提到的支持、幫助行為或者非法管有行為以外，"以其他形式準備實施恐怖活動的"行為也屬犯罪，此類準備行為包括：為實施恐怖活動犯罪，準備工具、物資，預先查看現場或者放置用於犯罪的物品，為實施犯罪進行聯絡和商議，等等。

根據《香港國安法》第 27 條的規定，宣揚恐怖主義、煽動實施恐怖活動的行為，也構成獨立的犯罪，這裏所說的"宣揚"是指為恐怖主義理論和實踐進行宣傳、辯護或者頌揚的行為，在"宣揚恐怖主義"問題上，任何人不得以言論自由、出版自由、新聞報道自由等理由，對恐怖主義活動及其信念或理論進行鼓吹或者辯解，不得為危害公眾生命財產安全和社會公共秩序的"攬炒"口號和主張進行宣傳或者喝彩。

《香港國安法》第三章第三節並不是懲治發生在香港特別行政區恐怖活動犯罪的唯一法源，這一節針對的是那些對中華人民共和國的國家安全構成危害的恐怖活動犯罪，而對於其他形式的恐怖活動犯罪，例如：國際恐怖主義犯罪以及某些出於個人原因危害公共安全並造成公眾恐懼的暴力犯罪，應當繼續適用香港特別行政區《聯合國（反恐怖主義措施）條例》《刑事罪行條例》《有組織及嚴重罪行條例》等本地法律予以懲治。這些法律法規與《香港國安法》相互配合、協調，共同構成在香港特別行政區打擊恐怖活動犯罪的法網。

對於恐怖活動罪，根據具體行為的類型、行為人在犯罪中所起的作用、犯罪情節的輕重以及在量刑時應當或者可以考慮的其他法定因素，《香港國安法》規定了六個由重到輕的量刑檔次：最重的刑罰是無期徒刑；第二個量刑檔次是十年以上有期徒刑；第三個量刑檔次是五年以上十年以下有期徒刑；第四個量刑檔次是三年以上十年以下有期徒刑；第五個量刑檔次是五年以下有期徒刑、拘役或者管制；第六個量刑檔次是三年以下有期徒刑、拘役或者管制。對於某些形態的恐怖活動犯罪，在按第一個檔次、第二個檔次和第三個檔次量刑時，可以並處沒收財產；對於某些形態的恐怖活動犯罪，在按第三個檔次、第四個檔次、第五個檔次和第六個檔次量刑時可以並處罰金。

根據《香港國安法》第 64 條的規定，這裏所說的"沒收財產"和"罰金"分別指香港特別行政區法律規定的"充公犯罪所得"和"罰款"。

在香港特別行政區訴唐英傑一案（[2021] HKCFI 2200、[2021] HKCFI 2239）中，被告人被控煽動他人分裂國家罪、恐怖活動罪。高等法院原訟法庭法官認為，事發當日是"回歸日"，被告展示"光復香港　時代革命"旗幟時，明白該口號有分裂國家的意味，被告有意圖將分裂國家的意思傳遞給其他人，故構成煽動他人分裂國家罪，其罪行屬《香港國安法》第 20 條規定的"情節嚴重"類別，應判處五年以上十年以下監禁，法官最終判處其六年半監禁。同時，被告衝擊警方，刻意挑戰代表香港法治及秩序的警察，其行為是針對人的嚴重暴力，造成嚴重社會危害，用以威嚇公眾以實現政治主張，故構成恐怖活動罪，其罪行屬《香港國安法》第 24 條規定的"其他情形"類別，應判處三年以上十年以下監禁，法官最終判處其八年監禁。儘管這兩項罪行產生於同一組事實，但它們是單獨和不同的罪行，具有完全不同的要素。法官考慮總體原則，決定兩項罪行的刑期部分連續、部分同期執行，被告總刑期為九年監禁。

四、勾結外國或者境外勢力
危害國家安全罪

　　人們通常將危害國家安全的犯罪劃分為兩大類，一類是危害國家內部安全的犯罪，此類犯罪在一些刑事立法中也被稱為"內亂罪"；另一類是危害國家外部安全的犯罪，在一些刑事立法中則被稱為"外患罪"。如果說《香港國安法》規定的分裂國家罪和顛覆國家政權罪，在很多情況下表現出"內亂罪"特點的話，《香港國安法》第三章第四節規定的勾結外國或者境外勢力危害國家安全罪更多地表現出"外患罪"的特點，即：引狼入室、賣身投靠、背叛祖國。

　　《香港國安法》第 29 條規定的勾結外國或者境外勢力危害國家安全罪有兩種主要的表現類型。

　　第一種主要表現類型是："為外國或者境外機構、組織、人員竊取、刺探、收買、非法提供涉及國家安全的國家秘密或者情報。"任何個人，無論是香港特別行政區居民，還是非特別行政區居民，或者職業情報人員，一旦實施上述行為，均將對中華人民共和國的國家安全造成損害或者是造成損害危險。

　　在這裏所說的"外國機構、組織、人員"是指外國的任何官方或者非官方組織、團體或者實體以及相關的個人，包括外交、領事機構及其所屬人員，無論是否處於香港特別行政區之內；所謂"境外機構、組織、人員"則是指除中國大陸、香港、澳門以外的任何地區（包括中國台灣地區）的官方或者非官方組織、團體或者實體以及相關的個人，也無論是否處於香港特別行政區之內。

這裏所說的"涉及國家安全的國家秘密或者情報"則是指涉及國家在政治、經濟、國防、外交等領域的安全和利益的任何文件、材料或信息。根據《香港國安法》第 47 條的規定，香港特別行政區法院在審理有關案件時，如果遇到有關材料是否涉及國家秘密的認定問題，需要向特別行政區長官進行諮詢，"取得行政長官對該等問題發出的證明書，上述證明書對法院有約束力"。

第二種主要類型是："請求外國或者境外機構、組織、人員實施，與外國或者境外機構、組織、人員串謀實施，或者直接或者間接接受外國或者境外機構、組織、人員的指使、控制、資助或者其他形式的支持"實施《香港國安法》第 29 條第 1 款列舉的五種行為之一的。這五種行為分別是：

1. 對中華人民共和國發動戰爭，或者以武力或者武力相威脅，對中華人民共和國主權、統一和領土完整造成嚴重危害；

2. 對香港特別行政區政府或者中央人民政府制定和執行法律、政策進行嚴重阻撓並可能造成嚴重後果；

3. 對香港特別行政區選舉進行操控、破壞並可能造成嚴重後果；

4. 對香港特別行政區或者中華人民共和國進行制裁、封鎖或者採取其他敵對行動；

5. 通過各種非法方式引發香港特別行政區居民對中央人民政府或者香港特別行政區政府的憎恨並可能造成嚴重後果。

此類勾結罪的罪狀比較複雜，為了將其梳理清晰，我們可以將該罪狀中的行為劃分為兩種，一種行為是勾結行為，另一種是勾結的背景行為或者目標行為。勾結外國或者境外勢力危害國家安全罪的成立恰恰表現為勾結行為和勾結的背景行為或目標行為相互結合的結果，對於此類勾結罪的成立來說，勾結行為和勾結背景行為或者目標行為兩者缺一不可。

所謂"勾結行為"是由對外進行勾結活動的人員實施的，其表現，一是向外國或者境外機構、組織、人員提出特定的請求；二是與外國或者境外機構、組織、人員進行串謀實施特定的行為；三是接受外國或境外機構、組織、人員的指使、控制、資助等實施特定的行為。上述請求、串謀和接受指使的勾結行為典型地表現出行為人對外國勢力或者境外勢力的卑躬屈膝和攀附投靠。

所謂"勾結的背景行為或者目標行為"則主要是由外國勢力或者境外勢力實施的，並且表現為實施勾結行為的人希望發生或者促成的事實，例如：對中華人民共和國發動戰爭，進行制裁、封鎖，或者採取其他敵對行動，等等。這種行為實際上表現為勾結行為的現實背景或者欲達目標，既可以是正在進行的活動，也可以是策劃或者準備中的活動；只有在存在這樣的背景或者目標的情況下，有關的勾結行為才可能對國家安全造成危害或者危險。背景行為或者目標行為反映出外國勢力或者境外勢力對中華人民共和國及其香港特別行政區的敵對、干預和破壞，而這種敵對、干預和破壞行為也正是勾結者所祈求、期盼並積極配合的。

對於勾結罪中所涉及的外國或者境外機構、組織、人員，比如，接受涉及國家安全的國家秘密或情報的外國或者境外機構、組織、人員，或者對中華人民共和國及其香港特別行政區採取敵對破壞行動的外國或者境外機構、組織、人員，根據《香港國安法》第 29 條第 3 款的規定，按照共同犯罪定罪處罰。

在追究外國或者境外機構、組織、人員刑事責任問題上，與我國《刑法》第 8 條的規定不同，《香港國安法》第 38 條沒有規定 "按照犯罪地的法律不受處罰的除外" 這一排除可罰性的條件，這意味著：即使危害我國國家安全的行為在外國或者境外是合法的或者不受處罰的，但當該行為對香港特別行政區造成侵害時，同樣可以追究行為人的刑事責任。

外國或者境外人員實施《香港國安法》規定的犯罪的，可以獨立適用或者附加適用驅逐出境。如果參與實施《香港國安法》所規定的犯罪活動的人員享有外交或領事豁免權，或者對於上述人員由於任何原因不對其追究刑事責任，根據《香港國安法》第 34 條第 2 款的規定，同樣可以將其驅逐出境。

如果與外國或者境外機構、組織、人員的勾結行為，即：串謀實施特定行為或者接受指使、控制、資助實施特定行為，是為了實施《香港國安法》規定的分裂國家罪或者顛覆國家政權罪而實施的，則可能出現一種特殊情況："內亂罪"與"外患罪"相結合，在這種情況下，根據《香港國安法》第 30 條的規定，將依照分裂國家罪或者顛覆國家政權罪從重處罰。

對於勾結外國或者境外勢力危害國家安全罪，根據具體行為的類型、行為人在犯罪中所起的作用、犯罪情節的輕重以及在量刑時應當或者可以考慮的其他法定因素，《香港國安法》規定了三個由重到輕的量刑檔次：最重的刑罰是無期徒刑；第二個量刑檔次是十年以上有期徒刑；第三個量刑檔次是三年以上十年以下有期徒刑。對於為實施分裂國家罪或者顛覆國家政權罪而與外國或者境外機構、組織、人員進行勾結的，分別按照《香港國安法》為分裂國家罪或者顛覆國家政權罪規定的刑罰從重處罰。

部分國家刑法關於勾結罪的規定

法國刑法典第 411—4 條　與外國國家、外國企業或組織或者受外國控制之企業或組織、外國工作人員通謀，意圖挑動敵視或侵犯法國之行動的，處 30 年拘押並科 450,000 歐元罰金。

向外國國家、外國企業或組織或者受外國控制之企業或組織、外國工作人員提供採取敵視或侵犯法國行動之手段的，處相同刑罰。

第 411—5 條　與外國國家、外國企業或組織或者受外國控制之企業或組織、外國工作人員之間的通謀行為足以危害國家基本利益的，處 10 年監禁並科 150,000 歐元罰金。

羅馬尼亞刑法典第 271 條　羅馬尼亞公民、居住在羅馬尼亞境內的無國籍人或為羅馬尼亞工作的外國人，為破壞和削弱羅馬尼亞的統一、領土完整、主權或獨立，與外國勢力或組織及其代理人相勾結，通過煽動針對羅馬尼亞的戰爭，協助外國進行軍事佔領，削弱國民經濟或政治，削弱國防能力或向外國勢力投降的，處終身監禁或 15 年以上 25 年以下重監禁並禁止行使特定權利。

意大利刑法典第 243 條　與外國人相勾結，以使外國對意大利發動戰爭或者採取敵對行為的，或者為了同樣目的實施其他行為的，處以 10 年以上有期徒刑。

匈牙利刑法典第 144 條　匈牙利公民為了危害匈牙利共和國的獨立、領土完整或者憲法秩序，與外國政府或者外國組織相互勾結，構成重罪，處 5 至 15 年監禁。

荷蘭刑法典第 97 條　為誘使國外勢力敵視本國或對本國發動戰爭而與該國外勢力相聯繫，或明知國外勢力有此意圖而為其提供支持、援助、或幫助其進行準備的，應判處終身監禁、20 年以下監禁或第五類罰金。

西班牙刑法典第 592 條　任何試圖損害國家權威，危害西班牙的尊嚴或重大利益，與外國政府或其機構，或與國際組織或外國組織保持情報往來或任何形式的關係的，處 4 年至 8 年徒刑。

韓國刑法第 92 條　與外國通謀引起戰端或者通謀的外國人與大韓民國為敵的，處死刑或者無期勞役。

埃及刑法典第 77 條 B　請求或者聯絡外國或者為其利益而工作的人針對埃及實施敵對行為的，處死刑。

五、單位犯罪及其法律責任

　　危害國家安全犯罪的實施主體，不僅可以是自然人，也可以是法人或者非法人組織，當某一犯罪是由法人或者非法人組織實施的時，這種犯罪被稱為"單位犯罪"或者"法人犯罪"。《香港國安法》第 31 條規定："公司、團體等法人或者非法人組織實施本法規定的犯罪的，對該組織判處罰金。"《香港國安法》第 37 條規定："香港特別行政區永久居民或者在香港特別行政區成立的公司、團體等法人或者非法人組織在香港特別行政區以外實施本法規定的犯罪的，適用本法。"

　　危害國家安全的單位犯罪或者法人犯罪可以表現為以下幾種情況：

　　1. 法人或者非法人組織的領導人、決策人利用其在該組織中的領導和決策地位，使該組織淪為實施危害國家安全犯罪活動的工具或者平台。比如，某報社領導人利用其領導地位，在該報社的出版物中大量刊發煽動分裂國家的文章，使該報社淪為宣傳危害國家安全言論的喉舌。

　　2. 法人或者非法人組織的成員通過實施危害國家安全的犯罪活動，為自己所隸屬的組織獲取經濟利益，該組織領導人雖然未直接參與上述犯罪活動或者相關決策，但在知曉有關情形的情況下沒有採取必要的制止和防控措施。比如，某網絡信息服務公司的員工在工作中為危害國家安全的網絡信息和活動提供平台服務，使得該網絡信息服務公司從中獲得經濟利益，該公司負責人對此沒有履行管束義務。

3. 法人或者非法人組織利用自己的資源和經濟實力，為危害國家安全的犯罪活動或者有關的犯罪組織提供幫助或資助。 比如，某商貿公司動用自己的資金或者物資，向實施分裂國家犯罪活動的組織或者個人，或者向策劃或者實施恐怖活動的組織或者個人，提供金錢或者其他物質幫助。

4. 法人或者非法人組織，置香港特別行政區法律及其相關的合規義務於不顧，接受外國勢力或者境外勢力的指令、要求，實施危害中華人民共和國國家安全的行為。 比如，某金融機構以遵從外國執法機關要求為名，向外國勢力提供有可能危害我國國家安全的材料和情報，或者與外國勢力串謀執行外國對中華人民共和國或者香港特別行政區發佈的制裁措施。

在單位犯罪的情況下，除對參與有關犯罪的自然人處以刑罰外，應當追究犯罪單位的刑事責任，對其處以財產刑，即罰金。如果公司、團體等法人或者非法人組織因實施《香港國安法》規定的罪行受到刑事處罰，還應當根據香港特別行政區的有關法規，對其採取行政處罰或者監管措施，"責令其暫停運作或者吊銷其執照或者營業許可證"。

公司、團體等法人或者非法人組織因實施《香港國安法》所規定的犯罪而獲得的資助、收益、報酬等違法所得以及用於或者意圖用於資助有關犯罪活動或者犯罪組織的資金以及為犯罪服務的工具，應當依照香港特別行政區相關法律法規予以追繳、沒收。

由於單位所具有的實力和影響，單位犯罪可能會比自然人犯罪對國家安全造成更為嚴重的危害或者危險，並且更加具有煽惑性和欺騙性。應當特別注意防範、調查和懲治單位實施危害國家安全的犯罪行為，每個公司、團體等法人或者非法人組織均應當在其內部建立健全維護國家安全的合規機制，防範、監控相關的違法犯罪行為。在發現本單位人員涉嫌危害國家安全犯罪案件之後，單位應當積極、有效地配合執法機關和司法機關查清案件事實，挽回犯罪所造成的損害結果和不良影響。根據《香港國安法》第 9 條的規定，"對學校、社會團體、媒體、網絡等涉及國家安全的事宜，香港特別行政區政府應當採取必要措施，加強宣傳、指導、監督和管理"。

六、犯罪中止與自首

　　對於所有犯有罪錯的人，"治病救人，懲前毖後"應該是一項基本方針，尤其是對於那些由於缺乏關於國家歷史和現實的認知、受到敵對勢力蠱惑和蒙蔽而實施違法犯罪行為的年輕人，在刑事政策上更應該側重於教育挽救，鼓勵其幡然悔悟，棄舊圖新，並且通過這樣的刑事政策分化、瓦解犯罪集團和團夥，更加穩、準、狠地打擊那些危害國家安全的有組織犯罪活動。基於這樣的刑事政策，《香港國安法》在第三章第五節中確立了犯罪中止和自首的制度，為實施犯罪行為者架起悔改的"黃金之橋"。

　　犯罪中止是指"在犯罪過程中，自動放棄犯罪或者自動有效地防止犯罪結果發生的"。一般來說，犯罪中止要求具備三項條件，第一項條件是：中止應該發生在犯罪行為實施過程當中，如果犯罪行為尚未實施，或者犯罪已經完成並且犯罪結果已經發生，則不符合犯罪中止的條件。第二項條件是：中止是基於行為人真誠悔過的意願，如果行為人停止犯罪是因為在實施過程當中遇到某種困難，打算以後再找適當機會實施犯罪，則不符合這一條件。第三項條件是：中止行為應當實際避免了或者有效阻止了犯罪結果的發生。

　　考慮到危害國家安全罪大多數表現為危險犯罪，一旦實施法律規定的行為，犯罪即告成立，往往不要求發生具體的損害結果，而且危害國家安全罪經常表現為有組織犯罪，單憑個人的中止行為很難有效阻止犯罪結果的發生，《香港國安法》第33條第1款（3）項規定了一種悔罪立功的情況："揭發他人犯罪行為，查證屬實，或者提供重要綫索得以偵破其他案件的。"這意味著，即使某一行為人的中止行為並不能夠有效阻止犯罪結果的發生，但是，只要他能夠積極與執法機關或者司法機關合作，配合對有關犯罪案件的調查和審判，也可以如同犯罪中止一樣得到寬大處理。比如，某人參加了危害國家安全的犯罪組織，後來基於真誠悔過的願望退出了該組織，不再參加該組織的任何活動，並且向警方提供了該組織犯罪的重要證據或綫索，該人可以被認定為有悔罪立功表現，同犯罪中止一樣受到從寬處理。

自首是指犯罪後"自動投案，如實供述自己的罪行的"。一般來說，自首要求具備兩項條件，第一項條件是：犯罪後自動投案，也就是說，實施了犯罪行為的人，在犯罪尚未被發現或者雖已被發現、但執法機關尚未對犯罪嫌疑人採取拘捕措施，其人身自由尚未受到限制的情況下，主動向執法機關報到並接受執法機關控制。行為人在親屬或者朋友的勸說、敦促或者陪同下向執法機關主動報到的行為，也可以認定為自動投案。第二項條件是：投案後如實供述自己的罪行。僅僅主動投案還不夠，投案人還應當向執法機關如實地供述自己所了解的案件情況以及自己所實施的違法犯罪行為，不能隱瞞重大的違法犯罪情況。

　　行為人自動投案並如實供述犯罪事實之後，在相關的刑事訴訟程序中仍然有權利為自己進行辯護，並且有權利針對有關的司法裁決提出上訴或申訴，行使這樣的正當訴訟權利不應當影響自首的成立，也不應當簡單地理解為行為人是在拒不接受司法審判或者拒不承擔應有的法律責任。

　　自首還可以在某種特殊情況下加以認定：被採取強制措施的犯罪嫌疑人、被告人如實供述執法機關並不掌握的、本人犯有《香港國安法》規定的其他罪行，也可按照自首的規定處理。比如，某人因參與實施顛覆國家政權犯罪活動而被警方拘捕，如果在押期間主動交代自己曾參與實施《香港國安法》第24條規定的恐怖活動犯罪，而該犯罪行為尚未被香港特別行政區執法機關所發現，對於此種主動坦白的行為，也可以按照自首認定。這種情形在理論上被稱為"特別自首"。特別自首還可以適用於正在服刑的人員，只要該人是主動坦白供述了執法機關和司法機關尚不掌握的其他違反《香港國安法》的罪行，在針對被坦白的罪行進行追訴時，可以對該人按照特別自首的情況從寬處理。

　　對於犯罪中止（包括悔罪立功）以及自首（包括特別自首）在判處刑罰時，司法機關可以考慮從輕處罰或者減輕處罰，罪行較輕的，可以免除處罰。所謂"從輕處罰"是指在法律規定的量刑幅度以內判處較輕的刑期，比如，法律規定"處五年以上十年以下有期徒刑"，可以根據具體情況選擇判處五年有期徒刑。所謂“減輕處罰”則是指在法律規定的量刑幅度以下判處刑罰，比如，法律規定“處五年以上十年以下有期徒刑”，可以在該量刑幅度的最低刑以下，選擇判處三年有期徒刑，也可以單獨判處拘役或者管制。

《香港國安法》第 33 條所引入的犯罪中止和自首制度體現了一種先進的和行之有效的刑事政策理念，也是對香港刑法和刑事司法制度的一項發展。隨著上述制度的引入，行為人在犯罪後的悔罪表現不再僅僅是法官在量刑時酌情考慮的情節，而成為了量刑的法定情節，司法機關在進行訴訟和審判時必須依法予以考慮。同時，犯罪中止和自首制度也為執法機關和司法機關提供了懲治危害國家安全犯罪的一項重要的法律、政策手段。

第七章

案件管轄及
辦案程序

《香港國安法》第四章"案件管轄、法律適用和程序"規定了香港特區管轄案件的範圍、香港特區辦理危害國家安全犯罪案件適用的法律以及辦案程序。《香港國安法》第五章"中央人民政府駐香港特別行政區維護國家安全機構"規定了駐港國安公署管轄案件的範圍、駐港國安公署辦理危害國家安全犯罪案件適用的法律以及辦案程序。本章從案件管轄、香港特區管轄案件的辦案程序、駐港國安公署管轄案件的辦案程序三個方面對以上內容進行介紹。

一、案件管轄

（一）案件管轄劃分的前提

在訴訟法意義上，管轄問題關係到在某個國家或地區發生的刑事犯罪的立案偵查、檢控、審判和刑罰執行等權力的歸屬問題。在"一國兩制"下，如何處理危害國家安全犯罪案件的管轄問題，是制定《香港國安法》面臨的一個重要問題。

國家安全是國家生存發展的基本前提。維護國家安全的根本使命是捍衛國家利益。正因為如此，世界上任何一個國家，無論是單一制國家還是聯邦制國家，關於國家安全的立法權、執法權和司法權通常都是統一的。例如，在美國，危害國家安全犯罪的刑事立法權屬於聯邦，危害國家安全犯罪的管轄也歸屬於聯邦的執法、司法體系，由聯邦調查局、國土安全部等聯邦層面的機構進行調查後交由聯邦法院審判。

我國是單一制國家，中央人民政府對包括香港特區在內的所有地方行政區域擁有全面管治權。香港特區的高度自治權不是固有的，其唯一來源是中央授權。高度自治權的限度在於中央授予多少權力，香港特區就享有多少權力。據此，在"一國兩制"條件下，與香港特區有關的危害國家安全犯罪案件的管轄權如何劃分，關鍵是要在憲制層面明確中央與香港特區在維

護國家安全事務問題上的權責關係。概括而言，這種權責關係
體現在三個方面：一是中央人民政府對香港特區有關的國家安
全事務負有根本責任。二是香港特區負有維護國家安全的憲制
責任，應當履行維護國家安全的職責。三是與香港特區有關的
國家安全事務，包括防範、制止和懲治與香港特區有關的危害
國家安全犯罪，中央擁有全面的管轄權：中央有權自行處理所
有案件，也可以授權香港特區處理，還可以在授權香港特區處
理的同時，保留必要時自行處理的權力。無論採用何種制度安
排，都是中央行使對香港特區全面管治權的重要體現。《香港
國安法》在明確這一大原則的前提下，對中央和香港特區在管
轄案件的具體劃分上作出了規定。

（二）管轄劃分的範圍

1. 中央管轄案件的範圍

根據《香港國安法》第 55 條規定，駐港國安公署在三
種情形下對本法規定的四類危害國家安全犯罪案件行使管轄
權：（1）案件涉及外國或者境外勢力介入的複雜情況，香港特
區管轄確有困難的；（2）出現香港特區政府無法有效執行本
法的嚴重情況的；（3）出現國家安全面臨重大現實威脅的情
況的。

2. 香港特區管轄案件的範圍

（1）《香港國安法》規定的四類危害國家安全犯罪案件。
《香港國安法》第 40 條規定："香港特別行政區對本法規定的

犯罪案件行使管轄權，但本法第五十五條規定的情形除外。"
這些案件包括：與香港特別行政區有關的分裂國家、顛覆國家
政權、組織實施恐怖活動、勾結外國或者境外勢力危害國家安
全的案件。

（2）香港本地法律規定的危害國家安全案件。香港本地法
律關於危害國家安全犯罪的規定，主要集中在《刑事罪行條
例》《官方機密條例》和《社團條例》。其中，《刑事罪行條例》
對叛逆罪、煽動罪作了規定，《官方機密條例》對間諜罪和非
法披露受保護資料作了規定，《社團條例》對取消社團註冊乃
至禁止社團運作等作了規定。但是，這些法律規定保留了很多
港英時期的用語，比如"女皇陛下""女皇陛下本人、其世襲
繼承人或其他繼承人""香港政府""英軍""駐港英軍成員"，
等等。根據 1997 年 2 月 23 日全國人大常委會關於根據《香港
基本法》第 160 條處理香港原有法律的決定，在適用上述規定
處理危害國家安全犯罪時，必須對這些用語進行符合回歸後香
港憲制地位的適應化轉換。同時，根據《香港國安法》第 62
條的規定，如果上述本地法律規定與《香港國安法》不一致
的，必須適用《香港國安法》。

（3）《香港基本法》第 23 條規定的危害國家安全犯罪案
件。《香港國安法》第 7 條規定："香港特別行政區應當盡早完
成香港特別行政區基本法規定的維護國家安全立法，完善相關
法律。"根據《香港基本法》第 23 條的規定，未來香港特區
完成 23 條立法以後，必然會對《香港國安法》和香港現行本

地法律沒有涉及的危害國家安全犯罪作出規定，這些犯罪案件當然也屬香港特區管轄案件的範圍。

（三）案件管轄劃分體現了"一國兩制"原則

"一國兩制"是完整的概念。"一國"是前提和基礎，"兩制"從屬和派生於"一國"，並統一於"一國"之內。全面、準確理解和實施"一國兩制"方針，要求既要堅持"一國"原則，又要尊重"兩制"差異，而不能把"一國"與"兩制"相互割裂甚至相互對立。《香港國安法》關於案件管轄原則的規定，創造性地確立了中央和特別行政區執行該法的"雙執行機制"，是對"一國兩制"方針的準確貫徹落實，在"一國"與"兩制"之間取得了合理的平衡。

具體表現在三個方面：

1. 體現了國家安全事務的管轄權整體歸屬於中央。從權力來源的角度看，中央對香港發生的所有危害國家安全的犯罪案件，都有權直接管轄，中央授權香港特區管轄絕大部分案件，自身只在特定情形下對極少數案件行使管轄權，是"一國兩制"下中央與香港特區之間授權與被授權關係的體現。

2. 體現了維護中央對香港特區全面管治權和保障香港特區高度自治權的有機結合。中央對香港特區全面管治權包括三個層次：（1）中央對一些重大事務，依法直接行使管治權。（2）授權香港特區根據《香港基本法》，自行管理屬高度自治範圍內的事務。（3）中央對於香港特區行使高度自治權的情況，有權予以監督。與香港特區有關的危害國家安全犯罪案件管轄權的構成，也與中央對香港特區全面管治權的構成相對應，包括三個方面：（1）中央在特殊情形下對《香港國安法》第三章規定的案件直接行使管轄權；（2）中央基於"一國兩制"原則，以及對香港特區的充分信任和對香港特區獨立司法權和終審權的尊重，授權香港特區對《香港國安法》第三章規定的絕大多數案件行使管轄權；（3）中央對香港特區行使管轄權的監督權。《香港國安法》第 49 條規定，駐港國安公署的職責包括"監督、指導、協調、支持香港特區履行維護國家安全的職責"；第 65 條規定，"本法的解釋權屬於全國人民代表大會常務委員會"。這些規定都是中央監督權的重要體現。

3. 體現了"一國兩制"下維護國家安全應有的底綫思維。在香港特別行政區，危害國家安全最為極端的情況莫過於《香港基本法》第 18 條第 4 款所規定的"發生香港特別行政區政府不能控制的危及國家統一或安全的動亂"。一旦出現這種極端情況，全國人大常委會可以決定香港特區進入緊急狀態，中央人民政府可發佈命令將有關全國性法律在香港特區實施。《香港國安法》貫徹預防與懲治相結合的原則，規定了駐港國安公署在三種特定情形下可以直接行使對危害國家安全犯罪案件的管轄權，實際上是採用法律手段來解決香港特區維護國家安全力所不及的問題，以防止和避免因國家安全受到嚴重威脅和危害，因局面失控最終釀成《香港基本法》第 18 條第 4 款規定的嚴重後果。相關制度安排體現了"一國兩制"下維護國家安全應有的底綫思維，也說明駐港國安公署在特殊情形下就極少數案件直接行使管轄權，十分必要和重要。二者相結合，構建了嚴密的香港特區維護國家安全的執法、司法制度體系，可以更加有效地防範、制止和懲治危害國家安全的犯罪行為。

二、香港特區管轄案件的辦案程序

（一）基本原則

《香港國安法》第 41 條對香港特區執法、司法機關在適用香港特別行政區現行法律有關羈押、審理期限等程序性規定應當把握的原則作了規定，具體而言，包括兩個方面：一是確保危害國家安全犯罪案件公正、及時辦理。確保案件公正辦理，要求在處理相關程序性問題時遵循《香港國安法》第 4 條、第 5 條規定的尊重和保障人權原則、法治原則，保證案件處理從程序到實體都體現公正性。確保案件及時辦理，則要求香港特區執法、司法機關在立案偵查、檢控、審理等各個環節強化審限意識，注重提高效率，防止訴訟拖延，確保危害國家安全犯罪依法得到及時懲治。二是有效防範、制止和懲治危害國家安全犯罪。這一原則要求案件處理必須堅持程序與實體並重，以有利於實現《香港國安法》有效防範、制止和懲治危害國家安全犯罪的立法目的為導向，既不能為了追求實體公正而犧牲程序公正，也不能因為片面強調程序公正而影響實體公正的實現。

（二）法律適用

《香港國安法》第 41 條規定，香港特區管轄危害國家安全犯罪案件的立案偵查、檢控、審判和刑罰的執行等訴訟程序事宜，適用本法和香港特區本地法律。《香港國安法》的相關規定，不僅適用於處理該法規定的四類犯罪，也適用於處理香港本地法律規定的危害國家安全犯罪案件。對此，香港終審法院在伍巧怡案的判決中指出，《刑事罪行條例》第 9 和第 10 條的煽動罪（煽動他人對政府的憎恨或離叛）屬危害國家安全的刑事罪行，因此應當適用《香港國安法》中有關的程序性規定，例如必須由指定法官審理案件，被告人申請保釋時適用較高的保釋門檻。〔香港特別行政區（HKSAR）v 伍巧怡（NG HAU YI SIDNEY）[2021] HKCFA 42〕

（三）立案偵查

根據香港《警隊條例》，採取合法措施以防止刑事犯罪及犯法行為的發生和偵查刑事犯罪及犯法行為，是警隊的職責。同時，根據《香港國安法》第 16 條、第 17 條的規定，調查危害國家安全犯罪案件，由警務處設立的維護國家安全部門負責。香港警務處國家安全處（Department for Safeguarding National Security）於 2020 年 7 月 1 日正式成立。在調查危害國家安全犯罪案件的過程中，警務處維護國家安全部門依法採取專門的調查手段和強制性措施，以查明案情、收集犯罪證據材料，證實和確定犯罪嫌疑人。案件調查是開展後續的檢控、審判等刑事訴訟活動的基礎。

　　根據《香港國安法》第43條的規定，警務處維護國家安全部門辦理危害國家安全犯罪案件時，可以採取香港特別行政區現行法律准予警方等執法部門在調查嚴重犯罪案件時採取的各種措施，並可以採取七個方面的措施：（1）搜查可能存有犯罪證據的處所、車輛、船隻、航空器以及其他有關地方和電子設備；（2）要求涉嫌實施危害國家安全犯罪行為的人員交出旅行證件或者限制其離境；（3）對用於或者意圖用於犯罪的財產、因犯罪所得的收益等與犯罪相關的財產，予以凍結，申請限制令、押記令、沒收令以及充公；（4）要求信息發佈人或者有關服務商移除信息或者提供協助；（5）要求外國及境外政治性組織，外國及境外當局或者政治性組織的代理人提供資料；（6）經行政長官批准，對有合理理由懷疑涉及實施危害國家安全犯罪的人員進行截取通訊和秘密監察；（7）對有合理理由懷疑擁有與偵查有關的資料或者管有有關物料的人員，要求其回答問題和提交資料或者物料。

　　《香港國安法》授權香港特區行政長官會同香港特區國安委為採取第43條第1款規定的措施制定相關實施細則，並規定香港特區國安委對警務處維護國家安全部門等執法機構採取上述措施負有監督責任。在2020年7月6日首次召開的香港特區國安委會議上，行政長官會同香港特區國安委制定了《香港國安法第43條實施細則》，並於當日刊憲，實施細則於7月7日生效。

危害國家安全犯罪屬嚴重犯罪，因此，《香港國安法》准予警務處維護國家安全部門採取警方等執法部門在調查嚴重犯罪案件時採取的各種措施，同時，在程序方面也可以採取有利於查明案情、收集犯罪證據材料的特別做法。比如，在採取截取通訊及秘密監察手段方面，鑒於調查危害國家安全犯罪案件的時效性、保密性要求，《香港國安法》規定了由行政長官批准的程序。

在緊急情況下，警務處維護國家安全部門在調查危害國家安全犯罪案件時，也可以進行無手令搜查。眾所周知，調查危害國家安全的犯罪，例如在掌握恐怖分子製造或安裝炸彈的犯罪綫索時，如果按部就班向法庭申請手令，有可能出現無法預料的後果，在這種情況下助理處長或以上級別的警務人員可以授權相關人員在無手令的情況下，進入有關地方搜證。事實上，香港本地大量法例，如《入境條例》等都賦予警員在特殊情況下無需手令便可進行搜查。而英國、美國、澳洲等國家或地區，也有類似的做法。這些做法旨在阻止犯罪發生，保障公眾利益，符合國際通行做法。

（四）保釋

保釋是指犯罪嫌疑人、被告人有義務在指定的時間和地點自動歸押的釋放。保釋制度的確立基於無罪推定的原則，即犯罪嫌疑人、被告人在未經法院依法判決確定為有罪的情況下，應當推定其無罪或者假定其無罪，並以此設定其訴訟地位、訴訟權利，保護犯罪嫌疑人、被告人的訴訟權利。

　　保釋分為調查期間的保釋和刑事訴訟期間的保釋。調查期間的保釋，亦稱警方保釋。根據《警隊條例》第 51 條、第 52 條的規定，任何被拘捕的人將被交付主管警署的警務人員羈押，就案件接受主管警署人員的調查。警署可以允許被拘捕的人以現金擔保、自簽擔保或人事擔保的方式保釋。如果警署人員認為被拘捕的人所涉及的罪行性質嚴重或合理地認為應將其扣留，則有權將其扣留最多 48 小時，並在扣留期間決定是否起訴被拘捕的人；如果決定起訴，應當在切實可行範圍內儘快將該被拘捕的人帶到裁判官席前。

　　刑事訴訟期間的保釋，即法庭保釋。根據《刑事訴訟程序條例》第 9D 條的規定，任何人在就他所被控的罪行而進行的法律程序過程中出現或被帶到法庭席前，或與該等法律程序相關而出現或被帶到法庭席前，不論其是否已被交付審訊，法庭須就其是否獲准保釋作出決定。法庭在作出保釋決定時可附加條件，以確保獲准保釋的人不會不按照法庭的指定歸押，或者在保釋期間犯罪；或者干擾證人或破壞或妨礙司法公正。法庭可附加的條件包括：（1）須向法庭交出任何護照或旅行證件；（2）不得離開香港；（3）須向法庭所指明的警署或廉政公署辦事處報到；（4）須於指明的地址居住並於法庭所指明的時間逗留在其內；（5）不得進入法庭所指明的任何地方或處所；（6）不得進入法庭所指明的任何地方或處所某一距離的範圍內；（7）不得直接或間接與法庭所指明的任何人接觸；（8）將一筆法庭規定的合理款項存放於法院，目的是確保獲准保釋的人會按照法庭的指定歸押。

《香港國安法》第 42 條第 2 款關於犯罪嫌疑人、被告人的保釋設定嚴格的門檻要求，不同於一般刑事訴訟對普通刑事犯罪嫌疑人、被告人保釋的規定。香港特區現行關於保釋的一般規定隱含了有利於保釋的推定，而《香港國安法》關於保釋的特別規定則排除這種推定，以不保釋為原則，即對犯罪嫌疑人、被告人原則上不得准予保釋，例外情形是"法官有充足理由相信其不會繼續實施危害國家安全行為"。根據《香港國安法》第 62 條的規定，"香港特別行政區本地法律規定與本法不一致的，適用本法規定"。處理危害國家安全犯罪嫌疑人、被告人的保釋時，應當優先適用《香港國安法》第 42 條第 2 款的規定，並以該款的規定為依據。

《香港國安法》第 42 條第 2 款關於保釋的規定遵循合法性原則，通過明確的法律對危害國家安全犯罪案件中羈押的根據和程序作出規定。這一做法符合聯合國《公民權利和政治權利國際公約》第 9 條關於"除非依照法律所確定的根據和程序，任何人不得被剝奪自由"的規定。《香港國安法》規定的四類危害國家安全犯罪，均為危害性質非常嚴重的犯罪，該法第 42 條第 2 款雖對相關犯罪嫌疑人、被告人的保釋設定了較為嚴格的門檻要求，但並沒有絕對禁止其保釋。這與《公民權利和政治權利國際公約》第 19 條以"保障國家安全或公共秩序"的正當理由限制言論自由，基於相同的法理。並且，對被告人

"不會繼續實施危害國家安全行為"，應理解為不會繼續實施性質上屬可構成《香港國安法》或香港特區與維護國家安全有關的法律所訂罪行的行為，也符合無罪推定原則。

《香港國安法》實施後，香港終審法院 2021 年 2 月 9 日在律政司就高等法院准予黎智英保釋提出上訴一案的判決中指出，在具體案件中，處理保釋申請的法官在判斷是否有充足理由相信危害國家安全犯罪涉嫌人、被告人不會繼續實施危害國家安全行為時，應當考慮一切相關因素，包括根據《刑事訴訟程序條例》的有關規定可施加的一些保釋條件，以及在審訊中不會被接納為證據的資料等，並可以參考《刑事訴訟程序條例》第 9G 條第 2 款所列出的有關因素，以判斷是否有"充足理由相信犯罪嫌疑人或被告人不會繼續實施危害國家安全的行為"。《香港國安法》第 42 條第 2 款的適用不涉及舉證責任。依法批准保釋與否並不涉及舉證責任的應用，因此雙方均沒有舉證責任，也沒有責任可加諸控方。有關批准保釋與否的規則，其性質涉及對被控人未來行為的風險評估，而有關評估在保釋申請聆訊中無須嚴格證明。法院在考慮所有相關資料後，如認為沒有充足理由相信犯罪嫌疑人或被告人不會繼續實施危害國家安全的行為，應當拒絕其保釋申請。反之，則應引用有利於保釋的推定，進而根據《刑事訴訟程序條例》第 IA 部考慮所有其他與批准保釋與否相關的事宜，包括是否有實質理由相信被控人將不依期歸押、在保釋期間犯罪（不限於國家安全罪行），或干擾證人或破壞或妨礙司法公正。此外，也應一併考慮是否應為杜絕這些違法行為而施加條件。〔*香港特別行政區（HKSAR）v 黎智英（LAI CHEE YING）[2021] HKCFA 3*〕

答辯人黎智英被檢控觸犯《香港國安法》第 29 條第 4 項規定的"勾結外國或者境外勢力危害國家安全罪"，其提出的保釋申請 2020 年 12 月 12 日被裁判法院拒絕。12 月 23 日，黎智英再向特區高等法院原訟法庭提出保釋申請，在答辯人向法庭承諾不會參與一些可被視為《香港國安法》下勾結罪行的行為及活動，以及附加不可使用社交媒體、須居於住所及不准離家（到警署報到及法庭應訊除外）、交出所有旅遊證件、不得以任何形式與外國政府官員會面等保釋條件的情況下，原審法官批准保釋。12 月 24 日，香港特區政府律政司不服判決，向終審法院提出上訴。2021 年 2 月 9 日，終審法院審理後認為，原審法官錯誤詮釋《香港國安法》第 42 條第 2 款，誤解新門檻要求的性質和效力，實際上把《香港國安法》第 42 條第 2 款的問題與《刑事訴訟程序條例》所列的酌情考慮混為一談，而從沒有根據《香港國安法》第 42 條第 2 款作出妥善評估，裁決上訴得直，擱置批准答辯人保釋的裁決。

（五）檢控決定

警務處維護國家安全部門完成調查的危害國家安全犯罪案件，由律政司決定是否提出檢控。根據《香港國安法》第 41 條第 2 款的規定，"未經律政司長書面同意，任何人不得就危害國家安全犯罪案件提出檢控"。在香港，法例規定若干類別的案件在提出檢控前，必須事先取得律政司長的同意。該項保障措施旨在確保某些特別案件獲得適當程度的審視。

根據《香港國安法》第 41 條第 1 款的規定，香港特別行政區管轄危害國家安全犯罪案件的檢控方面的訴訟程序事宜，該法沒有規定的，適用香港特別行政區本地法律。根據律政司的《檢控守則》（詳見守則第 5.1 至 5.9 段），在決定對某個特定案件是否提起檢控時，主要考慮兩個方面的因素：

1. 具有充分證據支持。只有在可接納和可靠的證據，以及可從這些證據作出的任何合理推論，相當可能證明有關罪行時，控方才能作出檢控的決定。其驗證標準是根據這些證據，是否有合理機會達致定罪。要符合這項驗證標準，檢控人員必須先行對下列事宜作出判斷：（1）所獲得的證據；（2）對這些證據是否可接納或是否可靠的任何可能質疑；（3）證人是否可出庭作供、證人的作證資格、證人證供的可信程度，以及法庭可能對證人作出的評估；（4）任何可合理預期的相反證據；辯方可能提出的辯護；（5）合理的事實審裁者在妥為獲悉有關法律後，按照案件所有證據及論點會如何作出處理。在證人方面，檢控人員需要考慮的事項包括：證人的記憶是否可靠、是否有誇大其詞的指控、與被告是否存在有利或不利的聯繫、是否有隱瞞部分事實的動機、證人能否出庭作供、證人的心理或其他個人特性、證人是否容易受到辯方攻擊，等等。

2. 基於一般公眾利益。除了符合上述的檢控驗證標準，控方還須考慮有關公眾利益的規定。進行這項評估至少需要考慮的因素包括：（1）罪行的性質及情況，包括任何導致加重刑罰或減輕罪責的情況；（2）罪行的嚴重程度。如果屬較嚴重的罪行，較大可能會基於公眾利益而進行檢控。這些較嚴重的罪行包括令受害者遭受重大傷害或損失的罪行，或涉及多名受害者的罪行；（3）檢控對香港執法工作優先次序的影響；（4）檢控有無任何延誤及其因由；（5）觸犯的罪行是否輕微、屬技術性質、過時或含糊不清；（6）疑犯的刑事罪責程度；（7）涉及其他疑犯共同犯案；（8）疑犯有否與執法機關合作或表現悔意。比如疑犯作出承認、表現悔意、已補償受害者及（或）在檢控他人的程序中與當局合作，則不檢控疑犯也可符合公眾利益；（9）疑犯的犯罪記錄；（10）疑犯、證人及（或）受害者的態度、年齡、本質、身體或心理狀況；（11）案件可能的最終處置安排；（12）罪行是否普遍及檢控是否有阻嚇力；（13）可能影響任何法律程序公正的特殊情況；（14）檢控以外的其他可行方法及其成效，比如採取警誡、警告或其他處理辦法。

（六）案件審理

《香港國安法》對審理香港特別行政區管轄的危害國家安全犯罪案件，作了一些不同於審理普通刑事案件的規定。

1. 實行指定法官制度。《香港國安法》規定由指定法官處理有關案件，是指行政長官在綜合考慮審案專長、業務能力和審判經驗等因素後，確定一個適合處理危害國家安全犯罪案件的法官名單，並非就具體案件選擇主審法官。同時，行政長官確定指定法官名單前，一是可徵詢香港特區國安委的意見，以確保被指定的法官本身不存在國家安全風險；二是可徵詢終審法院首席法官的意見，以確保被指定的法官能夠勝任工作。在處理具體案件時，仍根據現行的司法規則從指定法官名單中確定具體個案的主審法官，主審法官獨立審判，不受任何干涉。因此，指定法官的制度安排不會影響香港的司法獨立。對此，《香港國安法》實施後，高等法院原訟法庭在特區首宗危害國家安全犯罪案件中也強調，行政長官不是指派或任命某一位法官負責審理某宗案件。法官會遵守司法誓言，依法履職，不會因為行政長官有權指定若干名法官而讓行政長官可以干預法官的審判工作。合理、持平和知情的旁觀者不會認為處理案件的法官僅因為他是行政長官指定的法官而失去獨立性。〔唐英傑（*Tong Ying Kit*）*v* 香港特別行政區（*HKSAR*）*[2020] HKCFI2133*〕

2. 審判循公訴程序進行。香港的刑事罪行可以分為三類：一是循簡易程序審理的罪行。此類罪行性質上比較輕微，由裁判法院審理。根據《裁判官條例》的有關規定，裁判法院循簡易程序審理的案件，其申訴或告發須分別於其所涉事項發生後起計的六個月內作出或提出，最高量刑為兩年監禁及十萬元罰款。二是可循公訴程序審理的罪行。此類罪行屬嚴重罪行，其中有一些罪行不可循簡易程序審理，在《裁判官條例》附表 2 第 1 部列明，通常由高等法院原訟法庭審理。其他可循簡易程序審理的公訴罪行，可以在裁判法院審理。公訴罪行沒有檢控時限的限制，但基於人權保護的要求，控方應當公正及迅速地提起訴訟，不得無故拖延。三是可以選擇循簡易程序或公訴程序審理的罪行。具體採用何種程序提出檢控，由律政司長決定。

《香港國安法》第 41 條第 3 款規定，香港特別行政區管轄的危害國家安全犯罪案件的審判循公訴程序進行。由於該法第三章規定的四類危害國家安全犯罪的法定刑都在三年（或五年）以上十年以下有期徒刑，這就排除了危害國家安全犯罪案件由裁判法院循簡易程序審理的可能性。因此，危害國家安全犯罪的案件應當在區域法院或高等法院原訟法庭進行審理。

3. 原則上實行公開審判。《香港國安法》第 41 條第 4 款規定，審判應當公開進行。因為涉及國家秘密、公共秩序等情形不宜公開審理的，禁止新聞界和公眾旁聽全部或者一部分審理程序，但判決結果應當一律公開宣佈。這一規定說明，對危害國家安全犯罪案件原則實行公開審判，例外情況下可不公開審判。

《公民權利及政治權利國際公約》第 14 條第 1 款規定："人人在法院或法庭之前，悉屬平等。任何人受刑事控告或因其權利義務涉訟須予判定時，應有權受獨立無私之法定管轄法庭公正公開審問。法院得因民主社會之風化、公共秩序或國家安全關係，或於保護當事人私生活有此必要時，或因情形特殊公開審判勢必影響司法而在其認為絕對必要之限度內，禁止新聞界及公眾旁聽審判程序之全部或一部；但除保護少年有此必要，或事關婚姻爭執或子女監護問題外，刑事民事之判決應一律公開宣示。"《香港人權法案》第 10 條（在法院前平等及接受公正公開審問的權利）也有類似的規定。《香港國安法》第 41 條第 4 款的規定，與公約第 14 條第 1 款規定的精神是一致的。

必須指出，不公開審理不等於秘密審判，只是禁止媒體和公眾旁聽，案件仍然開庭審理，當事人和辯護人、訴訟代理人仍然參加法庭審判，可以行使法律賦予的辯護權和其他訴訟權利。而且，判決結果是公開的，有沒有構成罪名的事實和證據、刑罰種類都可以通過公開的判決書披露，均具有透明性。

4. 基於特定事由可不實行陪審團審判。《香港國安法》第 46 條規定，基於保護國家秘密、案件具有涉外因素或者保障陪審員及其家人的人身安全等理由，對危害國家安全犯罪案件可以不實行陪審團審判，由三名法官組成審判庭審判。

陪審團制度旨在保障民眾對司法訴訟的參與，確保刑事被告獲得公平的審訊。陪審團是案件事實認定以及被告罪名是否成立的裁判主體。在香港高等法院原訟法庭進行的刑事審判實行陪審團制度。從危害國家安全犯罪案件的性質看，《香港國安法》關於可以不實行陪審團審判的制度安排是合理的。分裂國家、顛覆國家政權等犯罪往往涉及國家秘密，如由陪審團審判，可能導致國家秘密泄露；勾結外國或境外勢力危害國家安全犯罪具有涉外因素，情況較為複雜，有時涉及國與國關係，不適宜由陪審團審判；恐怖活動犯罪通常是一種有組織犯罪和暴力犯罪，陪審團及其家人人身安全可能受到恐怖活動組織威脅。

從外國司法實踐來看，一些國家在危害國家安全犯罪案件審判程序中，也採取了限制陪審團審判的做法。例如，在英國，2003 年的《刑事司法法》（*Criminal Justice Act 2003*）第 46 條規定，如果法官信納有現實和即時的危險，導致陪審團受到干擾，並且這種干擾難以採取有效措施排除時，審訊可在不設陪審團的情況下進行。在法國，軍事重罪、危害國家公共秩序或根本利益犯罪等不實行陪審團審理。在俄羅斯，現行法律規定對涉及恐怖主義性質的犯罪、叛國罪、綁架人質罪等案件，不實行陪審團審理，需由三名職業法官組成的合議庭進行審理。在愛爾蘭，在普通法院不足以有效確保司法的運作時，憲法第 38 條授權愛爾蘭眾議院建立具有廣泛權力的特別法院。無陪審團參與的特別刑事法院，專責審理與恐怖主義和嚴重的有組織犯罪相關的案件。

《香港國安法》賦予律政司司長在法定理由下發出證書指示相關訴訟"毋須在有陪審團的情況下進行審理"的權力，並不完全排除危害國家安全犯罪案件都不適用陪審制度，而是將酌情權賦予律政司司長，由其根據具體情形發出指示。相關規定有其充分正當性，並不違反法治原則、限制人權。在《香港國安法》實施後的首宗危害國家安全犯罪案件中，律政司司長發出證書指示該案毋須在有陪審團的情況下進行審理，後被告人就此申請司法覆核。香港高等法院上訴法庭在相關裁決中指出，律政司司長根據《香港國安法》第 46 條第 1 款發出證書的決定，只有在不誠實、不真誠和特殊情況的有限理由下，才能通過司法覆核被質疑。《香港基本法》第 87 條及《香港人權法案條例》第 10 條均未訂明，在審訊中設陪審團是公平審判刑事罪行中不可或缺的元素，當通過陪審團達致公平審訊的目的因陪審員及其家人的人身安全，而出現可能受損的實際風險時，唯一確保達致公平審訊的方法是按照根據《香港國安法》第 46 條第 1 款指示由三名法官組成審判庭，在不設陪審團的情況下審理案件。〔*Tong Ying Kit*（唐英傑）*v Secretary for Justice*（律政司）*[2021] 3HKLRD350*〕

5. 行政長官證明書制度。《香港國安法》第 47 條規定，香港特區法院在審理案件中遇有涉及有關行為是否涉及國家安全或者有關證據材料是否涉及國家秘密的認定問題，應取得行政長官就該等問題發出的證明書，上述證明書對法院有約束力。

在普通法下，如果涉訟的決定具有很強的政策性、秘密性或者以安全為基礎的性質，法院通常對作出決定的決策者的專業性表示適當的尊重（*R. Ministry of Defence ex p. Smith [1996] QB517*）。特別是對於涉及國家安全的問題，法院傾向給予行政部門更大程度的尊重。在法院看來，保障國家安全是政府行政部門的職責所在，哪些行為需要受到保護，應當由承擔相應職責的部門來決定，最後的決定權在政府部門（Council of Civil Service v. Minster for Civil Service [1985] AC374）。在香港，辦理危害國家安全犯罪案件時，對於某些行為是否涉及國家安全或者證據材料是否涉及國家秘密，只能由政府相關部門作出權威的判斷。《香港國安法》規定對相關認定問題，應取得行政長官就該等問題發出的證明書，並明確證明書中載明的事實為免證事實，對法院具有約束力，有利於避免訴訟中無謂的爭議，提高訴訟效率。

《香港國安法》第 47 條規定的香港特區法院審理的案件，既包括處理實體問題的案件，也包括處理程序問題的案件。對這兩類案件審理涉及的有關行為是否涉及國家安全或者有關證據材料是否涉及國家秘密的認定問題，都應取得行政長官就該等問題發出的證明書。2022 年 12 月 30 日第十三屆全國人大常委員會第三十八次會議通過的關於《香港國安法》第 14 條和第 47 條的解釋確認這一點。該解釋指出，香港特區行政長官依據《香港國安法》第 11 條的規定於 2022 年 11 月 28 日向中央人民政府提交的有關報告認為，不具有香港特區全面執業資格的海外律師擔任危害國家安全犯罪案件的辯護人或者訴訟代理人可能引發國家安全風險。不具有香港特區全面執業資格的海外律師是否可以擔任危害國家安全犯罪案件的辯護人或者訴訟代理人的問題，屬《香港國安法》第 47 條所規定的需要認定的問題，應當取得行政長官發出的證明書。如香港特區法院沒有向行政長官提出並取得行政長官就該等問題發出的證明書，香港特區國安委員會應當根據《香港國安法》第 14 條的規定履行法定職責，對該等情況和問題作出相關判斷和決定。

三、駐港國安公署管轄案件的辦案程序

（一）審批程序

　　駐港國安公署在特殊情形下行使管轄權必須履行嚴格的程序，中央人民政府對是否適用《香港國安法》第 55 條規定，擁有最終決定權。一旦出現《香港國安法》第 55 條規定的三種特殊情形，香港特區政府或者駐港國安公署都可以提出由駐港國安公署行使管轄權的建議，但必須報經中央人民政府批准後，駐港國安公署才能行使管轄權。

（二）法律適用

　　根據《香港國安法》第 57 條的規定，當出現《香港國安法》第 55 條規定的三種特殊情形，由駐港國安公署行使案件的管轄權時，立案偵查、審查起訴、審判和刑罰的執行等訴訟程序事宜，適用我國《刑事訴訟法》等相關法律規定。相關法律規定既包括規範律師執業行為的《律師法》、規範監獄執行相關刑罰的《監獄法》等全國性法律，也包括最高人民法院、最高人民檢察院關於《刑事訴訟法》的司法解釋，等等。

（三）基本原則

　　1. 國家執法司法機關依法獨立辦案。 駐港國安公署與最高人民檢察院和最高人民法院分別指定的有關檢察機關和法院對在香港特區發生的危害國家安全犯罪案件行使管轄權，從立案偵查、審查起訴、審判到刑罰執行等在內的訴訟活動，均獨立於香港特區的執法、司法機關。

2. 香港特區的執法司法機關負有協作和配合的義務。根據《香港國安法》第 57 條、第 61 條的規定，駐港國安公署等執法、司法機關為決定採取強制措施、偵查措施和司法裁判而簽發的法律文書在香港特別行政區具有法律效力。對於駐港國安公署依法採取的措施，有關機構、組織和個人必須遵從。駐港國安公署依法履行職責時，香港特區政府有關部門須提供必要的便利和配合，對妨礙有關執行職務的行為依法予以制止並追究責任。

因此，國家和香港特區的執法、司法主體在辦理危害國家安全犯罪案件時雖然在程序上彼此獨立，但相互之間存在一定的協作和配合關係。

（四）辦案程序

由駐港國安公署管轄的危害國家安全案件的辦理分為偵查、起訴和審判三個階段，分別由駐港國安公署、最高人民檢察院指定的有關檢察機關和最高人民法院指定的有關法院負責。三個機關分工負責，保證準確有效地執行法律。

1. 立案偵查。案件正式立案之後，應當進行全面偵查，收集、調取犯罪各種嫌疑人有罪或者無罪、罪輕或者罪重的證據材料。對現行犯或者重大嫌疑分子可以依法先行拘留，對符合逮捕條件的犯罪嫌疑人，應當依法逮捕。

為了收集犯罪證據、查獲犯罪人，偵查人員可以對犯罪嫌疑人以及可能隱藏罪犯或者犯罪證據的人的身體、物品、住處和其他有關的地方進行搜查。在偵查活動中發現的可用以證明犯罪嫌疑人有罪或者無罪的各種財物、文件，應當查封、扣押。根據偵查犯罪的需要，經過嚴格的批准手續，可以採取技術偵查措施。

對犯罪嫌疑人逮捕後的偵查羈押期限不得超過兩個月。案情複雜、期限屆滿不能終結的案件，可以經上一級人民檢察院批准延長一個月。對於犯罪涉及面廣、取證困難的重大複雜案件等，在正常期限屆滿不能偵查終結的，經省、自治區、直轄市人民檢察院批准或者決定，可以延長二個月。因為特殊原因，在較長時間內不宜交付審判的特別重大複雜的案件，由最高人民檢察院報請全國人民代表大會常務委員會批准延期審理。

危害國家安全犯罪案件，在偵查期間辯護律師會見在押的犯罪嫌疑人，應當經偵查機關許可。上述案件，偵查機關應當事先通知看守所。

2. 審查起訴。案件經過偵查之後，由偵查機關將所有案件證據材料進行提取、固定、裝卷，然後將案件卷宗移送到檢察院，由檢察院對案件進行審查並決定是否需要向人民法院提起公訴。人民檢察院審查案件的時候，必須查明：（一）犯罪事實、情節是否清楚，證據是否確實、充分，犯罪性質和罪名的認定是否正確；（二）有無遺漏罪行和其他應當追究刑事責任的人；（三）是否屬不應追究刑事責任的；（四）有無附帶民事訴訟；（五）偵查活動是否合法。

審查起訴時限一個月，重大、複雜的案件，可以延長十五日；犯罪嫌疑人認罪認罰，符合速裁程序適用條件的，應當在十日以內作出決定，對可能判處的有期徒刑超過一年的，可以延長至十五日。

人民檢察院認為犯罪嫌疑人的犯罪事實已經查清，證據確實、充分，依法應當追究刑事責任的，應當作出起訴決定，按照審判管轄的規定，向人民法院提起公訴，並將案卷材料、證據移送人民法院。

3. 審判。我國《刑事訴訟法》確立了人民法院進行刑事訴訟活動應當遵循的一些原則，包括：（1）依照法律規定獨立行使審判權，不受行政機關、社會團體和個人的干涉；（2）以事實為根據，以法律為準繩；（3）對於一切公民，在適用法律上一律平等，在法律面前，不允許有任何特權；（4）除法律另有規定的以外，審判案件一律公開進行。危害國家安全案件如涉及國家秘密，實行不公開審理；（5）被告人有權獲得辯護，人民法院有義務保證被告人獲得辯護；（6）實行兩審終審制。

人民法院對提起公訴的案件進行審查後，對於起訴書中有明確的指控犯罪事實的，應當決定開庭審判。人民法院審理公訴案件，應當在受理後二個月以內宣判，至遲不得超過三個月。對於可能判處死刑的案件或者附帶民事訴訟的案件，以及有法定情形的，經上一級人民法院批准，可以延長三個月；因特殊情況還需要延長的，報請最高人民法院批准。

被告人及其法定代理人，不服人民法院第一審的判決、裁定，有權用書狀或者口頭向上一級人民法院上訴。被告人的辯護人和近親屬，經被告人同意，可以提出上訴。

不服判決的上訴期限為十日，不服裁定的上訴期限為五日，從接到判決書、裁定書的第二日起算。

4. 刑罰的執行。刑事判決和裁定在發生法律效力後交付有關執法、司法機構負責執行。人民法院負責執行罰金、沒收財產、死刑的執行，監獄負責執行死刑緩期二年執行、有期徒刑、無期徒刑刑罰的執行，公安機關負責執行被判處拘役、剝奪政治權利等刑罰的執行，社區矯正機構負責執行管制、緩刑、假釋、監外執行等刑罰的執行。

（五）對犯罪嫌疑人、被告人的權利保障

《香港國安法》第 4 條、第 5 條規定的保障人權原則、罪刑法定原則、無罪推定原則、一事不再理原則、保障訴訟參與人訴訟權利原則等，一體適用於駐港國安公署根據第 55 條的規定行使管轄權的危害國家安全犯罪案件的處理。同時，《香港國安法》第 58 條對駐港國安公署管轄案件的犯罪嫌疑人、被告人的權利保障作了進一步的規定。一是委託律師辯護的權利。犯罪嫌疑人自被駐香港特別行政區維護國家安全公署第一

次訊問或者採取強制措施之日起，有權委託律師作為辯護人。辯護律師可以依法為犯罪嫌疑人、被告人提供法律幫助。二是獲得公正審判的權利。犯罪嫌疑人、被告人被合法拘捕後，享有儘早接受司法機關公正審判的權利。

第八章

香港居民的權利與維護國家安全的義務

維護國家安全人人有責，既要發揮專門機構的作用，也要依靠廣大市民的共同參與。維護國家安全是每一個人的"必答題"，而不是"選擇題"。《香港基本法》規定了香港特區居民享有的廣泛權利和自由，同時也規定了香港居民有遵守香港特區法律的義務。根據《香港國安法》的規定，香港特區維護國家安全應當尊重和保障人權，依法保護香港特區居民根據《香港基本法》和《公民權利和政治權利國際公約》《經濟、社會與文化權利的國際公約》適用於香港的有關規定享有的權利和自由。同時，《香港國安法》還特別規定，維護國家主權、統一和領土完整是包括香港同胞在內的全中國人民的共同義務，在香港特別行政區的任何機構、組織和個人都應當遵守本法和香港特區有關維護國家安全的其他法律，不得從事任何危害國家安全的行為和活動。本章從香港居民的權利、香港居民維護國家安全的義務、香港特區公職人員維護國家安全的義務三個方面對這些內容進行介紹。

一、香港居民的權利

《香港基本法》第三章規定香港特區居民享有的廣泛權利和自由，涵蓋政治、人身、經濟、文化、社會和家庭等各個方面，對香港居民的權利和自由提供了多層次的保障。具體而言，包括香港居民在法律面前一律平等，香港特區永久性居民依法享有選舉權和被選舉權，香港居民享有言論、新聞、出版的自由，結社、集會、遊行、示威的自由，組織和參加工會、罷工的權利和自由，人身自由不受侵犯，住宅和其他房屋不受侵犯，通訊自由和通訊秘密受法律的保護，在香港特區境內遷徙的自由和移居其他國家和地區的自由，信仰和宗教信仰的自由，選擇職業的自由，進行學術研究、文學藝術創作和其他文化活動的自由，訴訟權利和獲得法律救濟的權利，依法享受社會福利的權利，婚姻自由和自願生育的權利，等等。

《香港基本法》在明文規定香港居民的各項基本權利和自由的同時，還規定香港居民享有特別行政區法律保障的其他權利和自由。《公民權利和政治權利國際公約》《經濟、社會與文化權利的國際公約》和國際勞工公約適用於香港的有關規定繼續有效，通過香港特別行政區的法律予以實施。

《香港國安法》又對以下各項權利作出了明確的規定：

（一） 知情權

《香港國安法》第 41 條第 4 款規定，香港特別行政區管轄危害國家安全犯罪案件，"審判應當公開進行。因為涉及國家秘密、公共秩序等情形不宜公開審理的，禁止新聞界和公眾旁聽全部或者一部分審理程序，但判決結果應當一律公開宣佈"。對於由香港特區法院公開審理的危害國家安全類案件，香港居民有旁聽的權利，新聞媒體也有進行報道的權利。

（二） 監督權

《香港國安法》第 50 條規定，駐港國安公署應當嚴格依法履行職責，依法接受監督，不得侵害任何個人和組織的合法權益。該規定所指的"接受監督"，除了接受中央人民政府的監督之外，當然也包括接受香港居民和公共輿論的監督。

（三） 獲得賠償權

根據《香港國安法第 43 條實施細則》附表 3《關於凍結、限制、沒收及充公財產的細則》第 14 條規定，如果對任何人就危害國家安全罪行展開偵查之後，出現沒有對該人提起法律程序、對該人提起法律程序但結果並無就任何危害國家安全罪行將該人定罪等情況時，則原訟法庭如在考慮整體情況後認為適宜，可應曾持有可變現財產的人的申請，命令特區政府對申請人作出賠償。

（四）享有各項訴訟權利

《香港國安法》第 5 條第 2 款規定，保障犯罪嫌疑人、被告人和其他訴訟參與人依法享有的辯護權和其他訴訟權利。這一規定處於《香港國安法》的總則部分，不僅適用於香港特區層面處理的危害國家安全的案件，也適用於國家層面由駐港國安公署直接辦理的危害國家安全類案件。《香港國安法》第 58 條規定，根據本法第 55 條規定管轄案件時，犯罪嫌疑人自被駐港國安公署第一次訊問或者採取強制措施之日起，有權委託律師作為辯護人。辯護律師可以依法為犯罪嫌疑人、被告人提供法律幫助。犯罪嫌疑人、被告人被合法拘捕後，享有盡早接受司法機關公正審判的權利。這一規定進一步明確了犯罪嫌疑人享有的辯護權、獲得法律幫助權、盡早接受審判權。

二、香港居民維護國家安全的義務

　　香港居民依法享有廣泛的權利和自由，受到《憲法》《香港基本法》以及香港本地法律的充分保障。《憲法》和《香港基本法》從憲制層面確保了香港特別行政區居民的基本權利和自由，香港特區還通過本地立法為香港居民的權利和自由提供進一步保障。香港居民所享有的諸多權利和自由如果要得到充分的保障和實現，一個基本的條件和前提就是國家安全得到維護，否則皮之不存，毛將焉附？如果基本的社會秩序都無法得到保持，那麼特區居民權利和自由的保障便成為無源之水，無本之木。根據《香港基本法》規定，遵守香港特區實行的法律是每一個香港特區居民必須承擔的責任和義務。根據憲法、《香港基本法》和《香港國安法》，香港特區居民維護國家安全的義務主要包括如下內容：

（一）憲法性義務

　　《中華人民共和國憲法》序言第九自然段載明"完成統一祖國的大業是包括台灣同胞在內的全中國人民的神聖職責"。正文第 52 條規定"中華人民共和國公民有維護國家統一和全國各民族團結的義務"。第 54 條規定"中華人民共和國公民有維護祖國的安全、榮譽和利益的義務，不得有危害祖國的安全、榮譽和利益的行為"。這就表明，維護國家主權、統一和領土完整是所有中國公民的憲法義務。2015 年 7 月，十二屆全國人大常委會第十五次會議通過《國家安全法》，其中第 11 條規定"維護國家主權、統一和領土完整是包括港澳同胞和台灣同胞在內的全中國人民的共同義務"。《香港國安法》第 6 條第 1 款規定"維護國家主權、統一和領土完整是包括香港同胞在內的全中國人民的共同義務"，這是對我國憲法規定的公民基本義務的重申，也符合《國家安全法》的原則性要求。

（二）守法義務

《香港國安法》第 6 條第 2 款規定"在香港特別行政區的任何機構、組織和個人都應當遵守本法和香港特別行政區有關維護國家安全的其他法律，不得從事危害國家安全的活動"。這一規定在《香港基本法》上也有明確依據。《香港基本法》第 42 條規定"香港居民和在香港的其他人有遵守香港特別行政區實行的法律的義務"。在香港特區實行的法律有多個類別：《憲法》《香港基本法》、適用於香港的全國性法律、普通法和衡平法、香港制定的成文法、中國習慣法、國際條約等。《香港國安法》就屬列入《香港基本法》附件三在香港特區實施的全國性法律，香港特區現行涉及國家安全方面條文的法律如《刑事罪行條例》《公安條例》《社團條例》《官方機密條例》等則屬香港制定的成文法，對這些法律，在香港特區的任何機構、組織和個人當然應該遵守。

（三） 如實作證的義務

《香港國安法》第 59 條規定，根據本法第 55 條規定由駐港國安公署管轄案件時，任何人如果知道本法規定的危害國家安全犯罪案件情況，都有如實作證的義務。在駐港國安公署管轄案件的情況下，案件的立案偵查、審查起訴、審判和刑罰的執行等訴訟程序事宜，適用我國《刑事訴訟法》等相關法律的規定。根據《刑事訴訟法》第 62 條規定，凡是知道案件情況的人，都有作證的義務。《香港國安法》規定的如實作證的義務，與《刑事訴訟法》的相關規定是一致的。

（四） 保密義務

《香港國安法》第 63 條第 3 款規定 "配合辦案的有關機構、組織和個人應當對案件有關情況予以保密"。提出保密要求在香港地區並非新鮮事物，香港現行法律就有關於保密要求的相關規定，如《官方機密條例》禁止非法披露保安及情報資料、防務資料、關乎國際關係的資料、關乎犯罪及刑事調查的資料、因諜報活動所得的資料等。如果《官方機密條例》的規定不能囊括《香港國安法》的上述規定，《香港國安法》第 62 條規定 "香港特別行政區本地法律規定與本法不一致的，適用本法規定"。

三、香港特區公職人員維護
國家安全的義務

《香港國安法》第 6 條第 3 款規定"香港特別行政區居民在參選或者就任公職時應當依法簽署文件確認或者宣誓擁護中華人民共和國香港特別行政區基本法，效忠中華人民共和國香港特別行政區"。這一規定參考了《香港基本法》第 104 條關於公職人員宣誓效忠的規定。《香港基本法》第 104 條規定"香港特別行政區行政長官、主要官員、行政會議成員、立法會議員、各級法院法官和其他司法人員在就職時必須依法宣誓擁護中華人民共和國香港特別行政區基本法，效忠中華人民共和國香港特別行政區"。這裏從三個方面分析香港特區公職人員維護國家安全的義務：

（一）參選、就職時的效忠義務

將《香港國安法》第 6 條第 3 款、《香港基本法》第 104 條進行對比可以發現兩點不同：第一，《香港國安法》規定的宣誓效忠的人員範圍比《香港基本法》有所拓寬，不是《香港基本法》限定的行政長官、主要官員、行政會議成員、立法會議員、各級法院法官和其他司法人員等，而是擴展到所有的公職人員。第二，《香港國安法》比《香港基本法》增加規定了參選或就任公職時簽署有關文件的義務，即通過選舉或委任方式擔任公職的人，應當簽署有關文件，以證明他擁護中華人民共和國香港特別行政區基本法、願意效忠中華人民共和國香港特別行政區。2016 年 11 月，全國人大常委會作出《關於〈香港基本法〉第 104 條的解釋》，該解釋第 1 條提出，《香港基本法》第 104 條規定的 "擁護中華人民共和國香港特別行政區基本法，效忠中華人民共和國香港特別行政區"，既是該條規定的宣誓必須包含的法定內容，也是參選或者出任該條所列公職的法定要求和條件。在實踐中，自 2016 年開始，香港特區政府就已經開始採取參選時簽署擁護基本法確認書的做法，《香港國安法》是將實踐中行之有效的做法予以制度化、法律化。

此外，對於是否真誠擁護《香港基本法》、效忠中華人民共和國香港特別行政區，還完善了相應的審查制度。2021 年 3 月 11 日，第十三屆全國人大第四次會議通過《全國人民代表大會關於完善香港特別行政區選舉制度的決定》，其中規定：設立香港特區候選人資格審查委員會，負責審查並確認選舉委員會委員候選人、行政長官候選人和立法會議員候選人的資格。香港特區應當健全和完善有關資格審查制度機制，確保候選人資格符合《香港基本法》《香港國安法》、全國人大常委會《關於〈香港基本法〉第 104 條的解釋》和《關於香港特區立法會議員資格問題的決定》以及香港特區本地有關法律的規定。該決定還授權全國人大常委會修改《香港基本法》附件

一、附件二。2021 年 3 月 30 日，第十三屆全國人大常委會第二十七次會議審議通過《香港基本法》附件一《香港特別行政區行政長官的產生辦法》和附件二《香港特別行政區立法會的產生辦法和表決程序》修訂案，其中規定，香港特區候選人資格審查委員會負責審查並確認選舉委員會委員候選人、行政長官候選人、立法會議員候選人的資格。香港特區國安委根據香港警務處維護國家安全部門的審查情況，就候選人是否符合擁護《香港基本法》、效忠中華人民共和國香港特別行政區的法定要求和條件作出判斷，並就不符合上述法定要求和條件者向香港特區候選人資格審查委員會出具審查意見書。對香港特區候選人資格審查委員會根據香港特區國安委的審查意見書作出的候選人資格確認的決定，不得提起訴訟。隨後，香港特區層面對本地法律進行了修訂完善。2021 年 5 月 20 日，香港特區行政長官簽署立法會通過的《2021 年公職（參選及任職）（雜項修訂）條例》。該條例修訂了《釋義及通則條例》，在法例中進一步明確化了"擁護《基本法》、效忠特區"的法定要求和條件，引入區議員須作出宣誓的規定，在《宣誓及聲明條例》中加入具體的宣誓要求，完善監誓人的安排，完善處理違反誓言的情況的機制，以及就相關情況在公共選舉中加入參選限制。

《釋義及通則條例》第 3AA 條

對擁護《基本法》、效忠特區的提述

（1）就施行條例而言，任何人如——

（a）擁護《中華人民共和國憲法》及《基本法》確立的香港特別行政區的憲制秩序；

（b）擁護中華人民共和國國家主權、統一、領土完整和國家安全；

（c）擁護——

（i）香港特別行政區是中華人民共和國不可分離的部分；

（ii）中華人民共和國對香港特別行政區行使主權；及

（iii）中央根據《基本法》對香港特別行政區行使管治權力；

（d）擁護 "一國兩制" 原則的落實，維護香港特別行政區的政治體制；

（e）擁護在《基本法》的框架下，保持香港特別行政區繁榮穩定的目的；及

（f）忠於香港特別行政區，維護香港特別行政區的利益，即屬擁護《基本法》、效忠中華人民共和國香港特別行政區。

（2）在第（1）款中，提述擁護，即提述在意圖上及言行上均真心地及真誠地遵守、支持、維護及信奉。

（3）就施行條例而言，任何人當作出或意圖作出以下任何行

為時，不屬擁護《基本法》、效忠中華人民共和國香港特別行政區——

（a）作出或進行危害國家安全的行為或活動，包括——

（ i ）作出《基本法》第 23 條規定禁止的行為；

（ ii ）犯《中華人民共和國香港特別行政區維護國家安全法》規定的罪行；及

（iii）犯成文法則或普通法規定的關於危害國家安全的罪行；

（b）拒絕承認中華人民共和國對香港特別行政區擁有並行使主權，包括反對中央政權機關按照——

（ i ）《中華人民共和國憲法》；

（ ii ）《基本法》；或

（iii）《中華人民共和國香港特別行政區維護國家安全法》，履行職務和職能；

（c）拒絕承認香港特別行政區作為中華人民共和國一個地方行政區域的憲制地位；

（d）宣揚或支持"港獨"主張，包括——

（ i ）主張、推動或實施香港"獨立建國"；

（ ii ）參與以"香港獨立"為宗旨的組織；

（iii）主張、推動或實施"自決主權或治權"、"全民公投"、"全民制憲"等活動，或參與以"自決"為宗旨的組織；及

（iv）主張或推動香港轉歸外國統治；

（e）尋求外國政府或組織干預香港特別行政區的事務；

（f）作出損害或有傾向損害《基本法》中以行政長官為
主導的政治體制秩序的行為，包括——

（i）以非法手段強迫或威嚇行政長官改變某項政策
或提交立法會審議的議案；

（ii）無差別地反對特區政府提出的議案，並——

（A）意圖以此要挾特區政府；

（B）意圖以此使特區政府無法正常履行職務和
職能；或

（C）意圖以此逼使行政長官下台及推翻特區政
府；及

（iii）利用特區政府舉行的選舉，組織或實施（或煽
動他人組織或實施）任何形式的對抗中央人民
政府和特區政府的"變相公投"；

（g）作出損害或有傾向損害香港特別行政區的整體利益
的行為；

（h）公開及故意以焚燒、毀損、塗劃、玷污、踐踏等方
式侮辱國旗或國徽或區旗或區徽；

（i）侮辱或貶損國歌或國家主權的任何其他象徵和
標誌。

（4）就施行條例而言，本條並不局限對擁護《基本法》、效
忠中華人民共和國香港特別行政區的提述的涵義。

（二）效忠國家的義務

　　無論是《香港國安法》第 6 條規定的宣誓效忠制度，還是《香港基本法》第 104 條規定的宣誓效忠的內容，這裏面提到的"效忠中華人民共和國香港特別行政區"都毫無疑問包含了效忠國家的含義。這是由香港特別行政區的法律地位決定的，根據《香港基本法》第 1 條和第 12 條規定，香港是中華人民共和國不可分離的一部分，是中華人民共和國的一個享有高度自治權的地方行政區域，公職人員宣誓效忠的對象首先就應該包含了國家主體，不能夠把香港特別行政區和中華人民共和國分割開來，把宣誓效忠理解為僅僅是效忠香港特別行政區。其實，2016 年《全國人大常委會關於〈香港基本法〉第 104 條的解釋》就已經明確表達了效忠對象包括國家和特區兩個主體的意思，該解釋第 3 條提出"《香港基本法》第 104 條所規定的宣誓，是該條所列公職人員對中華人民共和國及其香港特別行政區作出的法律承諾，具有法律約束力"。

（三）遵守誓言的義務

　　《全國人大常委會關於〈香港基本法〉第 104 條的解釋》第 3 條指出："宣誓人必須真誠信奉並嚴格遵守法定誓言。宣誓人作虛假宣誓或者在宣誓之後從事違反誓言行為的，依法承擔法律責任。"至於應承擔何種法律責任，該解釋並未進行說明，《香港基本法》《香港國安法》和香港本地法律對此作了規定。根據《香港基本法》第 79 條規定，立法會議員如違反誓言，經立法會出席會議的議員三分之二通過譴責，由立法會主席宣告其喪失立法會議員資格。根據香港《宣誓及聲明條例》第 21 條規定，如果某人獲妥為邀請作出本部規定其須做出的某誓言後，拒絕或忽略作出該項誓言，則面臨兩種結果：若已就任，則必須離任；若未就任，則被取消其就任資格。根據《香港立法會議事規則》第 1 條規定："議員如未按照《宣誓及聲明條例》的規定作宗教或非宗教式宣誓，不得參與立法會會議或表決。"根據《香港國安法》第 35 條規定：任何人經法院判決危害國家安全罪行的，即喪失作為候選人參加香港特別行政區舉行的立法會、區議會選舉或者出任香港特別行政區任何公職或者行政長官選舉委員會委員的資格；曾經宣誓或者聲明擁護中華人民共和國香港特別行政區基本法、效忠中華人民共和國香港特別行政區的立法會議員、政府官員及公務人員、行政會議成員、法官及其他司法人員、區議員，如被法院判決危害國家安全罪行，實時喪失該等職務，並喪失參選或者出任上述職務的資格。前款規定資格或者職務的喪失，由負責組織、管理有關選舉或者公職任免的機構宣佈。

2020 年 11 月 11 日，全國人大常委會作出《關於香港立法會議員資格問題的決定》，該決定第 1 條規定："香港特別行政區立法會議員，因宣揚或者支持'港獨'主張、拒絕承認國家對香港擁有並行使主權、尋求外國或者境外勢力干預香港特別行政區事務，或者具有其他危害國家安全等行為，不符合擁護中華人民共和國香港特別行政區基本法、效忠中華人民共和國香港特別行政區的法定要求和條件，一經依法認定，實時喪失立法會議員的資格。"該決定中所指的"依法認定"並不限於由法院認定，也可由政府認定，如楊岳橋等四人早前報名參選立法會換屆選舉時，曾被選舉主任取消資格，即符合"依法認定"，特區政府於是根據《關於香港立法會議員資格問題的決定》，宣佈楊岳橋等四人喪失議員資格。

香港維護國家安全的
相關法律制度

中華人民共和國憲法
（摘錄）

序言

⋯⋯中國人民對敵視和破壞我國社會主義制度的國內外的敵對勢力和敵對分子，必須進行鬥爭。

台灣是中華人民共和國的神聖領土的一部分。完成統一祖國的大業是包括台灣同胞在內的全中國人民的神聖職責。

⋯⋯

本憲法以法律的形式確認了中國各族人民奮鬥的成果，規定了國家的根本制度和根本任務，是國家的根本法，具有最高的法律效力。全國各族人民、一切國家機關和武裝力量、各政黨和各社會團體、各企業事業組織，都必須以憲法為根本的活動準則，並且負有維護憲法尊嚴、保證憲法實施的職責。

第一條　中華人民共和國是工人階級領導的、以工農聯盟為基礎的人民民主專政的社會主義國家。

社會主義制度是中華人民共和國的根本制度。中國共產黨領導是中國特色社會主義最本質的特徵。禁止任何組織或者個人破壞社會主義制度。

第二十八條　國家維護社會秩序，鎮壓叛國和其他危害國家安全的犯罪活動，制裁危害社會治安、破壞社會主義經濟和其他犯罪的活動，懲辦和改造犯罪分子。

第二十九條　中華人民共和國的武裝力量屬人民。它的任務是鞏固國防，抵抗侵略，保衛祖國，保衛人民的和平勞動，參加國家建設事業，努力為人民服務。

　　國家加強武裝力量的革命化、現代化、正規化的建設，增強國防力量。

　　第三十一條　國家在必要時得設立特別行政區。在特別行政區內實行的制度按照具體情況由全國人民代表大會以法律規定。

　　第五十二條　中華人民共和國公民有維護國家統一和全國各民族團結的義務。

　　第五十三條　中華人民共和國公民必須遵守憲法和法律，保守國家秘密，愛護公共財產，遵守勞動紀律，遵守公共秩序，尊重社會公德。

　　第五十四條　中華人民共和國公民有維護祖國的安全、榮譽和利益的義務，不得有危害祖國的安全、榮譽和利益的行為。

　　第五十五條　保衛祖國、抵抗侵略是中華人民共和國每一個公民的神聖職責。

　　依照法律服兵役和參加民兵組織是中華人民共和國公民的光榮義務。

　　第六十二條　全國人民代表大會行使下列職權：

　　……

　　（二）監督憲法的實施；

　　（三）制定和修改刑事、民事、國家機構的和其他的基本法律；

　　……

　　（十四）決定特別行政區的設立及其制度；

　　（十五）決定戰爭和和平的問題；

　　（十六）應當由最高國家權力機關行使的其他職權。

　　第六十七條　全國人民代表大會常務委員會行使下列職權：

　　（一）解釋憲法，監督憲法的實施；

　　……

　　（四）解釋法律；

　　……

　　（十九）在全國人民代表大會閉會期間，如果遇到國家遭受武裝侵犯或者必須履行國際間共同防止侵略的條約的情況，決定戰爭狀態的宣佈；

（二十）決定全國總動員或者局部動員；

（二十一）決定全國或者個別省、自治區、直轄市進入緊急狀態；

（二十二）全國人民代表大會授予的其他職權。

第八十條 中華人民共和國主席根據全國人民代表大會的決定和全國人民代表大會常務委員會的決定，公佈法律，任免國務院總理、副總理、國務委員、各部部長、各委員會主任、審計長、秘書長，授予國家的勳章和榮譽稱號，發佈特赦令，宣佈進入緊急狀態，宣佈戰爭狀態，發佈動員令。

第八十九條 國務院行使下列職權：

（一）根據憲法和法律，規定行政措施，制定行政法規，發佈決定和命令；

……

（九）管理對外事務，同外國締結條約和協定；

（十）領導和管理國防建設事業；

……

（十六）依照法律規定決定省、自治區、直轄市的範圍內部分地區進入緊急狀態；

……

（十八）全國人民代表大會和全國人民代表大會常務委員會授予的其他職權。

第九十三條 中華人民共和國中央軍事委員會領導全國武裝力量。……

第九十九條 地方各級人民代表大會在本行政區域內，保證憲法、法律、行政法規的遵守和執行……

第一百一十五條 自治區、自治州、自治縣的自治機關行使憲法第三章第五節規定的地方國家機關的職權，同時依照憲法、民族區域自治法和其他法律規定的權限行使自治權，根據本地方實際情況貫徹執行國家的法律、政策。

第一百四十條 人民法院、人民檢察院和公安機關辦理刑事案件，應當分工負責，互相配合，互相制約，以保證準確有效地執行法律。

中華人民共和國香港特別行政區基本法
（摘錄）

序言

　　香港自古以來就是中國的領土，一八四〇年鴉片戰爭以後被英國佔領。一九八四年十二月十九日，中英兩國政府簽署了關於香港問題的聯合聲明，確認中華人民共和國政府於一九九七年七月一日恢復對香港行使主權，從而實現了長期以來中國人民收回香港的共同願望。

　　為了維護國家的統一和領土完整，保持香港的繁榮和穩定，並考慮到香港的歷史和現實情況，國家決定，在對香港恢復行使主權時，根據中華人民共和國憲法第三十一條的規定，設立香港特別行政區，並按照“一個國家，兩種制度”的方針，不在香港實行社會主義的制度和政策。國家對香港的基本方針政策，已由中國政府在中英聯合聲明中予以闡明。

　　根據中華人民共和國憲法，全國人民代表大會特制定中華人民共和國香港特別行政區基本法，規定香港特別行政區實行的制度，以保障國家對香港的基本方針政策的實施。

　　第一條　香港特別行政區是中華人民共和國不可分離的部分。

　　第七條　香港特別行政區境內的土地和自然資源屬國家所有……。

　　第十二條　香港特別行政區是中華人民共和國的一個享有高度自治權的地方行政區域，直轄於中央人民政府。

　　第十三條　中央人民政府負責管理與香港特別行政區有關的外交事務。

　　中華人民共和國外交部在香港設立機構處理外交事務。

中央人民政府授權香港特別行政區依照本法自行處理有關的對外事務。

第十四條　中央人民政府負責管理香港特別行政區的防務。

香港特別行政區政府負責維持香港特別行政區的社會治安。

中央人民政府派駐香港特別行政區負責防務的軍隊不干預香港特別行政區的地方事務。香港特別行政區政府在必要時，可向中央人民政府請求駐軍協助維持社會治安和救助災害。

駐軍人員除須遵守全國性的法律外，還須遵守香港特別行政區的法律。

駐軍費用由中央人民政府負擔。

第十八條　在香港特別行政區實行的法律為本法以及本法第八條規定的香港原有法律和香港特別行政區立法機關制定的法律。

全國性法律除列於本法附件三者外，不在香港特別行政區實施。凡列於本法附件三之法律，由香港特別行政區在當地公佈或立法實施。

全國人民代表大會常務委員會在徵詢其所屬的香港特別行政區基本法委員會和香港特別行政區政府的意見後，可對列於本法附件三的法律作出增減，任何列入附件三的法律，限於有關國防、外交和其他按本法規定不屬香港特別行政區自治範圍的法律。

全國人民代表大會常務委員會決定宣佈戰爭狀態或因香港特別行政區內發生香港特別行政區政府不能控制的危及國家統一或安全的動亂而決定香港特別行政區進入緊急狀態，中央人民政府可發佈命令將有關全國性法律在香港特別行政區實施。

第十九條　……

香港特別行政區法院除繼續保持香港原有法律制度和原則對法院審判權所作的限制外，對香港特別行政區所有的案件均有審判權。

香港特別行政區法院對國防、外交等國家行為無管轄權。香港特別行政區法院在審理案件中遇有涉及國防、外交等國家行為的事實問題，應取得行政長官就該等問題發出的證明文件，上述文件對法院有約束力。行政長官在發出證明文件前，須取得中央人民政府的證明書。

第二十條 香港特別行政區可享有全國人民代表大會和全國人民代表大會常務委員會及中央人民政府授予的其他權力。

第二十三條 香港特別行政區應自行立法禁止任何叛國、分裂國家、煽動叛亂、顛覆中央人民政府及竊取國家機密的行為，禁止外國的政治性組織或團體在香港特別行政區進行政治活動，禁止香港特別行政區的政治性組織或團體與外國的政治性組織或團體建立聯繫。

第四十二條 香港居民和在香港的其他人有遵守香港特別行政區實行的法律的義務。

第四十八條 香港特別行政區行政長官行使下列職權：

......

（二）負責執行本法和依照本法適用於香港特別行政區的其他法律；

......

（四）決定政府政策和發佈行政命令；

......

（八）執行中央人民政府就本法規定的有關事務發出的指令；

（九）代表香港特別行政區政府處理中央授權的對外事務和其他事務；

......

（十一）根據安全和重大公共利益的考慮，決定政府官員或其他負責政府公務的人員是否向立法會或其屬下的委員會作證和提供證據；

......

第一百零四條 香港特別行政區行政長官、主要官員、行政會議成員、立法會議員、各級法院法官和其他司法人員在就職時必須依法宣誓擁護中華人民共和國香港特別行政區基本法，效忠中華人民共和國香港特別行政區。

第一百五十七條 外國在香港特別行政區設立領事機構或其他官方、半官方機構，須經中央人民政府批准。

已同中華人民共和國建立正式外交關係的國家在香港設立的領事機構和其他官方機構，可予保留。

尚未同中華人民共和國建立正式外交關係的國家在香港設立的領事機

構和其他官方機構，可根據情況允許保留或改為半官方機構。

尚未為中華人民共和國承認的國家，只能在香港特別行政區設立民間機構。

附件一：
香港特別行政區行政長官的產生辦法

（1990 年 4 月 4 日第七屆全國人民代表大會第三次會議通過
2010 年 8 月 28 日第十一屆全國人民代表大會常務委員會第十六次會議批准修正
2021 年 3 月 30 日第十三屆全國人民代表大會常務委員會第二十七次會議修訂）

......

八、香港特別行政區候選人資格審查委員會負責審查並確認選舉委員會委員候選人和行政長官候選人的資格。香港特別行政區維護國家安全委員會根據香港特別行政區政府警務處維護國家安全部門的審查情況，就選舉委員會委員候選人和行政長官候選人是否符合擁護中華人民共和國香港特別行政區基本法、效忠中華人民共和國香港特別行政區的法定要求和條件作出判斷，並就不符合上述法定要求和條件者向香港特別行政區候選人資格審查委員會出具審查意見書。

對香港特別行政區候選人資格審查委員會根據香港特別行政區維護國家安全委員會的審查意見書作出的選舉委員會委員候選人和行政長官候選人資格確認的決定，不得提起訴訟。

九、香港特別行政區應當採取措施，依法規管操縱、破壞選舉的行為。

......

附件二：
香港特別行政區立法會的產生辦法和表決程序

（1990 年 4 月 4 日第七屆全國人民代表大會第三次會議通過
2010 年 8 月 28 日第十一屆全國人民代表大會常務委員會第十六次會議備案修正
2021 年 3 月 30 日第十三屆全國人民代表大會常務委員會第二十七次會議修訂）

......

五、香港特別行政區候選人資格審查委員會負責審查並確認立法會議員候選人的資格。香港特別行政區維護國家安全委員會根據香港特別行政區政府警務處維護國家安全部門的審查情況，就立法會議員候選人是否符合擁護中華人民共和國香港特別行政區基本法、效忠中華人民共和國香港特別行政區的法定要求和條件作出判斷，並就不符合上述法定要求和條件者向香港特別行政區候選人資格審查委員會出具審查意見書。

對香港特別行政區候選人資格審查委員會根據香港特別行政區維護國家安全委員會的審查意見書作出的立法會議員候選人資格確認的決定，不得提起訴訟。

六、香港特別行政區應當採取措施，依法規管操縱、破壞選舉的行為。

......

全國人民代表大會關於建立健全香港特別行政區維護國家安全的法律制度和執行機制的決定

（2020 年 5 月 28 日第十三屆全國人民代表大會第三次會議通過）

　　第十三屆全國人民代表大會第三次會議審議了全國人民代表大會常務委員會關於提請審議《全國人民代表大會關於建立健全香港特別行政區維護國家安全的法律制度和執行機制的決定（草案）》的議案。會議認為，近年來，香港特別行政區國家安全風險凸顯，"港獨"、分裂國家、暴力恐怖活動等各類違法活動嚴重危害國家主權、統一和領土完整，一些外國和境外勢力公然干預香港事務，利用香港從事危害我國國家安全的活動。為了維護國家主權、安全、發展利益，堅持和完善"一國兩制"制度體系，維護香港長期繁榮穩定，保障香港居民合法權益，根據《中華人民共和國憲法》第三十一條和第六十二條第二項、第十四項、第十六項的規定，以及《中華人民共和國香港特別行政區基本法》的有關規定，全國人民代表大會作出如下決定：

　　一、國家堅定不移並全面準確貫徹"一國兩制"、"港人治港"、高度自治的方針，堅持依法治港，維護憲法和香港特別行政區基本法確定的香港特別行政區憲制秩序，採取必要措施建立健全香港特別行政區維護國家安全的法律制度和執行機制，依法防範、制止和懲治危害國家安全的行為和活動。

　　二、國家堅決反對任何外國和境外勢力以任何方式干預香港特別行政區事務，採取必要措施予以反制，依法防範、制止和懲治外國和境外勢力利用香港進行分裂、顛覆、滲透、破壞活動。

　　三、維護國家主權、統一和領土完整是香港特別行政區的憲制責任。

香港特別行政區應當儘早完成香港特別行政區基本法規定的維護國家安全立法。香港特別行政區行政機關、立法機關、司法機關應當依據有關法律規定有效防範、制止和懲治危害國家安全的行為和活動。

四、香港特別行政區應當建立健全維護國家安全的機構和執行機制，強化維護國家安全執法力量，加強維護國家安全執法工作。中央人民政府維護國家安全的有關機關根據需要在香港特別行政區設立機構，依法履行維護國家安全相關職責。

五、香港特別行政區行政長官應當就香港特別行政區履行維護國家安全職責、開展國家安全教育、依法禁止危害國家安全的行為和活動等情況，定期向中央人民政府提交報告。

六、授權全國人民代表大會常務委員會就建立健全香港特別行政區維護國家安全的法律制度和執行機制制定相關法律，切實防範、制止和懲治任何分裂國家、顛覆國家政權、組織實施恐怖活動等嚴重危害國家安全的行為和活動以及外國和境外勢力干預香港特別行政區事務的活動。全國人民代表大會常務委員會決定將上述相關法律列入《中華人民共和國香港特別行政區基本法》附件三，由香港特別行政區在當地公佈實施。

七、本決定自公佈之日起施行。

全國人民代表大會關於完善
香港特別行政區選舉制度的決定
（摘錄）

（2021 年 3 月 11 日第十三屆全國人民代表大會第四次會議通過）

　　第十三屆全國人民代表大會第四次會議審議了全國人民代表大會常務委員會關於提請審議《全國人民代表大會關於完善香港特別行政區選舉制度的決定（草案）》的議案。會議認為，香港回歸祖國後，重新納入國家治理體系，《中華人民共和國憲法》和《中華人民共和國香港特別行政區基本法》共同構成香港特別行政區的憲制基礎。香港特別行政區實行的選舉制度，包括行政長官和立法會的產生辦法，是香港特別行政區政治體制的重要組成部分，應當符合“一國兩制”方針，符合香港特別行政區實際情況，確保愛國愛港者治港，有利於維護國家主權、安全、發展利益，保持香港長期繁榮穩定。為完善香港特別行政區選舉制度，發展適合香港特別行政區實際情況的民主制度，根據《中華人民共和國憲法》第三十一條和第六十二條第二項、第十四項、第十六項的規定，以及《中華人民共和國香港特別行政區基本法》《中華人民共和國香港特別行政區維護國家安全法》的有關規定，全國人民代表大會作出如下決定：

　　一、完善香港特別行政區選舉制度，必須全面準確貫徹落實“一國兩制”、“港人治港”、高度自治的方針，維護《中華人民共和國憲法》和《中華人民共和國香港特別行政區基本法》確定的香港特別行政區憲制秩序，確保以愛國者為主體的“港人治港”，切實提高香港特別行政區治理效能，保障香港特別行政區永久性居民的選舉權和被選舉權。

　　……

　　五、設立香港特別行政區候選人資格審查委員會，負責審查並確認選

舉委員會委員候選人、行政長官候選人和立法會議員候選人的資格。香港
特別行政區應當健全和完善有關資格審查制度機制，確保候選人資格符合
《中華人民共和國香港特別行政區基本法》《中華人民共和國香港特別行政
區維護國家安全法》、全國人民代表大會常務委員會關於《中華人民共和
國香港特別行政區基本法》第一百零四條的解釋和關於香港特別行政區立
法會議員資格問題的決定以及香港特別行政區本地有關法律的規定。

六、授權全國人民代表大會常務委員會根據本決定修改《中華人民共
和國香港特別行政區基本法》附件一《香港特別行政區行政長官的產生辦
法》和附件二《香港特別行政區立法會的產生辦法和表決程序》。

七、香港特別行政區應當依照本決定和全國人民代表大會常務委員會
修改後的《中華人民共和國香港特別行政區基本法》附件一《香港特別行
政區行政長官的產生辦法》和附件二《香港特別行政區立法會的產生辦法
和表決程序》，修改香港特別行政區本地有關法律，依法組織、規管相關
選舉活動。

……

中華人民共和國主席令

（第四十九號）

　　《中華人民共和國香港特別行政區維護國家安全法》已由中華人民共和國第十三屆全國人民代表大會常務委員會第二十次會議於 2020 年 6 月 30 日通過，現予公佈，自公佈之日起施行。

中華人民共和國主席　習近平

2020 年 6 月 30 日

中華人民共和國香港特別行政區
維護國家安全法

（2020 年 6 月 30 日第十三屆全國人民代表大會常務委員會
第二十次會議通過）

目錄

第一章　總則

第一條　為堅定不移並全面準確貫徹"一國兩制"、"港人治港"、高度自治的方針，維護國家安全，防範、制止和懲治與香港特別行政區有關的分裂國家、顛覆國家政權、組織實施恐怖活動和勾結外國或者境外勢力危害國家安全等犯罪，保持香港特別行政區的繁榮和穩定，保障香港特別行政區居民的合法權益，根據中華人民共和國憲法、中華人民共和國香港特別行政區基本法和全國人民代表大會關於建立健全香港特別行政區維護國家安全的法律制度和執行機制的決定，制定本法。

第二條　關於香港特別行政區法律地位的香港特別行政區基本法第一條和第十二條規定是香港特別行政區基本法的根本性條款。香港特別行政區任何機構、組織和個人行使權利和自由，不得違背香港特別行政區基本法第一條和第十二條的規定。

第三條　中央人民政府對香港特別行政區有關的國家安全事務負有根本責任。

香港特別行政區負有維護國家安全的憲制責任，應當履行維護國家安全的職責。

香港特別行政區行政機關、立法機關、司法機關應當依據本法和其他有關法律規定有效防範、制止和懲治危害國家安全的行為和活動。

第四條　香港特別行政區維護國家安全應當尊重和保障人權，依法保護香港特別行政區居民根據香港特別行政區基本法和《公民權利和政治權利國際公約》《經濟、社會與文化權利的國際公約》適用於香港的有關規定享有的包括言論、新聞、出版的自由，結社、集會、遊行、示威的自由在內的權利和自由。

第五條　防範、制止和懲治危害國家安全犯罪，應當堅持法治原則。法律規定為犯罪行為的，依照法律定罪處刑；法律沒有規定為犯罪行為的，不得定罪處刑。

任何人未經司法機關判罪之前均假定無罪。保障犯罪嫌疑人、被告人和其他訴訟參與人依法享有的辯護權和其他訴訟權利。任何人已經司法程序被最終確定有罪或者宣告無罪的，不得就同一行為再予審判或者懲罰。

　　第六條　維護國家主權、統一和領土完整是包括香港同胞在內的全中國人民的共同義務。

　　在香港特別行政區的任何機構、組織和個人都應當遵守本法和香港特別行政區有關維護國家安全的其他法律，不得從事危害國家安全的行為和活動。

　　香港特別行政區居民在參選或者就任公職時應當依法簽署文件確認或者宣誓擁護中華人民共和國香港特別行政區基本法，效忠中華人民共和國香港特別行政區。

第二章　香港特別行政區維護國家安全的
職責和機構

第一節　職責

　　第七條　香港特別行政區應當盡早完成香港特別行政區基本法規定的維護國家安全立法，完善相關法律。

　　第八條　香港特別行政區執法、司法機關應當切實執行本法和香港特別行政區現行法律有關防範、制止和懲治危害國家安全行為和活動的規定，有效維護國家安全。

　　第九條　香港特別行政區應當加強維護國家安全和防範恐怖活動的工作。對學校、社會團體、媒體、網絡等涉及國家安全的事宜，香港特別行政區政府應當採取必要措施，加強宣傳、指導、監督和管理。

　　第十條　香港特別行政區應當通過學校、社會團體、媒體、網絡等開展國家安全教育，提高香港特別行政區居民的國家安全意識和守法意識。

　　第十一條　香港特別行政區行政長官應當就香港特別行政區維護國家安全事務向中央人民政府負責，並就香港特別行政區履行維護國家安全職責的情況提交年度報告。

如中央人民政府提出要求，行政長官應當就維護國家安全特定事項及時提交報告。

第二節　機構

第十二條　香港特別行政區設立維護國家安全委員會，負責香港特別行政區維護國家安全事務，承擔維護國家安全的主要責任，並接受中央人民政府的監督和問責。

第十三條　香港特別行政區維護國家安全委員會由行政長官擔任主席，成員包括政務司長、財政司長、律政司長、保安局局長、警務處處長、本法第十六條規定的警務處維護國家安全部門的負責人、入境事務處處長、海關關長和行政長官辦公室主任。

香港特別行政區維護國家安全委員會下設秘書處，由秘書長領導。秘書長由行政長官提名，報中央人民政府任命。

第十四條　香港特別行政區維護國家安全委員會的職責為：

（一）分析研判香港特別行政區維護國家安全形勢，規劃有關工作，制定香港特別行政區維護國家安全政策；

（二）推進香港特別行政區維護國家安全的法律制度和執行機制建設；

（三）協調香港特別行政區維護國家安全的重點工作和重大行動。

香港特別行政區維護國家安全委員會的工作不受香港特別行政區任何其他機構、組織和個人的干涉，工作信息不予公開。香港特別行政區維護國家安全委員會作出的決定不受司法覆核。

第十五條　香港特別行政區維護國家安全委員會設立國家安全事務顧問，由中央人民政府指派，就香港特別行政區維護國家安全委員會履行職責相關事務提供意見。國家安全事務顧問列席香港特別行政區維護國家安全委員會會議。

第十六條　香港特別行政區政府警務處設立維護國家安全的部門，配備執法力量。

警務處維護國家安全部門負責人由行政長官任命，行政長官任命前須書面徵求本法第四十八條規定的機構的意見。警務處維護國家安全部門負責人在就職時應當宣誓擁護中華人民共和國香港特別行政區基本法，效忠中華人民共和國香港特別行政區，遵守法律，保守秘密。

警務處維護國家安全部門可以從香港特別行政區以外聘請合格的專門人員和技術人員，協助執行維護國家安全相關任務。

第十七條　警務處維護國家安全部門的職責為：

（一）收集分析涉及國家安全的情報信息；

（二）部署、協調、推進維護國家安全的措施和行動；

（三）調查危害國家安全犯罪案件；

（四）進行反干預調查和開展國家安全審查；

（五）承辦香港特別行政區維護國家安全委員會交辦的維護國家安全工作；

（六）執行本法所需的其他職責。

第十八條　香港特別行政區律政司設立專門的國家安全犯罪案件檢控部門，負責危害國家安全犯罪案件的檢控工作和其他相關法律事務。該部門檢控官由律政司長徵得香港特別行政區維護國家安全委員會同意後任命。

律政司國家安全犯罪案件檢控部門負責人由行政長官任命，行政長官任命前須書面徵求本法第四十八條規定的機構的意見。律政司國家安全犯罪案件檢控部門負責人在就職時應當宣誓擁護中華人民共和國香港特別行政區基本法，效忠中華人民共和國香港特別行政區，遵守法律，保守秘密。

第十九條　經行政長官批准，香港特別行政區政府財政司長應當從政府一般收入中撥出專門款項支付關於維護國家安全的開支並核准所涉及的人員編制，不受香港特別行政區現行有關法律規定的限制。財政司長須每年就該款項的控制和管理向立法會提交報告。

第三章　罪行和處罰

第一節　分裂國家罪

第二十條　任何人組織、策劃、實施或者參與實施以下旨在分裂國家、破壞國家統一行為之一的，不論是否使用武力或者以武力相威脅，即屬犯罪：

（一）將香港特別行政區或者中華人民共和國其他任何部分從中華人民共和國分離出去；

（二）非法改變香港特別行政區或者中華人民共和國其他任何部分的法律地位；

（三）將香港特別行政區或者中華人民共和國其他任何部分轉歸外國統治。

犯前款罪，對首要分子或者罪行重大的，處無期徒刑或者十年以上有期徒刑；對積極參加的，處三年以上十年以下有期徒刑；對其他參加的，處三年以下有期徒刑、拘役或者管制。

第二十一條　任何人煽動、協助、教唆、以金錢或者其他財物資助他人實施本法第二十條規定的犯罪的，即屬犯罪。情節嚴重的，處五年以上十年以下有期徒刑；情節較輕的，處五年以下有期徒刑、拘役或者管制。

第二節　顛覆國家政權罪

第二十二條　任何人組織、策劃、實施或者參與實施以下以武力、威脅使用武力或者其他非法手段旨在顛覆國家政權行為之一的，即屬犯罪：

（一）推翻、破壞中華人民共和國憲法所確立的中華人民共和國根本制度；

（二）推翻中華人民共和國中央政權機關或者香港特別行政區政權機關；

（三）嚴重干擾、阻撓、破壞中華人民共和國中央政權機關或者香港特別行政區政權機關依法履行職能；

（四）攻擊、破壞香港特別行政區政權機關履職場所及其設施，致使其無法正常履行職能。

犯前款罪，對首要分子或者罪行重大的，處無期徒刑或者十年以上有期徒刑；對積極參加的，處三年以上十年以下有期徒刑；對其他參加的，處三年以下有期徒刑、拘役或者管制。

第二十三條 任何人煽動、協助、教唆、以金錢或者其他財物資助他人實施本法第二十二條規定的犯罪的，即屬犯罪。情節嚴重的，處五年以上十年以下有期徒刑；情節較輕的，處五年以下有期徒刑、拘役或者管制。

第三節 恐怖活動罪

第二十四條 為脅迫中央人民政府、香港特別行政區政府或者國際組織或者威嚇公眾以圖實現政治主張，組織、策劃、實施、參與實施或者威脅實施以下造成或者意圖造成嚴重社會危害的恐怖活動之一的，即屬犯罪：

（一）針對人的嚴重暴力；

（二）爆炸、縱火或者投放毒害性、放射性、傳染病病原體等物質；

（三）破壞交通工具、交通設施、電力設備、燃氣設備或者其他易燃易爆設備；

（四）嚴重干擾、破壞水、電、燃氣、交通、通訊、網絡等公共服務和管理的電子控制系統；

（五）以其他危險方法嚴重危害公眾健康或者安全。

犯前款罪，致人重傷、死亡或者使公私財產遭受重大損失的，處無期徒刑或者十年以上有期徒刑；其他情形，處三年以上十年以下有期徒刑。

第二十五條 組織、領導恐怖活動組織的，即屬犯罪，處無期徒刑或者十年以上有期徒刑，並處沒收財產；積極參加的，處三年以上十年以下有期徒刑，並處罰金；其他參加的，處三年以下有期徒刑、拘役或者管制，可以並處罰金。

本法所指的恐怖活動組織，是指實施或者意圖實施本法第二十四條規定的恐怖活動罪行或者參與或者協助實施本法第二十四條規定的恐怖活動罪行的組織。

第二十六條 為恐怖活動組織、恐怖活動人員、恐怖活動實施提供培訓、武器、信息、資金、物資、勞務、運輸、技術或者場所等支持、協助、便利，或者製造、非法管有爆炸性、毒害性、放射性、傳染病病原體等物質以及以其他形式準備實施恐怖活動的，即屬犯罪。情節嚴重的，處五年以上十年以下有期徒刑，並處罰金或者沒收財產；其他情形，處五年以下有期徒刑、拘役或者管制，並處罰金。

有前款行為，同時構成其他犯罪的，依照處罰較重的規定定罪處罰。

第二十七條 宣揚恐怖主義、煽動實施恐怖活動的，即屬犯罪。情節嚴重的，處五年以上十年以下有期徒刑，並處罰金或者沒收財產；其他情形，處五年以下有期徒刑、拘役或者管制，並處罰金。

第二十八條 本節規定不影響依據香港特別行政區法律對其他形式的恐怖活動犯罪追究刑事責任並採取凍結財產等措施。

第四節 勾結外國或者境外勢力危害國家安全罪

第二十九條 為外國或者境外機構、組織、人員竊取、刺探、收買、非法提供涉及國家安全的國家秘密或者情報的；請求外國或者境外機構、組織、人員實施，與外國或者境外機構、組織、人員串謀實施，或者直接或者間接接受外國或者境外機構、組織、人員的指使、控制、資助或者其他形式的支援實施以下行為之一的，均屬犯罪：

（一）對中華人民共和國發動戰爭，或者以武力或者武力相威脅，對中華人民共和國主權、統一和領土完整造成嚴重危害；

（二）對香港特別行政區政府或者中央人民政府制定和執行法律、政策進行嚴重阻撓並可能造成嚴重後果；

（三）對香港特別行政區選舉進行操控、破壞並可能造成嚴重後果；

（四）對香港特別行政區或者中華人民共和國進行制裁、封鎖或者採取其他敵對行動；

（五）通過各種非法方式引發香港特別行政區居民對中央人民政府或者香港特別行政區政府的憎恨並可能造成嚴重後果。

犯前款罪，處三年以上十年以下有期徒刑；罪行重大的，處無期徒刑或者十年以上有期徒刑。

本條第一款規定涉及的境外機構、組織、人員，按共同犯罪定罪處刑。

第三十條　為實施本法第二十條、第二十二條規定的犯罪，與外國或者境外機構、組織、人員串謀，或者直接或者間接接受外國或者境外機構、組織、人員的指使、控制、資助或者其他形式的支援的，依照本法第二十條、第二十二條的規定從重處罰。

第五節　其他處罰規定

第三十一條　公司、團體等法人或者非法人組織實施本法規定的犯罪的，對該組織判處罰金。

公司、團體等法人或者非法人組織因犯本法規定的罪行受到刑事處罰的，應責令其暫停運作或者吊銷其執照或者營業許可證。

第三十二條　因實施本法規定的犯罪而獲得的資助、收益、報酬等違法所得以及用於或者意圖用於犯罪的資金和工具，應當予以追繳、沒收。

第三十三條　有以下情形的，對有關犯罪行為人、犯罪嫌疑人、被告人可以從輕、減輕處罰；犯罪較輕的，可以免除處罰：

（一）在犯罪過程中，自動放棄犯罪或者自動有效地防止犯罪結果發生的；

（二）自動投案，如實供述自己的罪行的；

（三）揭發他人犯罪行為，查證屬實，或者提供重要綫索得以偵破其他案件的。

被採取強制措施的犯罪嫌疑人、被告人如實供述執法、司法機關未掌握的本人犯有本法規定的其他罪行的，按前款第二項規定處理。

第三十四條　不具有香港特別行政區永久性居民身份的人實施本法規定的犯罪的，可以獨立適用或者附加適用驅逐出境。

不具有香港特別行政區永久性居民身份的人違反本法規定，因任何原因不對其追究刑事責任的，也可以驅逐出境。

第三十五條　任何人經法院判決犯危害國家安全罪行的，即喪失作為候選人參加香港特別行政區舉行的立法會、區議會選舉或者出任香港特別行政區任何公職或者行政長官選舉委員會委員的資格；曾經宣誓或者聲明擁護中華人民共和國香港特別行政區基本法、效忠中華人民共和國香港特別行政區的立法會議員、政府官員及公務人員、行政會議成員、法官及其他司法人員、區議員，實時喪失該等職務，並喪失參選或者出任上述職務的資格。

前款規定資格或者職務的喪失，由負責組織、管理有關選舉或者公職任免的機構宣佈。

第六節　效力範圍

第三十六條　任何人在香港特別行政區內實施本法規定的犯罪的，適用本法。犯罪的行為或者結果有一項發生在香港特別行政區內的，就認為是在香港特別行政區內犯罪。

在香港特別行政區註冊的船舶或者航空器內實施本法規定的犯罪的，也適用本法。

第三十七條　香港特別行政區永久性居民或者在香港特別行政區成立的公司、團體等法人或者非法人組織在香港特別行政區以外實施本法規定的犯罪的，適用本法。

第三十八條　不具有香港特別行政區永久性居民身份的人在香港特別行政區以外針對香港特別行政區實施本法規定的犯罪的，適用本法。

第三十九條　本法施行以後的行為，適用本法定罪處刑。

第四章　案件管轄、法律適用和程序

第四十條　香港特別行政區對本法規定的犯罪案件行使管轄權，但本法第五十五條規定的情形除外。

第四十一條　香港特別行政區管轄危害國家安全犯罪案件的立案偵查、檢控、審判和刑罰的執行等訴訟程序事宜，適用本法和香港特別行政區本地法律。

未經律政司長書面同意，任何人不得就危害國家安全犯罪案件提出檢控。但該規定不影響就有關犯罪依法逮捕犯罪嫌疑人並將其羈押，也不影響該等犯罪嫌疑人申請保釋。

香港特別行政區管轄的危害國家安全犯罪案件的審判循公訴程序進行。

審判應當公開進行。因為涉及國家秘密、公共秩序等情形不宜公開審理的，禁止新聞界和公眾旁聽全部或者一部分審理程序，但判決結果應當一律公開宣佈。

第四十二條　香港特別行政區執法、司法機關在適用香港特別行政區現行法律有關羈押、審理期限等方面的規定時，應當確保危害國家安全犯罪案件公正、及時辦理，有效防範、制止和懲治危害國家安全犯罪。

對犯罪嫌疑人、被告人，除非法官有充足理由相信其不會繼續實施危害國家安全行為的，不得准予保釋。

第四十三條　香港特別行政區政府警務處維護國家安全部門辦理危害國家安全犯罪案件時，可以採取香港特別行政區現行法律准予警方等執法部門在調查嚴重犯罪案件時採取的各種措施，並可以採取以下措施：

（一）搜查可能存有犯罪證據的處所、車輛、船隻、航空器以及其他有關地方和電子設備；

（二）要求涉嫌實施危害國家安全犯罪行為的人員交出旅行證件或者限制其離境；

（三）對用於或者意圖用於犯罪的財產、因犯罪所得的收益等與犯罪相關的財產，予以凍結，申請限制令、押記令、沒收令以及充公；

（四）要求信息發佈人或者有關服務商移除信息或者提供協助；

（五）要求外國及境外政治性組織，外國及境外當局或者政治性組織的代理人提供資料；

（六）經行政長官批准，對有合理理由懷疑涉及實施危害國家安全犯罪的人員進行截取通訊和秘密監察；

（七）對有合理理由懷疑擁有與偵查有關的資料或者管有有關物料的人員，要求其回答問題和提交資料或者物料。

香港特別行政區維護國家安全委員會對警務處維護國家安全部門等執法機構採取本條第一款規定措施負有監督責任。

授權香港特別行政區行政長官會同香港特別行政區維護國家安全委員會為採取本條第一款規定措施制定相關實施細則。

第四十四條　香港特別行政區行政長官應當從裁判官、區域法院法官、高等法院原訟法庭法官、上訴法庭法官以及終審法院法官中指定若干名法官，也可從暫委或者特委法官中指定若干名法官，負責處理危害國家安全犯罪案件。行政長官在指定法官前可徵詢香港特別行政區維護國家安全委員會和終審法院首席法官的意見。上述指定法官任期一年。

凡有危害國家安全言行的，不得被指定為審理危害國家安全犯罪案件的法官。在獲任指定法官期間，如有危害國家安全言行的，終止其指定法官資格。

在裁判法院、區域法院、高等法院和終審法院就危害國家安全犯罪案件提起的刑事檢控程序應當分別由各該法院的指定法官處理。

第四十五條　除本法另有規定外，裁判法院、區域法院、高等法院和終審法院應當按照香港特別行政區的其他法律處理就危害國家安全犯罪案件提起的刑事檢控程序。

第四十六條　對高等法院原訟法庭進行的就危害國家安全犯罪案件提起的刑事檢控程序，律政司長可基於保護國家秘密、案件具有涉外因素或者保障陪審員及其家人的人身安全等理由，發出證書指示相關訴訟毋須在有陪審團的情況下進行審理。凡律政司長發出上述證書，高等法院原訟法庭應當在沒有陪審團的情況下進行審理，並由三名法官組成審判庭。

　　凡律政司長發出前款規定的證書，適用於相關訴訟的香港特別行政區任何法律條文關於"陪審團"或者"陪審團的裁決"，均應當理解為指法官或者法官作為事實裁斷者的職能。

　　第四十七條　香港特別行政區法院在審理案件中遇有涉及有關行為是否涉及國家安全或者有關證據材料是否涉及國家秘密的認定問題，應取得行政長官就該等問題發出的證明書，上述證明書對法院有約束力。

第五章　中央人民政府駐香港特別行政區
維護國家安全機構

　　第四十八條　中央人民政府在香港特別行政區設立維護國家安全公署。中央人民政府駐香港特別行政區維護國家安全公署依法履行維護國家安全職責，行使相關權力。

　　駐香港特別行政區維護國家安全公署人員由中央人民政府維護國家安全的有關機關聯合派出。

　　第四十九條　駐香港特別行政區維護國家安全公署的職責為：

　　（一）分析研判香港特別行政區維護國家安全形勢，就維護國家安全重大戰略和重要政策提出意見和建議；

　　（二）監督、指導、協調、支持香港特別行政區履行維護國家安全的職責；

　　（三）收集分析國家安全情報信息；

　　（四）依法辦理危害國家安全犯罪案件。

　　第五十條　駐香港特別行政區維護國家安全公署應當嚴格依法履行職責，依法接受監督，不得侵害任何個人和組織的合法權益。

　　駐香港特別行政區維護國家安全公署人員除須遵守全國性法律外，還應當遵守香港特別行政區法律。

　　駐香港特別行政區維護國家安全公署人員依法接受國家監察機關的監督。

第五十一條　駐香港特別行政區維護國家安全公署的經費由中央財政保障。

第五十二條　駐香港特別行政區維護國家安全公署應當加強與中央人民政府駐香港特別行政區聯絡辦公室、外交部駐香港特別行政區特派員公署、中國人民解放軍駐香港部隊的工作聯繫和工作協同。

第五十三條　駐香港特別行政區維護國家安全公署應當與香港特別行政區維護國家安全委員會建立協調機制，監督、指導香港特別行政區維護國家安全工作。

駐香港特別行政區維護國家安全公署的工作部門應當與香港特別行政區維護國家安全的有關機關建立協作機制，加強信息共享和行動配合。

第五十四條　駐香港特別行政區維護國家安全公署、外交部駐香港特別行政區特派員公署會同香港特別行政區政府採取必要措施，加強對外國和國際組織駐香港特別行政區機構、在香港特別行政區的外國和境外非政府組織和新聞機構的管理和服務。

第五十五條　有以下情形之一的，經香港特別行政區政府或者駐香港特別行政區維護國家安全公署提出，並報中央人民政府批准，由駐香港特別行政區維護國家安全公署對本法規定的危害國家安全犯罪案件行使管轄權：

（一）案件涉及外國或者境外勢力介入的複雜情況，香港特別行政區管轄確有困難的；

（二）出現香港特別行政區政府無法有效執行本法的嚴重情況的；

（三）出現國家安全面臨重大現實威脅的情況的。

第五十六條　根據本法第五十五條規定管轄有關危害國家安全犯罪案件時，由駐香港特別行政區維護國家安全公署負責立案偵查，最高人民檢察院指定有關檢察機關行使檢察權，最高人民法院指定有關法院行使審判權。

第五十七條　根據本法第五十五條規定管轄案件的立案偵查、審查起訴、審判和刑罰的執行等訴訟程序事宜，適用《中華人民共和國刑事訴訟法》等相關法律的規定。

根據本法第五十五條規定管轄案件時，本法第五十六條規定的執法、司法機關依法行使相關權力，其為決定採取強制措施、偵查措施和司法裁判而簽發的法律文書在香港特別行政區具有法律效力。對於駐香港特別行政區維護國家安全公署依法採取的措施，有關機構、組織和個人必須遵從。

第五十八條 根據本法第五十五條規定管轄案件時，犯罪嫌疑人自被駐香港特別行政區維護國家安全公署第一次訊問或者採取強制措施之日起，有權委託律師作為辯護人。辯護律師可以依法為犯罪嫌疑人、被告人提供法律幫助。

犯罪嫌疑人、被告人被合法拘捕後，享有盡早接受司法機關公正審判的權利。

第五十九條 根據本法第五十五條規定管轄案件時，任何人如果知道本法規定的危害國家安全犯罪案件情況，都有如實作證的義務。

第六十條 駐香港特別行政區維護國家安全公署及其人員依據本法執行職務的行為，不受香港特別行政區管轄。

持有駐香港特別行政區維護國家安全公署制發的證件或者證明文件的人員和車輛等在執行職務時不受香港特別行政區執法人員檢查、搜查和扣押。

駐香港特別行政區維護國家安全公署及其人員享有香港特別行政區法律規定的其他權利和豁免。

第六十一條 駐香港特別行政區維護國家安全公署依據本法規定履行職責時，香港特別行政區政府有關部門須提供必要的便利和配合，對妨礙有關執行職務的行為依法予以制止並追究責任。

第六章　附則

第六十二條 香港特別行政區本地法律規定與本法不一致的，適用本法規定。

第六十三條　辦理本法規定的危害國家安全犯罪案件的有關執法、司法機關及其人員或者辦理其他危害國家安全犯罪案件的香港特別行政區執法、司法機關及其人員，應當對辦案過程中知悉的國家秘密、商業秘密和個人隱私予以保密。

擔任辯護人或者訴訟代理人的律師應當保守在執業活動中知悉的國家秘密、商業秘密和個人隱私。

配合辦案的有關機構、組織和個人應當對案件有關情況予以保密。

第六十四條　香港特別行政區適用本法時，本法規定的“有期徒刑”“無期徒刑”“沒收財產”和“罰金”分別指“監禁”“終身監禁”“充公犯罪所得”和“罰款”，“拘役”參照適用香港特別行政區相關法律規定的“監禁”“入勞役中心”“入教導所”，“管制”參照適用香港特別行政區相關法律規定的“社會服務令”“入感化院”，“吊銷執照或者營業許可證”指香港特別行政區相關法律規定的“取消註冊或者註冊豁免，或者取消牌照”。

第六十五條　本法的解釋權屬於全國人民代表大會常務委員會。

第六十六條　本法自公佈之日起施行。

全國人大常委會關於
《中華人民共和國香港特別行政區基本法》
第一百零四條的解釋

（2016 年 11 月 7 日第十二屆全國人民代表大會常務委員會
第二十四次會議通過）

　　第十二屆全國人民代表大會常務委員會第二十四次會議審議了委員長會議提請審議《全國人民代表大會常務委員會關於〈中華人民共和國香港特別行政區基本法〉第一百零四條的解釋（草案）》的議案。經徵詢全國人民代表大會常務委員會香港特別行政區基本法委員會的意見，全國人民代表大會常務委員會決定，根據《中華人民共和國憲法》第六十七條第四項和《中華人民共和國香港特別行政區基本法》第一百五十八條第一款的規定，對《中華人民共和國香港特別行政區基本法》第一百零四條"香港特別行政區行政長官、主要官員、行政會議成員、立法會議員、各級法院法官和其他司法人員在就職時必須依法宣誓擁護中華人民共和國香港特別行政區基本法，效忠中華人民共和國香港特別行政區"的規定，作如下解釋：

　　一、《中華人民共和國香港特別行政區基本法》第一百零四條規定的"擁護中華人民共和國香港特別行政區基本法，效忠中華人民共和國香港特別行政區"，既是該條規定的宣誓必須包含的法定內容，也是參選或者出任該條所列公職的法定要求和條件。

　　二、《中華人民共和國香港特別行政區基本法》第一百零四條規定相關公職人員"就職時必須依法宣誓"，具有以下含義：

　　（一）宣誓是該條所列公職人員就職的法定條件和必經程序。未進行合法有效宣誓或者拒絕宣誓，不得就任相應公職，不得行使相應職權和享受相應待遇。

（二）宣誓必須符合法定的形式和內容要求。宣誓人必須真誠、莊重地進行宣誓，必須準確、完整、莊重地宣讀包括"擁護中華人民共和國香港特別行政區基本法，效忠中華人民共和國香港特別行政區"內容的法定誓言。

（三）宣誓人拒絕宣誓，即喪失就任該條所列相應公職的資格。宣誓人故意宣讀與法定誓言不一致的誓言或者以任何不真誠、不莊重的方式宣誓，也屬拒絕宣誓，所作宣誓無效，宣誓人即喪失就任該條所列相應公職的資格。

（四）宣誓必須在法律規定的監誓人面前進行。監誓人負有確保宣誓合法進行的責任，對符合本解釋和香港特別行政區法律規定的宣誓，應確定為有效宣誓；對不符合本解釋和香港特別行政區法律規定的宣誓，應確定為無效宣誓，並不得重新安排宣誓。

三、《中華人民共和國香港特別行政區基本法》第一百零四條所規定的宣誓，是該條所列公職人員對中華人民共和國及其香港特別行政區作出的法律承諾，具有法律約束力。宣誓人必須真誠信奉並嚴格遵守法定誓言。宣誓人作虛假宣誓或者在宣誓之後從事違反誓言行為的，依法承擔法律責任。

現予公告。

全國人大常委會關於香港特別行政區
立法會議員資格問題的決定

（2020 年 11 月 11 日第十三屆全國人民代表大會常務委員會
第二十三次會議通過）

　　第十三屆全國人民代表大會常務委員會第二十三次會議審議了《國務院關於提請就香港特別行政區立法會議員資格問題作出決定的議案》。上述議案是應香港特別行政區行政長官的請求而提出的。會議認為，為了全面準確貫徹落實"一國兩制"方針和《中華人民共和國香港特別行政區基本法》，維護國家主權、安全和發展利益，維護香港長期繁榮穩定，必須確保香港特別行政區有關公職人員包括立法會議員符合擁護中華人民共和國香港特別行政區基本法、效忠中華人民共和國香港特別行政區的法定要求和條件。為此，全國人民代表大會常務委員會同意國務院 2020 年 11 月 7 日提出的議案，根據《中華人民共和國憲法》第五十二條、第五十四條、第六十七條第一項的規定和《中華人民共和國香港特別行政區基本法》《全國人民代表大會關於建立健全香港特別行政區維護國家安全的法律制度和執行機制的決定》《中華人民共和國香港特別行政區維護國家安全法》的有關規定以及《全國人民代表大會常務委員會關於〈中華人民共和國香港特別行政區基本法〉第一百零四條的解釋》《全國人民代表大會常務委員會關於香港特別行政區第六屆立法會繼續履行職責的決定》，作出如下決定：

　　一、香港特別行政區立法會議員，因宣揚或者支持"港獨"主張、拒絕承認國家對香港擁有並行使主權、尋求外國或者境外勢力干預香港特別行政區事務，或者具有其他危害國家安全等行為，不符合擁護中華人民共和國香港特別行政區基本法、效忠中華人民共和國香港特別行政區的法定要求和條件，一經依法認定，即時喪失立法會議員的資格。

二、本決定適用於在原定於 2020 年 9 月 6 日舉行的香港特別行政區第七屆立法會選舉提名期間，因上述情形被香港特別行政區依法裁定提名無效的第六屆立法會議員。

今後參選或者出任立法會議員的，如遇有上述情形，均適用本決定。

三、依據上述規定喪失立法會議員資格的，由香港特別行政區政府宣佈。

全國人大常委會關於《中華人民共和國香港特別行政區維護國家安全法》第十四條和第四十七條的解釋

（2022 年 12 月 30 日第十三屆全國人民代表大會常務委員會
第三十八次會議通過）

　　第十三屆全國人民代表大會常務委員會第三十八次會議審議了《國務院關於提請解釋〈中華人民共和國香港特別行政區維護國家安全法〉有關條款的議案》。國務院的議案是應香港特別行政區行政長官向中央人民政府提交的有關報告提出的。根據《中華人民共和國憲法》第六十七條第四項和《中華人民共和國香港特別行政區維護國家安全法》第六十五條的規定，全國人民代表大會常務委員會對《中華人民共和國香港特別行政區維護國家安全法》第十四條和第四十七條規定的含義和適用作如下解釋：

　　一、根據《中華人民共和國香港特別行政區維護國家安全法》第十四條的規定，香港特別行政區維護國家安全委員會承擔香港特別行政區維護國家安全的法定職責，有權對是否涉及國家安全問題作出判斷和決定，工作信息不予公開。香港特別行政區維護國家安全委員會作出的決定不受司法覆核，具有可執行的法律效力。香港特別行政區任何行政、立法、司法等機構和任何組織、個人均不得干涉香港特別行政區維護國家安全委員會的工作，均應當尊重並執行香港特別行政區維護國家安全委員會的決定。

　　二、根據《中華人民共和國香港特別行政區維護國家安全法》第四十七條的規定，香港特別行政區法院在審理危害國家安全犯罪案件中遇有涉及有關行為是否涉及國家安全或者有關證據材料是否涉及國家秘密的認定問題，應當向行政長官提出並取得行政長官就該等問題發出的證明書，上述證明書對法院有約束力。

　　三、香港特別行政區行政長官依據《中華人民共和國香港特別行政區維護國家安全法》第十一條的規定於 11 月 28 日向中央人民政府提交的有關報告認為，不具有香港特別行政區全面執業資格的海外律師擔任危害國家安全犯罪案件的辯護人或者訴訟代理人可能引發國家安全風險。不具有香港特別行政區全面執業資格的海外律師是否可以擔任危害國家安全犯罪案件的辯護人或者訴訟代理人的問題，屬《中華人民共和國香港特別行政區維護國家安全法》第四十七條所規定的需要認定的問題，應當取得行政長官發出的證明書。如香港特別行政區法院沒有向行政長官提出並取得行政長官就該等問題發出的證明書，香港特別行政區維護國家安全委員會應當根據《中華人民共和國香港特別行政區維護國家安全法》第十四條的規定履行法定職責，對該等情況和問題作出相關判斷和決定。

　　現予公告。

中華人民共和國香港特別行政區
維護國家安全法第四十三條實施細則

（由行政長官會同香港特別行政區維護國家安全委員會根據
《中華人民共和國香港特別行政區維護國家安全法》第四十三條第三款制定）

弁言

鑒於——

(1) 在 2020 年 6 月 30 日第十三屆全國人民代表大會常務委員會第
二十次會議上，全國人民代表大會常務委員會在徵詢香港特
別行政區基本法委員會和香港特別行政區政府的意見後，決定
將《中華人民共和國香港特別行政區維護國家安全法》加入列
於《中華人民共和國香港特別行政區基本法》附件三的全國性
法律；

(2) 2020 年 6 月 30 日，行政長官公布《中華人民共和國香港特別行
政區維護國家安全法》自 2020 年 6 月 30 日晚上 11 時起在香港
特別行政區實施；

(3) 《中華人民共和國香港特別行政區維護國家安全法》第四十三
條第一款訂明：香港特別行政區政府警務處維護國家安全部門
辦理危害國家安全犯罪案件時，可以採取香港特別行政區現行
法律准予警方等執法部門在調查嚴重犯罪案件時採取的各種措
施，並可以採取以下措施 ——

    (a) 搜查可能存有犯罪證據的處所、車輛、船隻、航空器以及
其他有關地方和電子設備；

    (b) 要求涉嫌實施危害國家安全犯罪行為的人員交出旅行證件

或者限制其離境；

(c) 對用於或者意圖用於犯罪的財產、因犯罪所得的收益等與犯罪相關的財產，予以凍結，申請限制令、押記令、沒收令以及充公；

(d) 要求信息發佈人或者有關服務商移除信息或者提供協助；

(e) 要求外國及境外政治性組織，外國及境外當局或者政治性組織的代理人提供資料；

(f) 經行政長官批准，對有合理理由懷疑涉及實施危害國家安全犯罪的人員進行截取通訊和秘密監察；及

(g) 對有合理理由懷疑擁有與偵查有關的資料或者管有有關物料的人員，要求其回答問題和提交資料或者物料；及

(4)《中華人民共和國香港特別行政區維護國家安全法》第四十三條第三款授權行政長官會同香港特別行政區維護國家安全委員會為採取該條第一款規定措施制定相關實施細則：

現制定本實施細則如下——

1. 生效日期

本實施細則自 2020 年 7 月 7 日起實施。

2. 附表

(1) 警務人員可按照附表 1 所訂，行使以下方面的權力：為搜證而搜查有關地方。

(2) 警務人員可按照附表 2 所訂，行使以下方面的權力：對懷疑已干犯危害國家安全罪行而受調查的人，限制其離開香港。

(3) 律政司司長、保安局局長或警務人員，可按照附表 3 所訂，行使以下方面的權力：凍結、限制、沒收及充公與干犯危害國家安全罪行有關的財產。

(4) 警務人員可按照附表 4 所訂，行使以下方面的權力：移除危害國家安全的訊息，及要求平台服務商、主機服務商及網絡服務商提供協助。

(5) 保安局局長及警務處處長，可按照附表 5 所訂，行使以下方面

的權力：向外國及台灣政治性組織及外國及台灣代理人要求因
涉港活動提供資料。

(6) 警務處人員可為防止或偵測危害國家安全罪行或保障國家安全
的目的，按照附表 6 所訂，申請授權進行截取通訊及秘密監察。

(7) 警務人員可按照附表 7 所訂，行使以下方面的權力：要求提供
資料和提交物料。

3.　指定法官

根據本實施細則處理有關申請的裁判官、區域法院法官及高等法院原
訟法庭法官，須為《中華人民共和國香港特別行政區維護國家安全
法》第四十四條所規定的指定法官。

4.　實施細則的真確本

本實施細則的中文文本為真確本，解釋本實施細則須以此為根據。英
文譯本僅供參考。

附表 1

［第 2 條］

關於為搜證而搜查有關地方的細則

1. **釋義**

   在本附表中——

   地方（place）指任何地方，並包括——

   (a) 任何車輛、船隻、航空器、氣墊船或其他運輸工具；

   (b) 任何帳幕或構築物（不論是否可移動的或是否離岸的）；及

   (c) 任何電子設備；

   指明證據（specified evidence）指屬或包含（或相當可能屬或包含）危害國家安全罪行的證據的任何物件。

2. **裁判官手令**

   (1) 為偵查危害國家安全罪行，警務人員可藉經宣誓而作的告發，向裁判官提出申請，要求裁判官就該項告發所指明的地方根據本條發出手令。

   (2) 裁判官如因經宣誓而作的告發，信納有合理理由懷疑在任何地方有任何指明證據，可發出手令，授權警務人員帶同所需的協助人員進入和搜查該地方。

   (3) 根據第（2）款發出的手令授權有關警務人員——

   (a) 進入（並在有必要時可使用合理武力進入）和搜查有關地方；

   (b) 檢查、檢驗、搜查、檢取、移走和扣留在該地方而該人員合理地相信屬指明證據的任何物件；及

   (c) 扣留在該地方發現的任何人，直至對該地方的搜查已完畢為止。

3. **無需裁判官手令的情況**

（1） 如職級不低於警務處助理處長的警務人員信納以下條件均符
合，則該警務人員，或其授權的另一名警務人員，為偵查危害
國家安全罪行，可在無手令的情況下，行使本附表第 2（3）條
所訂的權力——

　（a） 有合理理由懷疑在某地方有任何指明證據；

　（b） 有合理理由相信該證據是為第（2）款指明的任何事項而
必需的；及

　（c） 有任何原因，會使取得手令並非合理地切實可行。

（2） 就第（1）（b）款所指明的事項是——

　（a） 偵查危害國家安全罪行；

　（b） 獲取和保存與危害國家安全罪行有關的證據；

　（c） 保護任何人的人身安全。

附表 2

[第 2 條]

關於限制受調查的人離開香港的細則

1. 釋義

在本附表中——

旅行證件（travel document）指護照或確定持有人身分或國籍的其他文件。

2. 旅行證件的交出

（1）裁判官可應警務人員提出的單方面申請，以通知書要求因合理地被懷疑已干犯危害國家安全罪行而受調查的人，向該警務人員交出所管有的任何旅行證件。

（2）根據第（1）款發出的通知書，須面交送達收件人。

（3）獲送達根據第（1）款所發通知書的人，須立即遵照通知書辦理。

（4）在不抵觸第（8）款的條文下，除非——

    （a）根據本附表第 3（1）條提出的要求發還旅行證件的申請獲得批准；或

    （b）根據本附表第 4（1）條提出的要求准許離開香港的申請獲得批准，否則根據第（1）款發出的通知書的收件人（不論該通知書是否已根據第（2）款送達該人），不得在自該通知書日期起計的 6 個月期間屆滿前離開香港。

（5）已獲送達根據第（1）款所發通知書的人，如不立即遵照通知書辦理，可被警務人員逮捕並送交裁判官。

（6）凡根據第（5）款將任何人送交裁判官，則除非該人隨即遵照根據第（1）款所發通知書辦理，或使裁判官信納該人並無管有旅行證件，否則裁判官須發出手令，將該人押交監獄妥為扣留——

(a)　直至由該人被押交監獄之日起計 28 日期滿為止；或

(b)　直至該人遵照根據第（1）款所發通知書辦理，及裁判官
作出命令，命令及指示懲教署署長釋放該人出獄為止（該
命令足以作為懲教署署長釋放該人的手令），以上兩種情
況以較先發生者為準。

（7）　在不抵觸第（8）款的條文下，除非根據本附表第 3（1）條提出
的要求發還旅行證件的申請獲得批准，否則遵照根據第（1）款
發出的通知書向警務人員交出的旅行證件，可在自該通知書日
期起計的 6 個月期間內予以扣留。

（8）　第（4）及（7）款所提述的 6 個月期間在以下情況下可延展一
段為期 3 個月的額外期間：裁判官應警務人員的申請而信納調
查按理不能在該項申請日期前完成，並授權該項延展；但在警
務人員就該項申請給予有關通知書的收件人合理的通知之前，
裁判官不得聆訊根據本款提出的申請。

（9）　根據本條在裁判官席前進行的一切法律程序，須在內庭進行。

（10）根據第（1）款發出並已按照第（2）款送達收件人的通知書，
在收件人已遵照通知書辦理後，不得予以撤銷或撤回。

3.　旅行證件的發還

（1）　已根據本附表第 2 條交出旅行證件的人，可隨時以書面向警務
處處長或裁判官或兼向兩者申請發還該旅行證件，每次申請均
須在申請書內陳述申請理由。

（2）　除非裁判官信納申請人已給予警務處處長合理的書面通知，否
則裁判官不得考慮根據第（1）款提出的申請。

（3）　只有在警務處處長或裁判官經顧及整體情況（包括顧及本附表
第 2（1）條所提述的調查的利益）後，信納拒絕批准根據第（1）
款提出的申請會對申請人造成不合理困苦的情況下，警務處處
長或裁判官（視屬何情況而定）方可批准該項申請。

（4）　在根據本條批准申請前——

(a) 申請人可被要求——

    (i) 向指明的人繳存一筆指明的合理款額的款項；

    (ii) 聯同指明的擔保人（如有的話）作出指明的擔保；或

    (iii) 繳存該筆指明的款項並作出該項指明的擔保；

(b) 申請人或擔保人可被要求向指明的人（該人）繳存指明的財產或財產所有權文件，以交由該人保留，直至再無需作出本款所指的擔保或該擔保已被沒收。

(5) 第（4）款提述的擔保須受以下條件所規限——

(a) 申請人須在指明的時間再次向警務人員交出申請人的旅行證件；及

(b) 申請人須在指明的時間及指明的在香港的地點報到，並須在其後進一步指明的其他時間及進一步指明的在香港的地點報到。

(6) 根據本條提出的申請，可在無條件下獲得批准，亦可在以下條件的規限下獲得批准——

(a) 申請人須在指明的時間再次向警務人員交出申請人的旅行證件；及

(b) 申請人須在指明的時間及指明的在香港的地點報到，並須在其後進一步指明的其他時間及進一步指明的在香港的地點報到。

(7) 凡旅行證件根據本條在根據第（5）（a）或（6）（a）款施加的條件規限下發還予申請人，則在根據該款指明的時間之後，本附表第 2（4）條的條文即繼續就該申請人而適用，而本附表第 2（7）條的條文即繼續就該申請人依據有關條件交出的旅行證件而適用，猶如該申請人不曾根據本條獲發還該旅行證件一樣。

(8) 根據本條在裁判官席前進行的法律程序——

(a) 須在內庭進行；及

(b) 須當作為《裁判官條例》（第 227 章）第 105 及 113（3）條所指裁判官有權循簡易程序裁決的法律程序，而該條例

第 VII 部（即關於上訴的條文）經必要的變通後，亦須據此適用於就裁判官根據本條所作命令而提出的上訴。

(9) 根據本條須就申請人指明的任何事項，須以面交送達申請人的書面通知而予以指明。

4.　離開香港的准許

(1) 在不損害本附表第 3 條的原則下，獲送達根據本附表第 2（1）條發出的通知書的人可隨時以書面向警務處處長或裁判官或兼向兩者申請離開香港的准許，每次申請均須在申請書內陳述申請理由。

(2) 除非裁判官信納申請人已給予警務處處長合理的書面通知，否則裁判官不得考慮根據第（1）款提出的申請。

(3) 只有在警務處處長或裁判官經顧及整體情況（包括顧及本附表第 2（1）條所提述的調查的利益）後，信納拒絕批准根據第（1）款提出的申請會對申請人造成不合理困苦的情況下，警務處處長或裁判官（視屬何情況而定）方可批准該項申請。

(4) 在根據本條批准申請前──

　　(a)　申請人可被要求──

　　　　(i)　向指明的人繳存一筆指明的合理款額的款項；

　　　　(ii)　聯同指明的擔保人（如有的話）作出指明的擔保；或

　　　　(iii)　繳存該筆指明的款項並作出該項指明的擔保；

　　(b)　申請人或擔保人可被要求向指明的人（該人）繳存指明的財產或財產所有權文件，以交由該人保留，直至再無需作出本款所指的擔保或該擔保已被沒收。

(5) 第（4）款所指的擔保須受以下條件所規限：申請人須在指明的時間及指明的在香港的地點報到，並須在其後進一步指明的其他時間及進一步指明的在香港的地點報到。

(6) 根據本條提出的申請，可在無條件下獲得批准，亦可在以下條件的規限下獲得批准：申請人須在指明的時間及指明的在香港的地點報到，並須在其後進一步指明的其他時間及進一步指明的在香港的地點報到。

(7) 凡某人根據本條在根據第（5）或（6）款施加的條件規限下獲批准離開香港，則在根據該款指明的時間之後，或（如適用的話）在最後一個如此指明的時間之後，本附表第 2（4）條的條文即繼續就該人而適用，猶如該人不曾根據本條獲批准離開香港一樣。

(8) 根據本條在裁判官席前進行的法律程序——

   (a) 須在內庭進行；及

   (b) 須當作為《裁判官條例》（第 227 章）第 105 及 113（3）條所指裁判官有權循簡易程序裁決的法律程序，而該條例第 VII 部（即關於上訴的條文）經必要的變通後，亦須據此適用於就裁判官根據本條所作命令而提出的上訴。

(9) 根據本條須就申請人指明的任何事項，須以面交送達申請人的書面通知而予以指明。

5. 有關擔保、報到等事項的進一步條文

(1) 凡任何根據本附表第 3 條提出申請並獲批准的人沒有遵從該條所施加的任何條件的規定——

   (a) 可遭逮捕及處理，其方式與根據本附表第 2（5）及（6）條逮捕及處理不遵照根據本附表第 2（1）條所發通知書辦理的人所用方式一樣；及

   (b) 裁判官可應警務人員的申請或根據《裁判官條例》（第 227 章）第 65 條（即關於強制執行擔保的條文），沒收根據本附表第 3 條繳存的款項或作出的擔保。

(2) 凡任何根據本附表第 4 條提出申請並獲批准的人沒有遵從根據該條施加的任何條件的規定，裁判官可應警務人員的申請或根據《裁判官條例》（第 227 章）第 65 條，沒收根據本附表第 4 條繳存的款項或作出的擔保。

（3）　在不損害《裁判官條例》（第 227 章）第 65 條的原則下，凡裁
　　　　判官根據本條宣告或命令沒收某項擔保，則如警務處處長提出
　　　　申請，該項宣告或命令可在原訟法庭登記，而《刑事訴訟程序
　　　　條例》（第 221 章）第 110、111、112、113 及 114 條（即關於強
　　　　制執行擔保的條文）隨即對該項擔保及其有關情況適用。

附表 3

［第 2 條及附表 7］

關於凍結、限制、沒收及充公財產的細則

1. **釋義**

（1） 在本附表中——

可變現財產（realisable property）具有《有組織及嚴重罪行條例》（第 455 章）第 12 條所給予的涵義並加以下述的變通——

（a） 在該條中對"指明的罪行"或"有組織罪行"的提述，即提述"危害國家安全罪行"；

（b） 在該條中對"本條例"的提述，即提述"本附表"；

（c） 在該條中對"被告人"的提述，具有本款對該詞所界定的涵義；及

（d） 在該條第（9）款中提述某人被起訴，即提述對某人提起法律程序而須按照第（2）款解釋；

被告人（defendant）指符合以下說明的人：已就某項危害國家安全罪行對其提起法律程序者（不論該人就該項罪行是否已被定罪）；

財產（property）包括《釋義及通則條例》（第 1 章）第 3 條所界定的動產及不動產；

罪行相關財產（offence related property）指——

（a） 符合以下說明的人的財產——

（i） 任何干犯或企圖干犯危害國家安全罪行的人；或

（ii） 任何參與或協助干犯危害國家安全罪行的人；或

（b） 任何擬用於或曾用於資助或以其他方式協助干犯危害國家安全罪行的財產；

獲授權人員（authorized officer）指就任何本附表所指的申請而獲律政司司長以書面授權的律政人員。

（2） 就本附表而言，如——

（a） 裁判官就某項罪行根據《裁判官條例》（第 227 章）第 72 條針對某人發出手令或傳票；

（b） 某人因某項罪行而被逮捕（不論該人是否獲保釋）；

（c） 某人在無手令的情況下受拘押後被控以某項罪行；或

（d） 控告某人某項罪行的公訴書，根據《刑事訴訟程序條例》（第 221 章）第 24A（1）（b）條，按法官的指示或經其同意而提出，即屬對該人就該項罪行提起法律程序。（2023 年第 166 號法律公告）

（2A）然而，第（2）款適用於解釋本附表第 3（4B）（a）條時，須在猶如該款（b）段並不存在的情況下理解。（2023 年第 166 號法律公告）

（3） 就本附表而言——

（a） 任何人從危害國家安全罪行的得益是——

（i） 在任何時間，因干犯危害國家安全罪行的關係而由該人收受的任何款項或其他酬賞；

（ii） 該人直接或間接從任何上述款項或其他酬賞得來的任何財產或將該等款項或酬賞變現所得的任何財產；及

（iii） 因干犯危害國家安全罪行的關係而獲取的任何金錢利益；及

（b） 該人從某項危害國家安全罪行的得益的價值是以下各項的價值的總和——

（i） 上述款項或其他酬賞；

（ii） 該財產；及

（iii） 該金錢利益。

（4） 就本附表而言，任何人在任何時間（不論是在本附表生效 * 之前或之後），因干犯某項危害國家安全罪行的關係而收受任何款項或其他酬賞，即屬從該項罪行中獲利。

（5） 本附表凡提述因干犯危害國家安全罪行的關係而收受的財產，包括因該種關係及其他關係而收受的財產。

(6)　任何人持有財產上的任何權益，即屬持有該財產。

2.　本附表適用的財產

本附表適用於在香港及在其他地方的財產。

3.　凍結財產

(1)　保安局局長如有合理理由懷疑某人所持有的任何財產是罪行相關財產，可藉指明該財產的書面通知，指示除根據保安局局長批予的特許的授權外，任何人不得直接或間接處理該財產。

(2)　如保安局局長不再有合理理由懷疑通知所指明的財產或其中某部分是罪行相關財產，或原訟法庭已根據本附表第 4 (1) 條批准某項關乎該財產或部分財產的申請，則保安局局長須在合理地切實可行的情況下盡快藉書面通知撤銷通知或其相關部分。

(3)　保安局局長須在第 (1) 款所指的通知，指明該通知的有效期。（2023 年第 166 號法律公告）

(3A) 根據第 (3) 款指明的有效期，不得超過 2 年。（2023 年第 166 號法律公告）

(4)　保安局局長可向原訟法庭申請延長第 (1) 款所指的通知的有效期。除非原訟法庭信納與該通知相關就有關危害國家安全罪行展開的偵查按理不能在通知有效期屆滿前完成，否則不得批准延期。任何延期均不得超過為進行該偵查而合理地需用的時間（如有需要，保安局局長可再次申請延期）。（2023 年第 166 號法律公告）

(4A) 如在第 (1) 款所指的通知的有效期屆滿時，保安局局長已根據第 (4) 款提出申請，而該申請的法律程序尚未結束，則該通知的有效期須延長至以下期間屆滿為止——

　　(a)　如法庭批准延期——法庭所批准延長的期間；或

　　(b)　如屬其他情況——自該申請的法律程序結束當日起計的 14 日期間。（2023 年第 166 號法律公告）

（4B）如在第（1）款所指的通知的有效期屆滿時——

（a） 已就與該通知相關的危害國家安全罪行提起法律程序；及

（b） 任何該等法律程序（包括在該等法律程序中提出的沒收令申請的法律程序）尚未結束，則該通知的有效期須延長至自所有該等法律程序結束當日起計的 28 日期間屆滿為止。（2023 年第 166 號法律公告）

（4C）如在第（1）款所指的通知的有效期屆滿時——

（a） 已就該通知指明的財產的任何部分提出限制令、押記令或充公令的申請；及

（b） 該申請的任何法律程序尚未結束，則該通知的有效期須延長至自所有該等法律程序結束當日起計的 14 日期間屆滿為止。（2023 年第 166 號法律公告）

（4D）為免生疑問，如通知的有效期根據第（4A）、（4B）及（4C）款中的多於一款而延長，則該通知的有效期以當中最遲屆滿者為準。（2023 年第 166 號法律公告）

（4E）保安局局長——

（a） 如通知的有效期根據第（4）或（4A）（a）款而延長——須在該通知的有效期每次延長後；及

（b） 如通知的有效期根據第（4A）（b）、（4B）或（4C）款而延長——須在該通知的有效期每次延長後及在該通知失效後，在合理地切實可行的情況下，盡快向持有有關財產的人發出書面通知。（2023 年第 166 號法律公告）

（5） 根據第（1）、（2）或（4E）款發出的通知，須送達持有有關財產的人（收件人），並須規定收件人立刻將該通知的副本送交每名符合以下描述的人（如有的話）：該財產所屬的人（該人）或為該人（或代表該人）持有該財產的人。（2023 年第 166 號法律公告）

（6） 如——

（a） 根據第（1）款發出的通知所指明的財產涉及不動產；或

  (b) 根據第（2）或（4E）款發出的通知所關乎的財產涉及不動產，則該通知須當作為影響土地的文書而可根據《土地註冊條例》（第 128 章），以土地註冊處處長認為合適的方式註冊。（2023 年第 166 號法律公告）

(7) 保安局局長如有合理因由懷疑第（1）款所指的通知所指明的財產會被調離香港，可在通知內——（2023 年第 166 號法律公告）

  (a) 指示警務人員可為防止該財產被調離香港而檢取該財產；

  (b) 作出指示，而任何被如此檢取的財產須按照該指示處理。

(8) 任何人明知而違反第（1）款所指的通知，即屬犯罪，一經循公訴程序定罪，可處罰款及監禁 7 年。

(9) 任何人無合理辯解而違反第（5）款所指的規定，即屬犯罪，一經定罪，可處罰款 $100,000 及監禁 3 個月。

(10) 就第（4A）、（4B）及（4C）款而言，在以下情況下，有關法律程序即告結束——

  (a) 提起該法律程序的一方撤回或中止該法律程序；

  (b) 法庭就該法律程序作出最終判決或決定，而該判決或決定是不可上訴或覆核的；

  (c) 針對就該法律程序作出的最終判決或決定提出上訴或覆核的訂明期限屆滿，而沒有任何一方提出上訴或覆核；或

  (d) 就沒收令或充公令的申請的法律程序而言——該法律程序中所發出的沒收令或充公令得到圓滿執行（不論所用方法是繳付根據該命令須繳付的款額，或由被告人接受監禁以作抵償）。（2023 年第 166 號法律公告）

(11) 為免生疑問，經《2023 年〈中華人民共和國香港特別行政區維護國家安全法第四十三條實施細則〉（修訂）實施細則》（《修訂細則》）修訂的本附表，適用於在《修訂細則》開始實施的日期之前根據第（1）款發出，而在該日仍然有效的通知。（2023 年第 166 號法律公告）

4. 向原訟法庭提出的申請

(1) 如已有通知根據本附表第 3 條送達——

(a) 任何持有通知所指明的財產的人，或任何由他人為之或代表持有該財產的人，或任何其他獲原訟法庭信納為受該通知所影響的人，可向原訟法庭提出申請，要求在該通知關乎如此指明的財產的範圍內撤銷該通知；及

(b) 原訟法庭除非信納有合理理由懷疑該財產是罪行相關財產，否則須批准該項申請。

(2) 受根據本附表第 3 條送達的通知所影響的人（包括受該條的實施所影響的人），可向原訟法庭提出申請，要求批准或更改本附表第 3（1）條所述的特許或撤銷或更改本附表第 3（7）條所述的指示。原訟法庭除非信納在有關個案的整體情況下批准該項申請屬合理，否則不得批准該項申請。

(3) 任何人如根據第（1）或（2）款提出申請，須按照根據本附表第 15 條而適用的法院規則，將該項申請通知律政司司長及受影響的任何其他人。

(4) 保安局局長須在合理地切實可行的情況下，盡快安排執行原訟法庭根據本條作出的決定。

5. 對某財產是罪行相關財產等的知悉或懷疑的披露

(1) 凡任何人知悉或懷疑任何財產是罪行相關財產，該人須——

(a) 將該項知悉或懷疑所根據的資料或其他事宜；及

(b) 在該人獲悉該資料或其他事宜後，在合理地切實可行的情況下盡快，向警務人員披露。

(2) 已作出第（1）款所提述的披露的人，如作出任何與資助或協助干犯危害國家安全罪行相關的作為，而該項披露是關乎該作為的，則在（a）或（b）段指明的條件符合的情況下，該人即屬沒有干犯該罪行——

(a) 有關披露是在該人作出有關作為之前作出的，而且該人是

在警務人員同意下作出該作為；

(b) 有關披露是——

(i) 在該人作出有關作為之後作出的；

(ii) 由該人主動作出的；及

(iii) 在該人作出該項披露屬合理地切實可行後盡快作出的。

(3) 凡任何人在有關時間是受僱的，則如該人按照其僱主就作出披露而設定的程序向適當的人作出披露，本條就該項披露而具有效力，一如本條就向警務人員作出披露而具有效力一樣。

(4) 凡任何人知悉或懷疑已有披露根據第（1）或（3）款作出，該人不得向另一人披露任何相當可能損害或會因應首述的披露而進行的任何調查的資料或其他事宜。

(5) 根據或憑藉第（1）款所提述的披露而取得的資料，可——

(a) 由任何警務人員為防止及遏止危害國家安全行為及活動的目的，向律政司及其他警務人員披露；及

(b) 由任何警務人員為防止及遏止危害國家安全行為及活動的目的，披露予在該警務人員認為合適的香港以外任何地方的負責調查或防止危害國家安全行為及活動，或負責處理對知悉或懷疑某財產是罪行相關財產的披露的主管當局或人員。

(6) 任何人違反第（1）款，即屬犯罪，一經定罪，可處罰款 $50,000 及監禁 3 個月。

(7) 任何人違反第（4）款，即屬犯罪，一經循公訴程序定罪，可處罰款及監禁 3 年。

(8) 在任何就第（7）款所訂的罪行而針對某人提起的法律程序中，該人可證明以下事情作為免責辯護——

(a) 該人不知道亦沒有懷疑有關披露相當可能會如第（4）款所提述般造成損害；或

(b) 該人有合法權限作出該項披露或對作出該項披露有合理辯解。

6. **限制令及押記令的申請**

(1) 律政司司長或獲授權人員，可在以下條件均符合下，向原訟法
庭申請限制令或押記令──

　　(a) 有任何以下情況──

　　　　(i) 已就危害國家安全罪行提起檢控被告人的法律程序，
或已根據本附表第 9 條就被告人提出沒收令申請或本
附表第 10 條就沒收令提出更改申請，並且有關法律
程序或申請尚未結束；

　　　　(ii) 已就危害國家安全罪行拘捕某人，而原訟法庭信納就
有關個案的整體情況而言，有合理理由相信經進一步
偵查後，該人有可能被控以該罪行；

　　　　(iii) 原訟法庭信納某人將會被控以危害國家安全罪行；及

　　(b) 原訟法庭信納有合理理由相信──

　　　　(i) 如屬已就沒收令提出更改申請的情況──原訟法庭
會信納本附表第 10（2）條所指明條件符合；或

　　　　(ii) 如屬其他情況──該人曾從該罪行中獲利。

(2) 限制令或押記令，可由原訟法庭在內庭應單方面申請而發出。

(3) 任何受限制令或押記令所影響的人，可向原訟法庭申請撤銷或
更改限制令或押記令。原訟法庭除非信納在有關個案的整體情
況下批准該項申請屬合理，否則不得批准該項申請。

(4) 如任何人持有任何屬限制令或押記令標的之可變現財產，警務
人員可藉送達該人的書面通知，規定該人在合理地切實可行範
圍內向該警務人員交付該人所管有或控制的、可協助該警務人
員評定該財產的價值的文件、文件副本或任何其他資料（不論
屬何形式）。

(5) 收到第（4）款所指通知的人，須在顧及有關可變現財產的性質
下屬合理地切實可行範圍內遵從該通知的規定，亦須在收到通
知後於合理地切實可行範圍內盡快遵從該等規定。

(6) 任何人違反第（5）款，即屬犯罪，一經定罪，可處罰款 $50,000

及監禁 1 年。

(7) 任何人明知而在違反限制令或押記令的情況下處理任何可變現財產，即屬犯罪。

(8) 任何人干犯第（7）款所訂的罪行，一經循公訴程序定罪，可處監禁 5 年及罰款，罰款額為 $500,000 或屬有關限制令或押記令的標的而在違反該命令的情況下予以處理的可變現財產的價值，兩者以款額較大者為準。

7. 限制令

(1) 原訟法庭可藉限制令禁止任何人處理任何可變現財產；命令可指明條件及例外情況，容許在符合該等條件或例外情況下處理可變現財產。

(2) 限制令可適用於命令內指明的人所持有的所有可變現財產，不論有關財產是否在命令內說明，或是在法庭發出命令後才移轉給該人的。

(3) 原訟法庭發出限制令之後，可隨時委任接管人，在原訟法庭所指明的條件及例外情況的規限下——

   (a) 接管任何可變現財產；及

   (b) 依照原訟法庭的指示，管理或以其他方式處理接管人受委接管的任何財產，原訟法庭並可要求任何管有有關財產的人，將該財產交予接管人接管。

(4) 原訟法庭發出限制令之後，獲授權人員為防止任何可變現財產調離香港，可將有關財產扣押。

(5) 如限制令涉及不動產，該命令須當作為影響土地的文書而可根據《土地註冊條例》（第 128 章），以土地註冊處處長認為合適的方式註冊。

8. 就土地、證券等發出押記令

(1) 原訟法庭可就可變現財產發出押記令，以作為向特區政府繳付

以下款額的押記──

(a) 如沒收令未曾發出 ── 相等於押記財產不時價值的款額；及

(b) 在其他情況下──不超過根據沒收令所須繳付的款額。

(2) 押記令指根據本條發出、以命令內指明的可變現財產作為押記以擔保向特區政府繳付款項的命令。

(3) 押記令只可用以下財產作為押記──

(a) 可變現財產的任何權益，而是由被告人實益持有的，或是由被告人直接或間接向被告人作出受本附表囿制的饋贈的人實益持有的，而且是──

(i) 屬於第（4）款指明的資產類別的；或

(ii) 在任何信託形式下持有的；或

(b) 由一個人以信託受託人身分持有的任何可變現財產的權益，但須是屬於該資產的，或須是屬於另一個信託下的，而憑藉（a）段可以押記令將最先提及的信託之下的全部實益權益作為押記的。

(4) 第（3）（a）（i）款所指的資產類別是以下各種資產類別──

(a) 在香港的土地；

(b) 政府證券；

(c) 在香港成立的任何公司的股份；

(d) 以下描述的、已登記在存放於香港境內的登記冊上的股份：在香港以外成立的公司的股份或在香港以外任何國家或地區的股份；

(e) 任何單位信託基金的單位，而單位持有人的登記冊是存放在香港境內的。

(5) 原訟法庭可規定將就有關資產而交付的利息、股息、其他分發的利益，以及派發的紅利，包括在押記物之內。

(6) 押記令可按照香港法律註冊及執行。

9. **沒收令**

（1） 如有以下情況，律政司司長或獲授權人員可向原訟法庭或區域
法院提出沒收令申請──

（a） 在原訟法庭或區域法院審理的法律程序中，某被告人就某
項危害國家安全罪行將會被判刑，而該被告人過去未曾因
該項罪行的定罪被判刑；或

（b） 已就某項危害國家安全罪行對某被告人提起法律程序，
但由於該被告人已死亡或已潛逃，而令該法律程序尚未
結束。

（2） 在第（1）（a）款適用的情況下，法庭須先對該被告人判以適當
的監禁或拘留期限（如有的話），並發出根據香港法律與判刑有
關的適當命令（沒收令除外）。

（3） 在第（1）（b）款適用的情況下，法庭須先信納──

（a） 該被告人已死亡；或

（b） 該被告人已潛逃 6 個月或以上，而──

（i） 如該被告人的確實下落為人所知──已採取合理步
驟通知該被告人及使該被告人能解回香港，但不成
功；或

（ii） 如該被告人的確實下落不為人所知──已採取合理
步驟追尋該人的下落並已於在香港普遍行銷的中英文
報章各一份刊登致予該被告人的關於該法律程序的通
知，並且在考慮向法庭提出的一切有關事項後，法庭
亦信納該被告人本可就有關的罪行被定罪。

（4） 然後法庭須裁定該被告人是否曾經從其被定罪或本可被定罪的
危害國家安全罪行中獲利。

（5） 法庭如裁定該被告人曾經從其被定罪或本可被定罪的危害國家
安全罪行中獲利，須釐定出就該被告人的案件憑藉本條須追討
的款額。須追討的款額是法庭評定為該被告人所干犯的危害國
家安全罪行的得益的價值，但如法庭信納在發出沒收令時變現

可得的款額，少於法庭評定為該價值的款額，則法庭可釐定須
追討的款額為——

(a)　法庭覺得在發出沒收令時變現可得的款額；或

(b)　在法庭（以其當時得到的資料衡量）覺得變現可得的款額
為零的情況下——象徵式款額。

(6)　法庭釐定出須追討的款額後，須發出沒收令，命令該被告人在
訂定期間內繳付該款額。

(7)　法庭訂定的期間不得超過 6 個月，但如法庭信納情況特殊，有
充分理由訂定較長的期間，則不在此限。

(8)　法庭亦須在沒收令中按照下表訂定一段監禁期，如須繳付的款
額沒有在訂定期間內全數妥為繳付，便將該被告人按該段監禁
期監禁（下表第 2 欄列出的監禁期，為分別就下表第 1 欄與該
監禁期相對之處所列款額可訂定的最高監禁期）。

表

第 1 欄	第 2 欄
須繳付的款額	監禁期
$200,000 及以下	1 年
$200,000 以上至 $500,000	18 個月
$500,000 以上至 $1,000,000	2 年
$1,000,000 以上至 $2,500,000	3 年
$2,500,000 以上至 $10,000,000	5 年
$10,000,000 以上	10 年

(9)　法庭每日聆訊完畢後，高等法院或區域法院（視屬何情況而定）
的司法常務官，須安排向懲教署署長遞交一份關於根據本條訂
定的每項監禁期限的證明書，使懲教署署長執行根據本條對該
被告人所訂定的監禁期限。

(10)　獲授權人員或該被告人可就沒收令申請向法庭提交陳述書，陳

述任何與申請相關的事情。

（11）根據沒收令須追討的款額，須視為根據香港法律的判定債項，並可據此累算利息。為執行的目的，利息的款額須視為根據沒收令須向被告人追討的款額的一部分。

10. 沒收令的更改

（1）獲授權人員或被告人（或在被告人已死亡的情況下，其遺產代理人）可就沒收令提出更改申請。如原訟法庭信納有關可變現財產不足以清償根據該沒收令尚須追討的餘額，須發出命令以法庭認為就有關個案的整體情況而言屬公平的較低款額替代，及按照本附表第 9（8）條定出較短監禁期替代。

（2）獲授權人員可就沒收令提出更改申請。如原訟法庭信納以下條件符合——

    （a）被告人從任何危害國家安全罪行的得益的價值，大於原訟法庭或區域法院（視屬何情況而定）在發出沒收令時所評計的被告人從該罪行的得益的價值；

    （b）獲授權人員發覺有可變現財產，而該人員在沒收令發出時是不知道該財產存在的；或

    （c）將被告人從該罪行的得益變現後，所得的款額大於原訟法庭或區域法院（視屬何情況而定）所評計的根據沒收令須追討的款額，法庭須發出命令以法庭認為就有關個案的整體情況而言屬公平的較高款額替代，及按照本附表第 9（8）條定出較長監禁期替代。

11. 財產的變現及運用

（1）為執行任何已發出的沒收令，原訟法庭可委任接管人，接管可變現財產，並命令或授權其行使與《有組織及嚴重罪行條例》（第 455 章）第 17 條相類（經加以必要的變通後）的權力。

（2）原訟法庭、高等法院或區域法院（視屬何情況而定）的司法常

務官及接管人，具有與《有組織及嚴重罪行條例》（第 455 章）第 18、19 及 24 條相類（經加以必要的變通後）的權力，責任和保障。

12. 被告人破產及其他可變現財產持有公司的清盤

(1) 凡有以下情況──

 (a) 持有可變現財產的人被裁定破產；或

 (b) 一間公司持有可變現財產，而清盤命令已就該公司發出或該公司已通過決議自動清盤，則《有組織及嚴重罪行條例》（第 455 章）第 21、22 及 23 條的規定經加以必要的變通後須予適用。

(2) 該等條文內對限制令、押記令及沒收令及相關條文的提述，須理解為提述本附表所訂的限制令、押記令及沒收令及相關條文。

13. 充公罪行相關財產

(1) 原訟法庭如應律政司司長或其代表提出的申請而信納該項申請所指明的任何財產──

 (a) 是本附表第 1 (1) 條中罪行相關財產的定義的（a）段所述的罪行相關財產，並且──

  (i) 全部或部分、直接或間接代表因危害國家安全罪行而產生的任何得益；

  (ii) 擬用於資助或以其他方式協助干犯危害國家安全罪行；或

  (iii) 曾用於資助或以其他方式協助干犯危害國家安全罪行；或

 (b) 是本附表第 1 (1) 條中罪行相關財產的定義的（b）段所述的罪行相關財產，可在符合第（2）款的規定下命令將該財產充公。

(2) 凡原訟法庭根據第（1）款就任何財產作出命令，原訟法庭須在

該命令中指明，該財產中有多少（如有的話）是原訟法庭不信
納是該款所述的財產。

（3） 不論是否有針對任何人就任何與有關財產相關的罪行而提起法
律程序，原訟法庭均可根據本條作出命令。

（4） 就根據本條而提出的申請而言，舉證準則須為適用於在法庭進
行的民事法律程序的舉證準則。

14. 賠償

（1） 如在對任何人就危害國家安全罪行展開偵查之後，有以下任何
一種情況出現——

（a） 沒有對該人提起法律程序；

（b） 曾對該人提起法律程序，但結果並無就任何危害國家安全
罪行將該人定罪；

（c） 當對該人提起法律程序後該人潛逃，其後——

（i） 該人不再是潛逃者；及

（ii） 發生以下其中一種情況——

（A） 法律程序繼續或再提起，但結果並無就任何危
害國家安全罪行將該人定罪；或

（B） 在律政司司長知道該人不再是潛逃者之後的合
理時間內，法律程序並沒有繼續或再提起；

（d） 曾對該人提起法律程序，而該人就某項危害國家安全罪行
被定罪，但——

（i） 有關的定罪被推翻；或

（ii） 該人被赦免有關的定罪，則原訟法庭如在考慮整體情
況後認為適宜，可應曾持有可變現財產的人（或在該
人已死亡的情況下，其遺產代理人）的申請，命令特
區政府對申請人作出賠償。

（2） 原訟法庭除非信納有以下情況，否則不得根據第（1）款命令作
出賠償——

  （a）　參與調查或檢控有關罪行的任何人曾犯嚴重錯失；及

  （b）　因遵照或依據原訟法庭根據本附表發出的命令而就有關財
     產所作出的任何行動，已引致申請人蒙受損失。

（3）　在參與調查或檢控有關罪行的任何人曾犯嚴重錯失的情況下，
  如原訟法庭覺得假若該嚴重錯失沒有發生，偵查便會繼續，或
  法律程序便會提起或繼續，原訟法庭不得根據第（1）款命令作
  出賠償。

（4）　在不影響第（1）款的施行的情況下，凡 ——

  （a）　任何人按照本附表第 5（2）條就任何財產作出披露；

  （b）　由於該項披露，及為了對危害國家安全罪行作出偵查或提
     起檢控，就該財產作出任何作為或不作為；及

  （c）　沒有就該項罪行對任何人提起法律程序，或原訟法庭並沒
     有就該財產發出限制令或押記令，則原訟法庭如在考慮整
     體情況後認為適宜，可應曾持有該財產的人的申請，命令
     特區政府對申請人作出賠償。

（5）　原訟法庭除非信納有以下情況，否則不得根據第（4）款命令作
  出賠償 ——

  （a）　參與調查或檢控有關罪行的任何人曾犯嚴重錯失，而如
     無該錯失，第（4）（b）款提述的作為或不作為便不會發
     生；及

  （b）　第（4）（b）款提述的作為或不作為已引致申請人在該財
     產方面蒙受損失。

（6）　在符合第（7）款的規定下，凡某財產已不再在本附表第 3（1）
  條所指的通知內被指明，則如任何持有曾被如此指明的財產的
  人，或任何由他人為之或代表持有曾被如此指明的財產的人提
  出申請，原訟法庭如在考慮整體情況後認為適宜，可應該項申
  請命令特區政府向申請人作出賠償。

（7）　原訟法庭除非信納有以下情況，否則不得根據第（6）款命令作
  出賠償 ——

（a） 在有關財產在本附表第 3（1）條所指的通知內被指明的任
何時間，該財產均不是罪行相關財產；

（b） 任何涉及取得本附表第 3（1）條所指的有關指明的人曾犯
錯失；及

（c） 申請人已由於（b）段所述的有關指明及錯失而蒙受損失。

（8） 根據本條須付的賠償額，為原訟法庭認為就有關個案的整體情
況而言屬公平的款額。

15. **法院規則**

適用於根據本附表作出的任何申請的法院規則，可參照香港法律中適
用於類似申請的法院規則（尤其是根據《有組織及嚴重罪行條例》（第
455 章）第 30 條及《聯合國（反恐怖主義措施）條例》（第 575 章）
第 20 條訂立的高等法院規則）而加以必要的變通。

附表 4

［第 2 條］

關於移除危害國家安全的訊息及要求協助的細則

第 1 部　導言

1. **釋義**

   （1）　在本附表中──

   中介服務（intermediary service）──參閱本附表第 2 條；

   主機服務（hosting service）──參閱本附表第 3 條；

   主機服務商（hosting service provider）──參閱本附表第 3 條；

   平台服務商（platform service provider）──參閱本附表第 2 條；

   服務商（service provider）指──

   　　（a）　平台服務商；

   　　（b）　主機服務商；或

   　　（c）　網絡服務商；

   指定人員（designated officer）指根據本附表第 13 條委任的人員；

   指明警務人員（specified police officer）指職級不低於警務處助理處長的警務人員；

   接達（access）包括──

   　　（a）　有先決條件（包括使用密碼）的接達；

   　　（b）　藉推播技術接達；及

   　　（c）　藉常設要求接達；

   傳輸服務（carriage service）指藉着有指引的電磁能量、無指引的電磁能量或以上兩種電磁能量而傳輸溝通的服務；

   禁制行動（disabling action）──參閱本附表第 5 條；

   電子平台（electronic platform）──參閱本附表第 2 條；

   電子訊息（electronic message）包括──

（a）　文字訊息、聲音訊息、圖像訊息或影片訊息；及

（b）　由文字、聲音、圖像或影片組合而成的訊息；

網絡服務商（network service provider）──參閱本附表第 4 條。

（2）　就本附表而言，電子訊息發布的對象是公眾抑或是某部分公眾，無關重要。

（3）　在本附表中，凡提述公眾或某部分公眾，即提述香港的公眾或某部分公眾。

2.　電子平台、中介服務及平台服務商的涵義

在本附表中──

中介服務（intermediary service）的涵義如下──

（a）　某項服務如容許終端用戶透過傳輸服務，接達源自第三方的材料，即屬***中介服務***；

（b）　某項服務如屬透過傳輸服務而將源自第三方的材料傳送至終端用戶的服務，即屬***中介服務***；或

（c）　凡某項服務屬顯示搜尋結果索引的服務（***搜索服務***），而該索引是向透過傳輸服務而使用該項搜索服務的終端用戶顯示的，且每個相關搜尋結果，將該用戶連結至託管或存儲位置與該索引所處位置有所不同的內容，該項搜索服務即屬***中介服務***；

平台服務商（platform service provider）就某電子平台而言，指就該平台提供中介服務的人；

電子平台（electronic platform）指在電子系統中提供的中介服務平台。

例子──

（a）　網站；及

（b）　網上程式。

3.　主機服務及主機服務商的涵義

（1）　就本附表而言，如──

（a）　某人（甲方）託管任何存儲材料，而該材料曾在電子平台
　　　上寄發；及

（b）　甲方或另一人就該平台提供中介服務，則甲方託管該存儲
　　　材料，視為甲方就該平台提供主機服務。

（2）　在本附表中——

主機服務商（hosting service provider）就某電子平台而言，指就該平台提供主機服務的人。

4.　網絡服務商的涵義

（1）　在本附表中——

網絡服務商（network service provider）指向公眾或某部分公眾提供互聯網服務或指明網絡服務的人。

（2）　在本條中——

互聯網服務（internet service）指使終端用戶能夠接達互聯網的傳輸服務；

指明網絡服務（specified network service）的涵義如下：凡某項傳輸服務，使終端用戶能夠透過連接，接達電子平台，而該項連接是以一個或多於一個電子溝通網絡作為加密隧道而傳輸的，該項服務即屬**指明網絡服務**。

5.　禁制行動的涵義

（1）　就本附表而言，凡某電子訊息是在某電子平台上發布的，而任何平台服務商——

（a）　將該訊息從該平台之上移除；或

（b）　限制或停止任何人士透過該平台接達該訊息，該服務商即就該訊息作出禁制行動。

（2）　就本附表而言，凡某電子訊息是在某電子平台上發布的，而任何主機服務商——

（a）　將該訊息從該平台之上移除；

    （b）限制或停止任何人士透過該平台接達該訊息；

    （c）在以下範圍內，中止為該平台提供主機服務——

        （i）該平台之上發布該訊息的部分；或

        （ii）整個該平台；或

    （d）限制或停止任何人士接達——

        （i）該平台之上發布該訊息的部分；或

        （ii）整個該平台，該服務商即就該訊息作出禁制行動。

（3）就本附表而言，凡某電子訊息是在某電子平台上發布的，而任何網絡服務商——

    （a）限制或停止任何人士透過該平台接達該訊息；或

    （b）限制或停止任何人士接達——

        （i）該平台之上發布該訊息的部分；或

        （ii）整個該平台，該服務商即就該訊息作出禁制行動。

第 2 部　要求就電子訊息作禁制行動

6.　警務處處長可授權指定人員行使權力

警務處處長如有合理理由懷疑——

    （a）某人曾在電子平台上，發布某電子訊息；及

    （b）該項發布相當可能構成危害國家安全罪行或相當可能會導致危害國家安全罪行的發生，則可在保安局局長批准下，授權指定人員，行使一項或多於一項本附表第 7 條所指明的權力。

7.　作出要求的權力

（1）第（2）、（3）、（4）及（5）款下的權力，是為本附表第 6 條的施行而指明的。

（2）如任何人曾在電子平台上，發布某電子訊息，則指定人員可要求該人在該人員所指明的期限前，將該訊息從該平台之上移除。

（3）　指定人員可要求有關電子平台的平台服務商，在該人員所指明的期限前，就有關電子訊息作出禁制行動。

（4）　指定人員──

（a）　可將根據第（3）款向平台服務商發出要求一事，知會有關電子平台的主機服務商；及

（b）　如根據第（3）款向平台服務商發出要求並不合理地切實可行，或該平台服務商沒有遵從根據該款發出的要求──可要求該主機服務商在該人員所指明的期限前，就有關電子訊息作出禁制行動。

（5）　指定人員──

（a）　可──

（i）　將根據第（3）款向平台服務商發出要求一事，知會任何網絡服務商；及

（ii）　將根據第（4）款向主機服務商發出要求一事，知會任何網絡服務商；及

（b）　如──

（i）　該平台服務商沒有遵從根據第（3）款發出的要求，而根據第（4）款向主機服務商發出要求並不合理地切實可行；

（ii）　任何主機服務商沒有遵從根據第（4）款發出的要求；或

（iii）　根據第（3）款向平台服務商及第（4）款向主機服務商發出要求並不合理地切實可行，可要求該網絡服務商在該人員所指明的期限前，就有關電子訊息作出禁制行動。

8.　要求失效

凡指定人員已根據本附表第7條向某人或服務商發出要求，而該人員知會該人或服務商另一人已將有關電子訊息從有關電子平台之上移

除，又或知會該人或服務商另一人已就該訊息作出禁制行動，該項要求即告無效。

第 3 部　要求就電子訊息提供身分紀錄或解密協助

9.　**作出要求的權力**

(1)　裁判官如因經宣誓而作的告發信納——

(a)　有合理理由懷疑——

(i)　某人在電子平台上發布電子訊息；

(ii)　該項發布相當可能構成危害國家安全罪行或相當可能會導致危害國家安全罪行的發生；及

(iii)　任何服務商就該訊息，管有、保管或掌控身分紀錄，或可提供解密協助；及

(b)　為調查、遏止或預防該罪行，有必要從該服務商取得該紀錄或協助，則可發出手令，授權警務人員，行使第（3）款所指明的權力。

(2)　然而，指明警務人員如信納——

(a)　有合理理由懷疑——

(i)　某人在電子平台上發布電子訊息；

(ii)　該項發布相當可能構成危害國家安全罪行或相當可能會導致危害國家安全罪行的發生；及

(iii)　任何服務商就該訊息，管有、保管或掌控身分紀錄，或可提供解密協助；

(b)　為調查、遏止或預防該罪行，有必要從該服務商取得該紀錄或協助；及

(c)　申請第（1）款所述手令所造成的延擱，相當可能會使取得該紀錄或協助的目的，不能達成，或者由於其他原因，作出有關申請，並不合理地切實可行，則該指明警務人員或其授權的警務人員可在無手令的情況下，行使第（3）

款所指明的權力。

(3) 為施行第（1）或（2）款，有關警務人員，可要求有關服務商提供有關身分紀錄或解密協助（視情況所需而定）。

(4) 就本條而言，如任何人在某電子平台上發布某電子訊息，而有任何紀錄載有關於該人身分的資料，則就該平台上發布的該訊息而言，該紀錄屬身分紀錄。

第 4 部　不遵從要求

10. 發布電子訊息的人不遵從要求

(1) 任何人如沒有遵從根據本附表第 7（2）條發出的要求，即屬犯罪，一經循公訴程序定罪，可處罰款 \$100,000 及監禁 1 年。

(2) 被控干犯第（1）款所訂罪行的人，如顯示該人對不遵從有關要求有指明辯解，即為免責辯護。

(3) 如符合以下情況，被告人須視為已顯示自己對不遵從有關要求有指明辯解——

　　(a) 所舉出的證據，已足夠帶出被告人有該辯解的爭議點；及

　　(b) 控方沒有提出足以排除合理疑點的相反證明。

(4) 就本條而言，如因為某人遵從某項要求所需的科技並非該人合理可得，所以期望該人遵從該項要求是不合理的，則該人對不遵從該項要求有指明辯解。

11. 將訊息從平台移除的權力

裁判官如因經宣誓而作的告發信納——

　　(a) 某人沒有遵從根據本附表第 7（2）條發出的要求，將某電子訊息從電子平台之上移除；及

　　(b) 為維護國家安全，有必要將該訊息從該平台之上移除，則可發出手令，授權警務人員，檢取該人的電子器材，並就該器材作出合理所需的行動，以將該訊息從該平台之上移除。

12. 服務商不遵從要求

（1）服務商如沒有遵從根據本附表第 7 或 9（3）條發出的要求，即屬犯罪，一經循公訴程序定罪，可處罰款 $100,000 及監禁 6 個月。

（2）被控干犯第（1）款所訂罪行的服務商，如顯示該服務商對不遵從根據本附表第 7 條發出的要求有指明辯解，即為免責辯護。

（3）如符合以下情況，被告人須視為已顯示自己對不遵從根據本附表第 7 條發出的要求有指明辯解——

（a）所舉出的證據，已足夠帶出被告人有該辯解的爭議點；及

（b）控方沒有提出足以排除合理疑點的相反證明。

（4）就本條而言，如因為以下原因，期望某服務商遵從要求是不合理的，則該服務商對不遵從該項要求有指明辯解——

（a）該服務商遵從該項要求所需的科技並非該服務商合理可得；或

（b）有以下風險存在：對第三方招致相當程度損失，或以其他方式損害第三方的權利。

第 5 部　雜項

13. 指定人員

保安局局長可為施行本附表而委任公職人員為指定人員。

14. 域外適用範圍

（1）不論有關電子訊息是在香港境內或境外寄發於電子平台上，本附表第 7（2）條下的權力仍可予行使。

（2）不論有關中介服務是在香港境內或境外提供，本附表第 7（3）條下的權力仍可予行使。

（3）不論有關主機服務是在香港境內或境外提供，本附表第 7（4）（b）條下的權力仍可予行使。

（4）　如香港的終端用戶可取得某互聯網服務或指明網絡服務（本附表第 4 條所指者），則不論該項服務是在香港境內或境外提供，本附表第 7（5）（b）條下的權力，仍可就該項服務的網絡服務商予以行使。

（5）　不論有關身分紀錄或解密鑰匙處於香港境內或境外，本附表第 9（3）條下的權力仍可予行使。

15. 要求等須採用書面形式

（1）　本附表所指的要求或通知，須以書面形式發出。

（2）　就本附表而言，在以下情況下，某要求或通知即屬向某人發出——

　　（a）　該項要求或通知，經發送至該人為接收通訊而提供的地址（包括電郵地址及圖文傳真號碼）；或

　　（b）　如該人沒有提供該類地址——該項要求或通知已藉電子訊息發送予該人。

16. 豁免承擔民事法律責任

凡任何服務商遵從根據本附表第 7 條發出的要求，則不得僅因該服務商遵從該項要求，而招致任何民事法律責任，不論該法律責任是在合約法、侵權法、衡平法或是在其他法律下產生的亦然。

附表 5

［第 2 條］

關於向外國及台灣政治性組織及其代理人要求
因涉港活動提供資料的細則

1. **釋義**

    在本附表中——

    外國代理人（foreign agent）——

    （a） 指在香港活動，並符合以下兩項條件的人——

    　　（i） 受外國政府或外國政治性組織直接或間接指使、直接
    　　　　 或間接監督、直接或間接控制、僱用、補貼或資助，
    　　　　 或收受外國政府或外國政治性組織金錢或非金錢報
    　　　　 酬；及

    　　（ii） 為外國政府或外國政治性組織的利益而進行其全部或
    　　　　　部分活動；但

    （b） 不包括在香港依照香港法律享有特權及豁免權的外交代
    　　　表、領事官員或領館僱員，或其他在香港依照香港法律享
    　　　有特權及豁免權的人或團體；

    外國政治性組織（foreign political organization）——

    （a） 指——

    　　（i） 在中華人民共和國領域外的政黨；

    　　（ii） 在中華人民共和國領域外的其他追求政治目的之組
    　　　　　織；但

    （b） 不包括沒有在香港活動（包括透過其他人進行的活動）的
    　　　政治性組織；

    台灣代理人（Taiwan agent）指在香港活動，並符合以下兩項條件
    的人——

    （a） 受台灣當局或台灣政治性組織直接或間接指使、直接或間

接監督、直接或間接控制、僱用、補貼或資助，或收受台灣當局或台灣政治性組織金錢或非金錢報酬；及

(b) 為台灣當局或台灣政治性組織的利益而進行其全部或部分活動；

台灣政治性組織（Taiwan political organization）──

(a) 指──

(i) 在台灣的政黨；

(ii) 在台灣的其他追求政治目的之組織；但

(b) 不包括沒有在香港活動（包括透過其他人進行的活動）的政治性組織；

台灣當局（Taiwan authority）指台灣執政當局或相關組織。

2. **規管外國或台灣政治性組織**

(1) 警務處處長如合理地相信發出有關規定是防止及偵查危害國家安全罪行所需要的，則可在保安局局長批准下，不時藉向某外國政治性組織或台灣政治性組織送達書面通知，規定該組識在指定期限內，按指定方式向警務處處長提供以下資料──

(a) 該組織的在香港職員及在香港的成員的個人資料（包括姓名、年齡、身分證明文件的類別及號碼、職業及住址）；

(b) 該組織在香港的活動；

(c) 該組織在香港的資產、收入、收入來源及開支。

(2) 第（1）款施加於任何組織的責任，對每名該組織在香港的幹事及每名在香港管理或協助管理該組織的人士，均有約束力，前提是該幹事或人士已獲根據第（1）款送達通知。

(3) 如任何組織沒有遵從根據第（1）款送達的通知的規定，則每名第（2）款所述並已獲送達通知的幹事及人士即屬犯罪，一經循公訴程序定罪，可處罰款 $100,000 及監禁 6 個月，但如該幹事或人士確立而使法庭信納，該幹事或人士已盡應盡的努力，以及該幹事或人士沒有遵從該通知的規定是由於非該幹事或人士

所能控制的原因所致的，則屬例外。

(4) 為遵從根據第（1）款送達的通知的規定而向警務處處長提供的任何資料，如在要項上是虛假、不正確或不完整的，則提供該等資料的人即屬犯罪，一經循公訴程序定罪，可處罰款 $100,000 及監禁 2 年，但如該人確立而使法庭信納，該人當時有好的理由相信該等資料是真實、正確及完整的，則屬例外。

3. 規管外國或台灣代理人

(1) 警務處處長如合理地相信發出有關規定是防止及偵查危害國家安全罪行所需要的，則可在保安局局長批准下，不時藉向某外國代理人或台灣代理人送達書面通知，規定該代理人在指定期限內，按指定方式向警務處處長提供以下資料——

  (a) 該代理人如屬個人——

    (i) 該代理人在香港的活動及個人資料（包括該代理人參與本地組織的活動及職位、經營業務、職業及住址）；

    (ii) 該代理人在香港的資產、收入、收入來源及開支；或

  (b) 該代理人如屬一個組織——

    (i) 該組織的在香港職員及在香港成員的個人資料（包括姓名、年齡、身分證明文件的類別及號碼、職業及住址）；

    (ii) 該組織在香港的活動；

    (iii) 該組織在香港的資產、收入、收入來源及開支。

(2) 任何代理人如沒有遵從根據第（1）（a）款送達的通知的規定，即屬犯罪，一經循公訴程序定罪，可處罰款 $100,000 及監禁 6 個月，但如該代理人確立而使法庭信納，該代理人已盡應盡的努力，以及該代理人沒有遵從該通知的規定是由於非該代理人所能控制的原因所致的，則屬例外。

(3) 如某外國代理人或台灣代理人屬一個組織，則——

  (a) 第（1）（b）款施加於該代理人的責任，對每名在香港的

幹事及每名在香港管理或協助管理該代理人的人士，均有約束力，前提是該幹事或人士已獲根據第（1）款送達通知；及

(b) 如該代理人沒有遵從根據第（1）(b)款送達的通知的規定，則每名（a）段所述並已獲送達通知的幹事及人士即屬犯罪，一經循公訴程序定罪，可處罰款 $100,000 及監禁 6 個月，但如該幹事或人士確立而使法庭信納，該幹事或人士已盡應盡的努力，以及該幹事或人士沒有遵從該通知的規定是由於非該幹事或人士所能控制的原因所致的，則屬例外。

(4) 為遵從根據第（1）款送達的通知的規定而向警務處處長提供的任何資料，如在要項上是虛假、不正確或不完整的，則提供該等資料的人即屬犯罪，一經循公訴程序定罪，可處罰款 $100,000 及監禁 2 年，但如該人確立而使法庭信納，該人當時有好的理由相信該等資料是真實、正確及完整的，則屬例外。

4. 送達書面通知

如無相反證據，則根據本附表第 2 或 3 條可向某組織或某人送達的通知，在以下情況下，須當作已經送達——

(a) 就個人而言，該通知——

 (i) 已交付該人；

 (ii) 已留在該人最後為人所知的在香港的供送達文件的地址，或其最後為人所知的在香港的居住地方或業務地址；

 (iii) 已藉郵遞寄往該人最後為人所知的在香港的供送達文件的地址，或其最後為人所知的在香港的通信地址，以寄交該人；或

 (iv) 已藉電郵、圖文傳真或其他類似的方法送往該人最後為人所知的在香港的供送達文件的地址，或其最後為

人所知的在香港的通信地址，或其最後為人所知的在香港的居住地方或業務地址，以送交該人；

(b) 就組織而言，該通知——

(i) 已給予或送達該組織在香港的幹事或在香港管理或協助管理該組織的人士；

(ii) 已留在該組織最後為人所知的在香港的供送達文件的地址，或其最後為人所知的在香港的地址；

(iii) 已藉郵遞寄往該組織最後為人所知的在香港的供送達文件的地址，或其最後為人所知的在香港的通信地址，以寄交該組織；或

(iv) 已藉電郵、圖文傳真或其他類似的方法送往該組織最後為人所知的在香港的供送達文件的地址，或其最後為人所知的在香港的通信地址，或其最後為人所知的在香港的地址，以送交該組織。

附表 6

〔第 2 條〕

關於進行截取及秘密監察的授權申請的細則

第 1 部　基本原則

1. **釋義**

   本附表第 6 部，載有本附表的釋義條文。

2. **先決條件**

   (1) 發出訂明授權、確認訂明授權、將訂明授權續期或讓訂明授權
   或其某部分持續有效，以進行截取或秘密監察，必須符合的先
   決條件為在有關個案中——

   　　(a) 須藉進行截取或秘密監察達到的目的（**所謀求目的**）
   　　　　是——

   　　　　(i) 防止或偵測危害國家安全罪行；或

   　　　　(ii) 保障國家安全；

   　　(b) 有合理懷疑，懷疑有任何人曾涉及、正涉及或相當可能
   　　　　涉及——

   　　　　(i) （如屬 (a)(i) 段的情況）須予防止或偵測的有關危
   　　　　　　害國家安全罪行；或

   　　　　(ii) （如屬 (a)(ii) 段的情況）構成或會構成對國家安全
   　　　　　　的有關威脅的活動；及

   　　(c) 考量以下各項，該截取或秘密監察對所謀求目的是必要
   　　　　的，並且與該目的相稱——

   　　　　(i) 在有關因素與該截取或秘密監察對將會屬其目標人物
   　　　　　　或可能受該截取或秘密監察影響的人的侵擾程度之
   　　　　　　間，求取平衡；

（ii） 所謀求目的，是否能合理地藉侵擾程度較低的其他手段達到；及

（iii） 在有關情況下屬有關的其他事宜。

（2） 在本條中——

有關因素（relevant factors）指——

（a） 以下因素——

（i） 如屬第（1）（a）（i）款的情況——須予防止或偵測的有關危害國家安全罪行的逼切性及嚴重程度；或

（ii） 如屬第（1）（a）（ii）款的情況——對國家安全的有關威脅的逼切性及嚴重程度；及

（b） 相當可能藉進行有關截取或秘密監察而取得的資料，在所謀求目的方面相當可能具有的價值及相關程度。

3. 誰可申請訂明授權

根據本附表申請訂明授權的人，須是負責執行《中華人民共和國香港特別行政區維護國家安全法》的警務處人員。

第 2 部　訂明授權及保障

第 1 分部 —— 行政長官授權

4. 對截取或秘密監察的授權

（1） 警務處人員可在獲首長級人員批准後，向行政長官以書面提出申請，並在申請人的書面陳述支持下（該陳述須符合本附表第 4 部第 1 或 2 分部（視何者適用而定）所指明的規定），尋求授權進行截取、第 1 類監察或第 2 類監察。

（2） 行政長官可在考慮有關申請是否符合本附表第 2 條所指的先決條件後——

（a） （如信納該等條件已獲符合）在經更改或不經更改該申請

下，以書面發出該申請所尋求的授權；或

（b）　拒絕發出該授權，並以書面說明拒絕理由。

（3）　行政長官在發出授權時，須指明時限（該時限在任何情況下，均不得於發出該授權的時間之前開始），該授權於時限屆滿時失效，該時限不得超過自該授權生效之時起計的 6 個月。但如該授權已根據本附表第 6 條續期，則不在此限。

5.　對第 2 類監察的授權

（1）　行政長官可指定首長級人員擔任第 2 類監察的授權人員。

（2）　警務處人員可向授權人員以書面提出申請，並在申請人的書面陳述支持下（該陳述須符合本附表第 4 部第 2 分部所指明的規定），尋求授權進行第 2 類監察。

（3）　授權人員可在考慮有關申請是否符合本附表第 2 條所指的先決條件後——

（a）　（如信納該等條件已獲符合）在經更改或不經更改該申請下，以書面發出該申請所尋求的授權；或

（b）　拒絕發出該授權，並以書面說明拒絕理由。

（4）　授權人員在發出授權時，須指明時限（該時限在任何情況下，均不得於發出該授權的時間之前開始），該授權於時限屆滿時失效，該時限不得超過自該授權生效之時起計的 6 個月。但如該授權已根據本附表第 7 條續期，則不在此限。

6.　對截取或秘密監察的授權的續期

（1）　在對截取、第 1 類監察或第 2 類監察的授權失效前，警務處人員可在獲首長級人員批准後，向行政長官以書面提出申請，並在申請人的書面陳述支持下（該陳述須符合本附表第 4 部第 3 分部所指明的規定），尋求將該授權續期。

（2）　行政長官可在考慮有關申請是否符合本附表第 2 條所指的先決條件後，並在不局限前者的原則下，考慮自首次發出有關授權

起計的該授權有效的期間後——

(a)（如信納該等條件已獲符合）在經更改或不經更改該申請下，以書面批予該申請所尋求的續期；或

(b) 拒絕批予該續期，並以書面說明拒絕理由。

(3) 對截取、第 1 類監察或第 2 類監察的授權可根據本附表獲續期多於一次。

(4) 對截取、第 1 類監察或第 2 類監察的授權的續期在行政長官批予該續期時指明的時限屆滿時失效，該時限不得超過自該續期生效之時起計的 6 個月。但如該授權已根據本條進一步續期，則不在此限。

7. 對第 2 類監察的授權的續期

(1) 在對第 2 類監察的授權失效前，警務處人員可向授權人員以書面提出申請，並在申請人的書面陳述支持下（該陳述須符合本附表第 4 部第 3 分部所指明的規定），尋求將該授權續期。

(2) 授權人員可在考慮有關申請是否符合本附表第 2 條所指的先決條件後，並在不局限前者的原則下，考慮自首次發出有關授權起計的該授權有效的期間後——

(a)（如信納該等條件已獲符合）在經更改或不經更改該申請下，以書面批予該申請所尋求的續期；或

(b) 拒絕批予該續期，並以書面說明拒絕理由。

(3) 對第 2 類監察的授權可根據本附表獲續期多於一次。

(4) 對第 2 類監察的授權的續期在授權人員批予該續期時指明的時限屆滿時失效，該時限不得超過自該續期生效之時起計的 6 個月。但如該授權已根據本條進一步續期，則不在此限。

8. 行政長官授權所授權或規定的事宜

(1) 對截取的行政長官授權——

(a) 如屬郵件截取的情況，可載有條款，授權作出以下一項或

　　　　　　兩項作為——

　　　　（ⅰ）　截取向該授權所指明的處所或地址發出或從該處所或
　　　　　　　　地址發出的通訊；

　　　　（ⅱ）　截取向或由該授權所指明的人（不論是以姓名或以描
　　　　　　　　述方式指明）發出的通訊；或

　　（b）　如屬電訊截取的情況，可載有條款，授權作出以下一項或
　　　　　　兩項作為——

　　　　（ⅰ）　截取向該授權所指明的電訊服務發出或從該電訊服務
　　　　　　　　發出的通訊；

　　　　（ⅱ）　截取向該授權所指明的任何人（不論是以姓名或以描
　　　　　　　　述方式指明）正使用或按理可被預期會使用的電訊服
　　　　　　　　務發出或從該電訊服務發出的通訊。

（2）　對秘密監察的行政長官授權，可載有條款，授權作出以下一項
　　　　或多於一項作為——

　　（a）　於該授權所指明的處所之內或之上使用監察器材；

　　（b）　於該授權所指明的物體或類別的物體之內或之上使用監察
　　　　　　器材；

　　（c）　就該授權所指明的任何人（不論是以姓名或以描述方式指
　　　　　　明）的談話、活動或位置，使用監察器材。

（3）　行政長官授權（對第 2 類監察的授權除外）可載有條款——

　　（a）　授權作出合理地必要作出的事情，以掩飾根據該授權而授
　　　　　　權進行或規定進行的行為；

　　（b）　授權在為執行該授權而有合理必要的情況下，干擾財產
　　　　　　（不論是否屬有關截取或秘密監察的目標人物的任何人的
　　　　　　財產）；及

　　（c）　規定該授權所指明的人（不論是以姓名或以描述方式指
　　　　　　明），在該授權的文本向該人出示後，須向警務處人員提
　　　　　　供該授權所指明的為執行該授權而提供的合理協助。

（4）　對截取的行政長官授權亦同時——

    (a) 授權裝設、使用及維修須予使用以截取根據該授權而授權截取的通訊的器材；

    (b) 授權進入（在有必要時可使用合理武力進入）處所，以進行根據該授權而授權進行或規定進行的行為；

    (c) 授權截取因截取根據該授權而授權截取的通訊，而必然產生的連帶截取的通訊；及

    (d) （凡第（1）（a）（ii）或（b）（ii）款適用）授權為執行該授權而向任何人提供將會用以識別以下通訊的地址、號碼、儀器或其他因素（或該等因素的組合）的詳情——

        (i) 如屬第（1）（a）（ii）款所指的情況——向或由該授權所指明的人發出的通訊；或

        (ii) 如屬第（1）（b）（ii）款所指的情況——向該授權所指明的人正使用或按理可被預期會使用的電訊服務發出或從該電訊服務發出的通訊。

(5) 對秘密監察的行政長官授權亦同時——

    (a) （凡第（2）（a）款適用）——

        (i) 授權於該授權所指明的處所之內或之上，裝設、使用及維修根據該授權而授權使用的監察器材；及

        (ii) （就第 1 類監察而言）授權進入（在有必要時可使用合理武力進入）上述處所及毗連該處所或可通往該處所的其他處所，以進行根據該授權而授權進行或規定進行的行為；

    (b) （凡第（2）（b）款適用）——

        (i) 授權於該授權所指明的物體或類別的物體之內或之上，裝設、使用及維修根據該授權而授權使用的監察器材；及

        (ii) （就第 1 類監察而言）授權進入（在有必要時可使用合理武力進入）合理地相信是或相當可能是上述物體或屬上述類別的物體所處的處所及毗連該處所或可通

往該處所的其他處所，以進行根據該授權而授權進行或規定進行的行為；及

(c)　（凡第（2）（c）款適用）——

(i)　授權於該授權所指明的人被合理地相信是或相當可能是身處的處所之內或之上，裝設、使用及維修根據該授權而授權使用的監察器材；及

(ii)　（就第 1 類監察而言）授權進入（在有必要時可使用合理武力進入）上述處所及毗連該處所或可通往該處所的其他處所，以進行根據該授權而授權進行或規定進行的行為。

第 2 分部 —— 緊急授權

9.　在緊急情況下對截取或第 1 類監察的緊急授權

(1)　如符合以下條件，警務處人員可向警務處處長提出申請，尋求發出進行截取或第 1 類監察的緊急授權：該人員認為——

(a)　由於存在——

(i)　任何人死亡或蒙受嚴重身體傷害；

(ii)　財產蒙受重大損害；

(iii)　對國家安全的嚴重威脅；或

(iv)　損失關鍵證據，的逼切風險，因而有即時需要進行該截取或第 1 類監察；及

(b)　在顧及有關個案的整體情況下，根據本附表第 4 條申請行政長官授權，並非合理地切實可行。

(2)　警務處處長可在考慮第（1）(a) 及 (b) 款是否適用及有關申請是否符合本附表第 2 條所指的先決條件後——

(a)　（如信納該款適用及該等條件已獲符合）在經更改或不經更改該申請下，發出該申請所尋求的緊急授權；或

(b)　拒絕發出該緊急授權。

（3）　警務處處長在發出緊急授權時，須指明時限（該時限在任何
　　　　情況下，均不得於發出該授權的時間之前開始），該授權於時
　　　　限屆滿時失效，該時限不得超過自發出該授權之時起計的 48
　　　　小時。

（4）　緊急授權不得根據本附表續期。

10.　緊急授權的確認

（1）　凡截取或第 1 類監察依據緊急授權進行，警務處處長須安排警
　　　　務處人員在該授權發出後，於合理地切實可行範圍內，盡快
　　　　（而無論如何須在自發出該授權之時起計的 48 小時內）向行政
　　　　長官以書面提出申請，並在申請人的書面陳述支持下，尋求確
　　　　認該授權。

（2）　如沒有在第（1）款所提述的 48 小時限期內提出尋求確認緊急
　　　　授權的申請，則警務處處長須安排將藉進行有關截取或第 1 類
　　　　監察取得的資料即時銷毀。

（3）　如有根據第（1）款提出的申請，行政長官可在考慮該申請是否
　　　　符合本附表第 2 條所指的先決條件後──

　　　　（a）　（如信納該等條件已獲符合）以書面確認該緊急授權（不
　　　　　　　　論是否更改或附加新條件）；或

　　　　（b）　拒絕確認該緊急授權，並以書面說明拒絕理由。

（4）　如行政長官根據第（3）（a）款更改或附加新條件，則自作出該
　　　　決定時起，該緊急授權只在行政長官所指明的更改及新條件的
　　　　規限下有效。

（5）　如行政長官根據第（3）（b）款拒絕確認緊急授權，則儘管有本
　　　　附表任何其他條文的規定，該緊急授權須在行政長官作出該決
　　　　定時予以撤銷，而行政長官可命令警務處處長安排將藉進行有
　　　　關截取或第 1 類監察取得的資料即時銷毀。

11. 緊急授權所授權或規定的事宜

本附表第 8 條適用於緊急授權，猶如在該條中提述對截取或第 1 類監察的行政長官授權之處，是提述緊急授權一樣。

第 3 分部 —— 與訂明授權相關的其他條文

12. 訂明授權亦同時授權的事宜

訂明授權亦同時授權從事為進行根據該授權而授權進行或規定進行的事情而必要的及所連帶的行為，包括以下行為 ——

（a）　取出根據該授權而授權使用的器材；

（b）　裝設、使用、維修及取出該等器材的增強設備；

（c）　為裝設、維修或取出該等器材或增強設備，而將運輸工具或物體暫時從處所移走，並將該運輸工具或物體置回該處所；

（d）　為裝設、維修或取出該等器材或增強設備而破開物件；

（e）　將該等器材或增強設備連接至電源，並使用來自該電源的電力操作該等器材或增強設備；

（f）　將該等器材或增強設備連接至可用以傳送任何形式的資料的物體或系統，並在與操作該等器材或增強設備有關連的情況下使用該物體或系統；及

（g）　為執行該授權而提供協助。

13. 訂明授權不得在特殊情況以外作出的授權

（1）　除非存在特殊情況，否則 ——

（a）　訂明授權不得授權在下述情況進行截取通訊 ——

（i）　（就郵件截取而言）涉及某律師的辦公室或其他有關處所或住所；或

（ii）　（就電訊截取而言）涉及於某律師的辦公室或其他有關處所或住所使用的電訊服務，或該訂明授權申請人

知悉或按理可被預期知悉是通常由律師為向當事人提供法律意見而使用的電訊服務；及

(b) 訂明授權不得授權就於某律師的辦公室或其他有關處所或住所作出的口頭或書面通訊，進行秘密監察。

(2) 就第（1）款而言，如有關當局信納——

    (a) 有合理理由相信——

        (i) 有關律師；

        (ii) 與該律師一同執業的其他律師，或在該律師的辦公室工作的其他人；或

        (iii) 在該律師的住所居住的其他人，是構成或會構成某項危害國家安全罪行或對國家安全的威脅的活動的參與者；或

    (b) 有合理理由相信有關通訊之中的任何一項是為達到某犯罪目的而作出的，即屬存在特殊情況。

(3) 為免生疑問，儘管享有法律專業保密權的資料是依據訂明授權被取得，該等資料繼續享有保密權。

(4) 在本條中——

其他有關處所（other relevant premises）就某律師而言，指有關訂明授權申請人知悉或按理可被預期知悉是通常由該律師及其他律師為向當事人提供法律意見而使用的處所（該律師的辦公室除外），包括通常由律師在法院或到訪監獄、警署或有人被羈留的其他地方時為向其當事人提供法律意見而使用的處所；

律師（lawyer）指在《法律執業者條例》（第 159 章）第 2（1）條界定為以大律師、律師或外地律師身分執業的人，或根據《法律援助條例》（第 91 章）第 3（1）條獲委任的任何人。

14. 在訂明授權失效後發出的器材取出手令

(1) 凡訂明授權在任何情況下根據本附表失效，警務處人員可向行政長官以書面提出申請，並在申請人的書面陳述支持下（該

陳述須符合本附表第 5 部所指明的規定），尋求發出器材取出手令，授權取出符合以下說明的、根據該授權而授權使用的器材──

(a) 已依據該授權裝設於處所或物體之內或之上；及

(b) 仍處於該處所或該物體之內或之上，或正處於其他處所或其他物體之內或之上。

(2) 行政長官可──

(a) 在經更改或不經更改有關申請下，以書面發出該申請所尋求的器材取出手令；或

(b) 拒絕發出該器材取出手令，並以書面說明拒絕理由。

(3) 行政長官在發出器材取出手令時，須指明時限（該時限在任何情況下，均不得於發出該手令的時間之前開始），該手令於時限屆滿時失效，該時限不得超過自該手令生效之時起計的 3 個月。

(4) 器材取出手令可授權取出該手令所指明的任何器材，並可載有條款，授權作出以下一項或兩項事宜──

(a) 作出合理地必要作出的事情，以掩飾根據該手令而授權進行的行為；

(b) 如為執行器材取出手令而有合理必要，干擾財產（不論是否屬有關截取或秘密監察的目標人物的任何人的財產）。

(5) 器材取出手令亦同時授權從事為進行根據該手令而授權進行的事情的目的而必要的及所連帶的行為，包括以下行為──

(a) 取出根據該手令而授權取出的器材的增強設備；

(b) 進入（在有必要時可使用合理武力進入）合理地相信是或相當可能是該等器材或增強設備所處的處所及毗連該處所或可通往該處所的其他處所，以取出該等器材或增強設備；

(c) 為取出該等器材或增強設備，而將運輸工具或物體暫時從處所移走，並將該運輸工具或物體置回該處所；

(d) 為取出該等器材或增強設備而破開物件；及

      （e）　為執行該手令而提供協助。

（6）　授權取出追蹤器材的器材取出手令，亦同時授權僅為尋找及取出該等器材或該等器材的增強設備的目的，而使用該等器材及增強設備。

（7）　如在某器材取出手令有效但未完成執行的期間內，當其時負責執行該手令的警務處人員在──

      （a）　知悉第（1）（a）或（b）款不適用於有關器材或該手令所指明的器材；或

      （b）　認為該手令或其某部分，因某原因（不論該原因為何）而不能執行，該人員須在知悉該事宜或得出該意見後，於合理地切實可行範圍內，盡快安排向行政長官提供一份關於該事宜或意見的報告。

15. 訂明授權及器材取出手令不受輕微缺失影響

（1）　訂明授權或器材取出手令不受與其有關的輕微缺失影響。

（2）　依據訂明授權取得的資料（包括受保護成果），不得僅因為與該授權有關的輕微缺失，而被致令不得於在法院進行的法律程序中獲接納為證據。

第 4 分部 ── 進一步保障

16. 對受保護成果的保障

（1）　凡有依據訂明授權而取得的受保護成果，警務處處長須作出安排，以確保──

      （a）　以下事宜被限制於對該授權的有關目的屬必要的最小限度──

        （i）　受保護成果的披露範圍；

        （ii）　屬受保護成果披露對象的人的數目；

        （iii）　受保護成果被複製的程度；及

（iv）以受保護成果製成的文本的數目；

（b）已採取所有切實可行步驟，以確保受保護成果不會在未經授權下或在意外的情況下被取用、處理、刪除或用作其他用途；及

（c）在保留受保護成果對該授權的有關目的並非屬必要時，盡快銷毀該成果。

（2）儘管有本附表其他條文或其他法律的規定，行政長官如認為某人向任何其他人提供或披露關於該人為執行訂明授權或器材取出手令而提供協助的資料、文件或其他事宜，會對防止或偵測危害國家安全罪行或保障國家安全造成損害，可以書面指示該人不得提供或披露該等資料、文件或其他事宜。

（3）在本條中——

有關目的（relevant purpose）就某訂明授權而言，指屬發出該授權、確認該授權、將該授權續期，或讓該授權或其某部分持續有效的先決條件、並在本附表第 2（1）（a）條描述的目的；

訂明授權（prescribed authorization）指本附表第 27（1）條所界定的或《截取通訊及監察條例》（第 589 章）第 2（1）條所界定的訂明授權；

器材取出手令（device retrieval warrant）指本附表第 27（1）條所界定的或《截取通訊及監察條例》（第 589 章）第 2（1）條所界定的器材取出手令。

17. 電訊截取成果不獲接納為證據

（1）在法院進行的法律程序中，電訊截取成果不得獲接納為證據，但用作證明有人已干犯某有關罪行則除外。

（2）基於公眾利益的考慮，電訊截取成果以及關於依據有關訂明授權進行的電訊截取的詳情，不得提供予在法院進行的法律程序（就有關罪行提起的該等法律程序除外）中的任何一方（包括檢控方）。

(3) 在法院進行的法律程序（就有關罪行提起的該等法律程序除外）中，不得舉出傾向顯示以下事宜的證據，亦不得發問傾向顯示以下事宜的問題——

    (a) 有人已提出申請，尋求根據本附表發出有關訂明授權或將有關訂明授權續期，或尋求根據本附表發出有關器材取出手令；

    (b) 已根據本附表發出有關訂明授權或將有關訂明授權續期，或已根據本附表發出有關器材取出手令；

    (c) 已對任何人施加規定，規定該人為執行有關訂明授權或有關器材取出手令而提供協助；或

    (d) 已依據有關訂明授權取得資料。

(4) 在本條中——

有關訂明授權（relevant prescribed authorization）指對電訊截取的訂明授權；

有關罪行（relevant offence）指由披露電訊截取成果或披露關乎取得電訊截取成果的資料所構成的罪行（不論該罪行是否有其他構成元素）；

有關器材取出手令（relevant device retrieval warrant）指授權取出根據有關訂明授權而授權使用的任何器材的器材取出手令；

電訊截取成果（telecommunications interception product）凡截取成果屬——

    (a) 根據有關訂明授權而取得的通訊的任何內容；或

    (b) 該等內容的文本，

指該等截取成果。

18. 向有關當局提供報告：資料不準確或情況出現變化

(1) 本條在以下情況下適用：在某訂明授權有效的期間內，警務處在當其時負責有關截取或秘密監察的人員——

    (a) 知悉在為以下申請而提供的資料中，有具關鍵性的不準確

之處──

(i)　尋求發出行政長官授權或緊急授權的申請；

(ii)　尋求將行政長官授權續期的申請；或

(iii)　尋求確認緊急授權的申請；或

(b)　知悉作為發出該授權、將該授權續期或確認該緊急授權的基礎的情況，出現關鍵性變化（包括有關截取或秘密監察的目標人物已被逮捕）。

(2)　上述人員須在知悉第（1）(a) 或（b）款描述的事宜後，於合理地切實可行範圍內，盡快安排向發出上述訂明授權或將該授權續期或確認上述緊急授權（視何者適用而定）的有關當局，提供一份關於該事宜的報告。

(3)　凡有關當局接獲第（2）款所指的報告，如該當局認為本附表第 2 條所指的、讓有關訂明授權或其某部分持續有效的先決條件未獲符合，該當局須撤銷該授權或該部分。

(4)　如訂明授權或其某部分根據第（3）款被撤銷，則儘管有有關時限條文的規定，該授權或該部分自被撤銷之時起失效。

(5)　如訂明授權沒有被撤銷，或只有部分被撤銷，有關當局可行使以下一項或兩項權力──

(a)　更改該授權的條款或條件；

(b)　在該授權中指明適用於該授權本身或在該授權下的進一步的授權或規定（不論是根據該授權的條款或本附表的條文而批予或施加的）的新條件。

(6)　如有關當局在根據第（2）款獲提供報告時，不再擔任其職位或不再執行其職位的有關職能，則在不影響《釋義及通則條例》（第 1 章）第 54 條的原則下，在該款中提述有關當局，包括在當其時合法地執行該當局的職位的有關職能的人。

(7)　在本條中──

有關時限條文（relevant duration provision）指本附表第 4（3）、5（4）、6（4）、7（4）或 9（3）條（視何者適用而定）。

第 3 部　其他相關安排

19. **監督責任**

　　行政長官可委任一名獨立人士，協助香港特別行政區維護國家安全委員會履行《中華人民共和國香港特別行政區維護國家安全法》第四十三條所提述的監督責任。

20. **《運作原則及指引》**

　　（1）　保安局局長須為就本附表訂定的事宜向警務處人員提供運作原則及指引的目的，發出《運作原則及指引》，並可不時修改整套《運作原則及指引》或其部分。

　　（2）　警務處人員在根據本附表或為本附表任何條文的施行而執行任何職能時，須遵守《運作原則及指引》的條文。

　　（3）　如任何人不遵守《運作原則及指引》的條文——

　　　　（a）　就所有目的而言，不得僅因該項不遵守而將該項不遵守視為有不遵守本附表條文的情況；及

　　　　（b）　在不損害（a）段的原則下，該項不遵守不影響訂明授權或器材取出手令的有效性。

21. **豁免權**

　　（1）　在第（2）款的規限下，任何人不得僅因——

　　　　（a）　依據訂明授權或器材取出手令進行的行為或所附帶的行為；

　　　　（b）　該人真誠地執行或看來是真誠地執行在本附表下的職能；或

　　　　（c）　該人遵從根據本附表作出的或看來是根據本附表作出的規定或要求，而招致民事或刑事法律責任。

　　（2）　第（1）款並不影響任何人僅因以下事宜而招致或可能招致的法律責任——

(a) 未經准許而進入處所；或

(b) 未經准許而干擾財產。

22. 在訂明授權被撤銷後取得的受保護成果

(1) 如某訂明授權或其某部分根據本附表第 18（3）條被撤銷，警
務處處長須作出安排，以確保有關截取或秘密監察或其有關部
分，於合理地切實可行範圍內，盡快終止。

(2) 受保護成果，如在有關訂明授權或其有關部分被撤銷後，但在
有關截取或秘密監察或其有關部分按照警務處處長根據第（1）
款作出的安排而終止前取得，則就本附表而言，該成果須視為
是依據訂明授權取得的。

第 4 部　適用於關於尋求發出對截取或秘密監察的訂明授權 或將該等授權續期的申請的陳述的規定

第 1 分部 —— 尋求發出對截取的行政長官授權的申請

23. 支持申請的陳述的內容（截取）

用以支持尋求發出對截取的行政長官授權的申請的陳述，須——

(a) 述明謀求藉進行該截取達到的目的，是本附表第 2（1）（a）
（i）及（ii）條所指明的目的中的哪一項；

(b) 列明——

(i) 該截取的形式，以及謀求藉進行該截取而取得的
資料；

(ii) （如知道的話）將會屬該截取的目標人物的人的身分；

(iii) （如知道的話）用以識別將會被截取的通訊的地址、
號碼、儀器或其他因素的詳情；

(iv) 該截取的建議時限；

(v) 本附表第 2（1）（b）條所指明的合理懷疑所基於的

　　　　　　　理由；

　　　　（vi）以下資料——

　　（a）凡屬本附表第 2（1）（a）（i）條所指明的目的，須予防止
　　　　　或偵測的有關危害國家安全罪行，以及對該罪行的逼切性
　　　　　及嚴重程度的評估；或

　　（b）凡屬本附表第 2（1）（a）（ii）條所指明的目的，對國家
　　　　　安全的有關威脅，以及對該威脅的逼切性及嚴重程度的
　　　　　評估；

　　　　（vii）相當可能會藉進行該截取而取得的利益；

　　　　（viii）對該截取對目標人物以外的任何人的影響（如有的
　　　　　　話）的評估；

　　　　（ix）是否可能會藉進行該截取而取得以下資料：可能享有
　　　　　法律專業保密權的資料，或可能屬新聞材料的內容的
　　　　　資料；

　　　　（x）謀求藉進行該截取達到的目的不能合理地藉侵擾程度
　　　　　較低的其他手段達到的原因；及

　　　　（xi）（如知道的話）是否有在過去 2 年期間根據本附表就
　　　　　第（ii）節所述的目標人物或（如根據第（iii）節在
　　　　　陳述中列出任何電訊服務的詳情）就該電訊服務提出
　　　　　尋求發出訂明授權或將訂明授權續期的申請，及（如
　　　　　有的話）該申請的詳情；及

　　（c）以姓名、職級及職位識別申請人及批准提出該申請的警務
　　　　　處人員。

第 2 分部 —— 尋求發出對秘密監察的行政長官授權的申請

24. 支持申請的陳述的內容（第 1 類監察或第 2 類監察）

　　用以支持尋求發出對第 1 類監察或第 2 類監察的行政長官授權的申請
　　的陳述，須——

(a) 述明謀求藉進行該監察達到的目的，是本附表第 2（1）（a）
（i）及（ii）條所指明的目的中的哪一項；

(b) 列明——

(i) 該監察的形式（包括將會使用的器材的種類），以及
謀求藉進行該監察而取得的資料；

(ii) （如知道的話）將會屬該監察的目標人物的人的身分；

(iii) 可能受該監察影響而不屬第（ii）節所提述的人的任
何人的身分，或（如該人的身分不詳）對可能受該監
察影響的某人或某類別的人的描述；

(iv) （如知道的話）將會進行的該監察所在的處所或物體
或類別物體的詳情；

(v) 該監察的建議時限；

(vi) 本附表第 2（1）（b）條所指明的合理懷疑所基於的
理由；

(vii) 以下資料——

(a) 凡屬本附表第 2（1）（a）（i）條所指明的目的，須予防止
或偵測的有關危害國家安全罪行，以及對該罪行的逼切性
及嚴重程度的評估；或

(b) 凡屬本附表第 2（1）（a）（ii）條所指明的目的，對國家
安全的有關威脅，以及對該威脅的逼切性及嚴重程度的
評估；

(viii) 相當可能會藉進行該監察而取得的利益；

(ix) 對該監察對目標人物以外的任何人的影響（如有的
話）的評估；

(x) 是否可能會藉進行該監察而取得以下資料：可能享有
法律專業保密權的資料，或可能屬新聞材料的內容的
資料；

(xi) 謀求藉進行該監察達到的目的不能合理地藉侵擾程度
較低的其他手段達到的原因；及

（xii）（如知道的話）是否有在過去 2 年期間根據本附表就第（ii）節所述的目標人物提出尋求發出訂明授權或將訂明授權續期的申請，及（如有的話）該申請的詳情；及

（c） 以姓名、職級及職位識別申請人及批准提出該申請的警務處人員。

第 3 分部 —— 尋求將對截取或秘密監察的行政長官授權續期的申請

25. 支持申請的陳述的內容（續期）

用以支持尋求將行政長官授權續期的申請的陳述，須——

（a） 列明——

（i） 所尋求的續期是否首次續期及（如否）該行政長官授權以往每次獲續期的情況，及每次的續期時限；

（ii） 下述資料的重大改變：為尋求發出該行政長官授權或將該行政長官授權續期的申請的目的，而在先前根據本附表在陳述內提供的資料；

（iii） 對直至提出該申請為止已依據該行政長官授權取得的資料的價值的評估；

（iv） 申請續期屬必要的理由；及

（v） 該截取、第 1 類監察或第 2 類監察（視屬何情況而定）的建議時限；及

（b） 以姓名、職級及職位識別申請人及批准提出該申請的警務處人員。

第 5 部　適用於關於尋求發出器材取出手令的 申請的陳述的規定

26. 支持申請的陳述的內容（器材取出手令）

凡某訂明授權授權使用器材，用以支持尋求就取出該器材發出器材取出手令的申請的陳述，須——

(a)　列明——

　　(i)　尋求取出的器材的種類；

　　(ii)　尋求取出的器材所處的處所或物體的詳情，以及申請人認為該器材是處於該處所或物體之內或之上的原因；

　　(iii)　預計完成該項取出所需的時間；

　　(iv)　對該項取出對任何人的影響（如有的話）的評估；及

　　(v)　進行該項取出的需要；及

(b)　以姓名、職級及職位識別申請人。

第 6 部　釋義條文

27. 釋義

(1)　在本附表中——

公眾地方（public place）——

(a)　指公眾人士或部分公眾人士可以或獲准不時在繳費或不繳費下進入的處所；但

(b)　不包括屬擬供公眾人士用作洗手間、沐浴地方或更衣地方的該等處所；

文本（copy）——

(a)　就依據對截取的訂明授權取得的通訊的內容而言，指以下項目（不論是否屬文件形式）——

　　(i)　該等內容的文本、複本、副本、拷貝、摘錄或撮錄；

(ii) 提述該截取，並且是直接或間接顯示屬該通訊的傳送人或傳送對象的人的身分的紀錄的任何紀錄；或

(b) 就依據對秘密監察的訂明授權取得的材料而言，指以下項目（不論是否屬文件形式）──

    (i) 該等材料的文本、複本、副本、拷貝、摘錄或撮錄；

    (ii) 以該等材料製備的謄本或紀錄；

地址（address）就藉郵政服務傳送的通訊而言，包括郵箱地址；

有關當局（relevant authority）──

(a) 就尋求發出對截取或第 1 類監察的行政長官授權或將該授權續期的申請而言，指行政長官；

(b) 就尋求發出對第 2 類監察的行政長官授權或將該授權續期的申請而言，指行政長官或授權人員（視屬何情況而定）；

(c) 就尋求發出緊急授權的申請而言，指警務處處長；或

(d) 就尋求確認緊急授權的申請而言，指行政長官；

行政長官授權（Chief Executive's authorization）指根據本附表第 2 部第 1 分部發出或續期的對截取、第 1 類監察或第 2 類監察的授權；

行為（conduct）包括作為或不作為，以及連串的作為或不作為或連串的作為及不作為；

受保護成果（protected product）指截取成果或監察成果；

法院（court）──

(a) 指《釋義及通則條例》（第 1 章）第 3 條所界定的法院；及

(b) 包括裁判官及審裁處；

查察（inspect）包括監聽、監測及記錄；

訂明授權（prescribed authorization）指行政長官授權或緊急授權；

首長級人員（directorate officer）指職級不低於總警司職級的警務處人員；

秘密監察（covert surveillance）──

(a) 指為特定調查或行動的目的而使用監察器材進行的、符合

以下說明的監察──

(i) 該等監察是在屬其目標人物的人有權對享有私隱有合理期望的情況下進行的；

(ii) 該等監察的進行方式，是旨在確保該人不察覺該等監察正在或可能正在進行；及

(iii) 該等監察相當可能導致取得關於該人的隱私資料；但

(b) 不包括──

(i) 對沒有預見的事件或情況作出的當場反應；或

(ii) 構成本附表所指的截取的該等監察；

追蹤器材（tracking device）指用以斷定或監測人或物體的位置，或斷定或監測物體的狀況的電子器材；

授權人員（authorizing officer）指行政長官根據本附表第 5（1）條指定為授權人員的警務處人員；

視光監察器材（optical surveillance device）──

(a) 指用以作視像記錄或觀察活動的器材；但

(b) 不包括眼鏡、隱形眼鏡或視力受損的人用以克服該損害的相類器材；

第 1 類監察（Type 1 surveillance）指不屬第 2 類監察的秘密監察；

第 2 類監察（Type 2 surveillance）在第（3）及（4）款的規限下，指──

(a) 由某人使用監聽器材或視光監察器材，為監聽、監測或記錄其他人所說的說話或所進行的活動的目的而進行的秘密監察，而使用該器材的人──

(i) 屬在該其他人的意向或應有的合理預期中是會聽見該說話或看見該活動的人；或

(ii) 是在第（i）節所描述的人明示或默示同意下監聽、監測或記錄該說話或活動的人；或

(b) 使用視光監察器材或追蹤器材進行的秘密監察，而其使用不涉及──

    （i）　未經准許而進入處所；或

    （ii）　未經准許而干擾運輸工具或物體的內部，或未經准許
　　　　而對該器材進行電子干擾；

處所（premises）包括地方，並尤其包括——

（a）　土地或建築物；

（b）　運輸工具；

（c）　構築物（不論是否屬可移動的或是否屬離岸的構築物）；及

（d）　（a）、（b）或（c）段所描述的處所的部分；

通訊（communication）指——

（a）　藉郵政服務傳送的通訊；或

（b）　藉電訊系統傳送的通訊；

郵件截取（postal interception）指截取藉郵政服務傳送的通訊，包括
郵遞品；

郵政服務（postal service）指《郵政署條例》（第 98 章）適用的郵政
服務；

郵遞品（postal article）具有《郵政署條例》（第 98 章）第 2（1）條所
給予的涵義；

新聞材料（journalistic material）具有《釋義及通則條例》（第 1 章）
第 82 條所給予的涵義；

裝設（install）包括附加；

資訊系統（information system）具有《電子交易條例》（第 553 章）
第 2（1）條所給予的涵義；

運輸工具（conveyance）指車輛、船隻、航空器、氣墊船或其他運輸
工具；

電訊系統（telecommunications system）具有《電訊條例》（第 106 章）
第 2（1）條所給予的涵義；

電訊服務（telecommunications service）具有《電訊條例》（第 106 章）
第 2（1）條所給予的涵義；

電訊截取（telecommunications interception）指截取藉電訊系統傳送

的通訊；

截取（interception）指就通訊而進行截取作為；

截取成果（interception product）指依據對截取的訂明授權取得的通訊的內容，並包括該等內容的文本；

截取作為（intercepting act）就通訊而言，指在該通訊藉郵政服務或藉電訊系統傳送的過程中，由並非該通訊的傳送人或傳送對象的人查察該通訊的某些或所有內容；

監察成果（surveillance product）指依據對秘密監察的訂明授權取得的材料，並包括該等材料的文本；

監察器材（surveillance device）指──

（a）數據監察器材、監聽器材、視光監察器材或追蹤器材；或

（b）由任何 2 件或多於 2 件（a）段所提述的器材組成的器材；

監聽器材（listening device）──

（a）指用以作出以下行為的器材：竊聽、監察、監測或記錄談話或在談話中向任何人或由任何人所說的說話；但

（b）不包括助聽器或聽覺受損的人用以克服該損害的相類器材；

緊急授權（emergency authorization）指根據本附表第 2 部第 2 分部發出或將會發出（視屬何情況而定）的緊急授權；

維修（maintain）就某器材而言，包括──

（a）調校、修理或保養該器材，或轉移其位置；及

（b）在該器材發生故障時，替換該器材；

增強設備（enhancement equipment）就某器材而言，指用以增強藉使用該器材而取得的訊號、影像或其他資料的設備；

數據監察器材（data surveillance device）──

（a）指用作以下用途的器材或程式：監測或記錄藉電子方法向資訊系統輸入資料或自資訊系統輸出資料；但

（b）不包括視光監察器材；

器材（device）包括儀器、器具及設備；

器材取出手令（device retrieval warrant）指根據本附表第 14 條發出或將會發出（視屬何情況而定）的器材取出手令；

職能（function）包括權力及責任。

(2) 就本附表而言，在公眾地方進行活動的人，不得就該活動而視為屬第（1）款中**秘密監察**的定義（a）（i）段所指的有權對享有私隱有合理期望；但本款並不影響該人就該人在公眾地方所說的說話或所寫或所讀的字句而享有的該等權利。

(3) 就本附表而言，凡秘密監察屬第 2 類監察，而可能享有法律專業保密權的資料相當可能藉進行該監察而取得，則該監察即視為第 1 類監察。

(4) 警務處人員可在猶如第 2 類監察是第 1 類監察的情況下，申請就該第 2 類監察發出訂明授權或將訂明授權續期；而本附表中關乎該申請及該訂明授權的條文適用於該第 2 類監察，猶如該第 2 類監察是第 1 類監察一樣。

(5) 就本附表而言——

    (a) 如藉郵政服務傳送的通訊根據《郵政署條例》（第 98 章）第 2（2）條視為是在郵遞傳送過程中，該通訊即視為是在傳送過程中；及

    (b) 如藉電訊系統傳送的通訊，已被該通訊的傳送對象接收，或被該傳送對象所管控或可取用的資訊系統或設施接收，則不論該傳送對象有否實際閱讀或聽見該通訊的內容，該通訊不得視為是在傳送過程中。

(6) 就本附表而言，藉電訊系統傳送的通訊的內容，包括聯同該通訊一併產生的數據。

附表 7

［第 2 條］

關於要求提供資料和提交物料的細則

1. **釋義**

   在本附表中——

   獲授權人員（authorized officer）指——

   （a）　任何警務人員；或

   （b）　任何為施行本附表而獲律政司司長書面授權的人。

2. **提供資料或提交物料的規定**

   （1）　為偵查危害國家安全罪行，律政司司長可向原訟法庭提出單方面申請，就某人或某類別的人根據第（2）款發出命令。

   （2）　原訟法庭如信納第（4）（a）、（b）及（d）款或第（4）（a）、（c）及（d）款的條件已經符合，可應如此單方面提出的申請，就與申請有關的人或與申請有關的類別的人，發出符合第（3）款規定的命令。

   （3）　根據第（2）款發出的命令須——

   （a）　說明該正在偵查中的危害國家安全罪行的詳情；

   （b）　指出命令所針對的人或述明該命令所針對的人的類別；

   （c）　授權律政司司長向命令所針對的人或類別的人提出要求，要求該人或該類別的人作出以下一項或兩項作為——

   （i）　就獲授權人員合理地覺得是與偵查有關的任何事情回答問題或提供資料；

   （ii）　提交任何律政司司長合理地覺得是與關乎偵查的事情有關的任何物料或某種類的物料；及

   （d）　載有原訟法庭認為符合公眾利益而宜於加上的其他條款（如有的話），但本段不得解釋為授權法庭未得任何人的同意而命令將該人拘留。

(4) 第（2）款提述的條件是──

(a) 有合理理由懷疑有人已干犯該正在偵查中的危害國家安全罪行；

(b) 如該申請是關於某人的──有合理理由懷疑該人擁有資料或管有物料，而該等資料或物料相當可能與偵查有關；

(c) 如該申請是關於某類別的人的──

(i) 有合理理由懷疑該類別中某些或全部人擁有該等資料或管有該等物料；及

(ii) 不論是因偵查需迫切進行、偵查需保密或擁有有關資料或物料的人的身分是難於辨別的，如規定該申請須是就某一人而作出的，即不能有效地對該危害國家安全罪行進行偵查；

(d) 經考慮──

(i) 該偵查中的危害國家安全罪行的嚴重性；

(ii) 若不根據第（2）款發出命令，能否有效地偵查該危害國家安全罪行；

(iii) 披露資料或取得物料後對偵查可能帶來的利益；及

(iv) 該人或該等人士所可能獲得或持有的資料或物料，是在何種情況下獲得或持有的（包括考慮對該等資料或物料的保密責任，以及與該等資料或物料所關乎的人的任何家族關係），有合理理由相信就該人或該等人士根據第（2）款發出命令，是符合公眾利益的。

(5) 凡根據第（2）款發出的命令，授權律政司司長要求某人就獲授權人員合理地覺得是與偵查有關的任何事情，回答問題或提供資料，律政司司長可藉向該人送達一份或多於一份書面通知，要求該人在指明的時間及地點，或在指明的不同時間及地點，到某獲授權人員席前，就該獲授權人員合理地覺得是與該偵查有關的任何事情回答問題或提供資料。

（6）　凡根據第（2）款發出的命令，授權律政司司長要求某人將律政司司長合理地覺得是與關乎偵查的事情有關的物料或某一種類的物料提交，律政司司長可藉向該人送達一份或多於一份書面通知，要求該人在指明的時間及地點，或在指明的不同時間及地點，將律政司司長合理地覺得是與關乎偵查的事情有關的任何指明的物料或指明的某一種類的物料提交。

（7）　根據第（5）或（6）款向某人施加要求的書面通知，須——

　　（a）　說明法庭已根據本條發出命令，並且——

　　　　（i）　載有命令的日期；

　　　　（ii）　說明該正在偵查中的危害國家安全罪行的詳情；

　　　　（iii）　如命令是針對該人而發出的，說明此情況；

　　　　（iv）　如命令是針對某類別的人而發出，而該人是屬於該類別的，說明此情況；

　　　　（v）　說明命令中授予律政司司長的權力；及

　　　　（vi）　說明該命令中與該人有關的其他條款；

　　（b）　夾附根據本條所發出的命令的副本，但該副本可不包括——

　　　　（i）　在該命令中對該人以外的某人的提述，或對不包括該人在內的某類別的人的提述；及

　　　　（ii）　在該命令中只與該某人或只與屬該某類別的人有關的任何詳情；及

　　（c）　將第（8）、（9）及（10）款及本附表第 5 條的條文在該通知內載列或夾附於該通知。

（8）　對於為遵從根據本條所要求而提交的任何物料，獲授權人員可將該物料攝影或複印。

（9）　任何人不得根據本條被要求提供或提交任何與享有法律專業保密權的品目有關的資料或物料，但律師（包括大律師）則可被要求提供其客戶的姓名、名稱及地址。

（10）根據第（2）款所發出的命令及根據第（5）或（6）款就施加要

求所作的書面通知，可就關乎任何政府部門或行政長官藉憲報公告指明的機構所持有的資料及管有的物料而作出。

(11) 任何人不得以會有下述情況為理由，而不遵從根據本條提出的要求提供資料或提交物料——

    （a） 提供資料或提交物料會傾向於使該人獲罪；或

    （b） 提供資料或提交物料會違反法規或其他規定所施加的保密責任或對披露資料或物料的其他限制。

(12) 因遵從憑藉本條施加的要求而作的陳述，不得在針對作出該陳述的人的刑事法律程序中用於針對該人，但在以下情況則除外——

    （a） 在根據第（14）款或《刑事罪行條例》（第 200 章）第 36 條提起的法律程序中作為證據；或

    （b） 在有關任何罪行、且該人作出與該陳述不相符的證供的法律程序中，用以對其可信程度提出質疑。

(13) 任何人無合理辯解而不遵從根據本條向該人施加的要求，即屬犯罪，一經循公訴程序定罪，可處罰款 $100,000 及監禁 1 年。

(14) 任何人在看來是遵從根據本條施加的要求時——

    （a） 作出該人知道在要項上虛假或有誤導成分的陳述；或

    （b） 罔顧後果地作出在要項上虛假或有誤導成分的陳述，即屬犯罪，一經循公訴程序定罪，可處罰款 $500,000 及監禁 3 年。

(15) 凡一項命令已根據第（2）款發出，律政司司長或其為本款的目的而書面授權的人，可在符合法庭規則就此事而訂明的條件後，獲取該命令的副本；但除在符合本款前述部分及第（7）(b) 款的規定的情況外，任何人均無權獲取該命令的整份或任何部分的副本。

(16) 凡根據本條施加於任何人的要求所關乎的物料為並非以可閱讀形式記錄的資料——

    （a） 則須當該要求為將物料以一種可以帶走的形式提交的要

求；及

(b) 獲授權人員可藉送達該人的書面通知，要求該人在指明的時間及地點，或在指明的不同時間及地點，以可以看到、可以閱讀及可以帶走的形式提交該物料，獲授權人員並可藉同樣的通知解除該人根據該項要求須提交以原來記錄形式記錄的物料的責任。

(17) 撤銷或更改根據本條發出的命令的申請，可由根據該項命令被施加要求的人提出。

3. 提交物料令

(1) 為偵查下述事項，律政司司長或獲授權人員可就某物料或某類別的物料，向原訟法庭提出單方面申請，要求根據第（2）款發出命令，不論有關的物料是在香港或（如申請是由律政司司長提出的）在其他地方——

(a) 危害國家安全罪行；或

(b) 已干犯或被懷疑已干犯危害國家安全罪行的人從危害國家安全罪行的得益。

(2) 除第（5）款另有規定外，法庭接獲該項申請後，如信納已經符合第（4）(a)、(c) 及 (d) 款或第（4）(b)、(c) 及 (d) 款的條件，可發出命令，飭令其覺得是管有或控制與申請有關的物料的人，須在命令內所指明的期限內——

(a) 將物料提交給獲授權人員由該人員帶走；或

(b) 讓獲授權人員取覽該物料。

(3) 除非法庭覺得就個別申請的特別情況適宜給予較長或較短期限，否則根據第（2）款發出的命令內指明的期限須為 7 日。

(4) 第（2）款提述的條件是——

(a) （如偵查是針對危害國家安全罪行的）有合理理由懷疑有人已干犯該危害國家安全罪行；

(b) 如偵查是針對某人從危害國家安全罪行的得益的——

      (i)   該人已干犯危害國家安全罪行，或有合理理由懷疑該人已干犯危害國家安全罪行；及

      (ii)   有合理理由懷疑該人已從危害國家安全罪行中獲利；

   (c)   有合理理由相信與申請有關的物料——

      (i)   相當可能與申請所關的偵查有關者；及

      (ii)   並不包括享有法律專業保密權的品目，亦並非由該等品目組成；

   (d)   經考慮——

      (i)   取得物料後對偵查可能帶來的利益；及

      (ii)   管有或控制物料的人在何種情況下持有或控制（視屬何情況而定）該物料，有合理理由相信將該物料交予獲授權人員或讓他們取覽，是符合公眾利益的。

(5)   凡根據第（1）款提出的申請是關乎某類別的物料的，則第（2）款所指的命令只可在就某物料提出申請並不合理地切實可行的情況才可發出。

(6)   凡法庭根據第（2）（b）款就任何處所內的物料發出命令，法庭可應獲授權人員在同一或隨後的申請，命令獲授權人員覺得是有權准許別人進入該處所的人，准許獲授權人員進入該處所以取覽有關物料。

(7)   要求撤銷或更改根據第（2）或（6）款發出的命令的申請，可由受制於該命令的人提出。

(8)   凡與根據本條提出的申請有關的物料為並非以可閱讀形式記載的資料——

   (a)   根據第（2）（a）款發出的命令，須當為一項飭令將物料以一種可以帶走的形式，提交給獲授權人員由該人員帶走的命令；及

   (b)   根據第（2）（b）款發出的命令，須當為一項飭令將物料以一種可以看到及可以閱讀的形式，供獲授權人員取覽的命令。

（9）　凡根據第（2）（a）款發出的命令所關乎的資料並非以可閱讀形式記錄，獲授權人員可藉書面通知，要求有關的人以可以看到、可以閱讀及可以帶走的形式提交該物料，獲授權人員並可藉同樣的通知解除該人根據該項命令須提交以原來記錄形式記錄的物料的責任。

（10）根據第（2）款發出的命令——

　　（a）　不得賦予要求提交或取覽享有法律專業保密權的品目的權力；及

　　（b）　可就任何政府部門或行政長官藉憲報公告指明的機構所管有或控制的物料而發出。

（11）任何人不得以若提交物料會出現下述情況為理由，而不提交與根據第（2）款發出的命令有關的物料——

　　（a）　提供資料或提交物料會傾向於使該人獲罪；或

　　（b）　提供資料或提交物料會違反法規或其他規定所施加的保密責任或對披露資料或物料的其他限制。

（12）任何人無合理辯解而不遵從根據第（2）款發出的命令，即屬犯罪，一經循公訴程序定罪，可處罰款 $100,000 及監禁 1 年。

（13）獲授權人員可將根據本條提交的物料攝影或複印。

4.　根據本附表第 2 或 3 條獲取的資料的披露

（1）　根據或憑藉本附表第 2 或 3 條而從稅務局局長或稅務局人員獲得的資料，如屬根據《稅務條例》（第 112 章）須受保密責任限制的資料，則除非為了——

　　（a）　針對某人干犯危害國家安全罪行提起檢控；

　　（b）　根據附表 3 第 9 條申請沒收令或根據附表 3 第 13 條申請充公令；或

　　（c）　根據附表 3 第 6 條申請限制令或押記令，而可由任何獲授權人員向律政司司長披露外，不得將該等資料披露。

（2）　除第（1）款另有規定外，任何人根據或憑藉本附表第 2 或 3 條獲取的資料，可由任何獲授權人員向下列人員或機構披露——

(a) 律政司及香港警務處；及

(b) 如律政司司長覺得資料相當可能有助於任何相應的人員或機構履行職能——該人員或機構。

(3) 並非因為第（2）款而享有的將根據或憑藉本附表第 2 或 3 條獲取的資料披露的其他權利，不受第（2）款的影響。

(4) 在本條中——

相應的人員或機構（corresponding person or body）指律政司司長認為根據香港以外地方的法律，具有相當於第（2）（a）款所述機構的任何職能的人員或機構。

5. 妨害偵查罪行

(1) 凡法庭已根據本附表第 2 或 3 條發出命令，或已有要求根據本附表第 2 或 3 條發出命令的申請提出而申請沒有被拒絕，則任何人如知道或懷疑已發出或已申請的命令所關乎的偵查正在進行，而——

(a) 並無合法權限或合理辯解而作出意圖妨害偵查的任何披露，或作出任何披露而罔顧該披露是否會妨害偵查；或

(b) 將任何物料竄改、隱藏、毀滅或以其他方式處置，或導致或准許此等情況發生，而且——

(i) 知道或懷疑該物料相當可能是與該宗偵查有關的；及

(ii) 意圖向進行該宗偵查的人隱藏該物料所披露的事實，即屬犯罪。

(2) 凡有人因第（1）款所指明的偵查的關係而被捕，則該款對逮捕後就該宗偵查所作的披露並不適用。

(3) 任何人干犯本條所訂的罪行，一經循公訴程序定罪，可處罰款及監禁 7 年。

6.　法院規則

適用於根據本附表作出的任何申請的法院規則，可參照香港法律中適用於類似申請的法院規則（尤其是根據《有組織及嚴重罪行條例》（第455 章）第 30 條訂立的高等法院規則）而加以必要的變通。

後　記

　　本書第一版由清華大學、國際關係學院、北京師範大學、中國政法大學、南開大學等高校和科研機構的專家學者共同編寫。參與編寫的作者包括王振民、黃風、畢雁英、劉林波、見遠、李曉兵、檀傳寶、王博聞、付新等。第一版在 2020 年 6 月份確定選題，10 月份形成初稿，後經三次集中討論、修改，最終形成定稿，於 2021 年 1 月出版。

　　根據香港國安法實施 3 年的實踐情況以及相關立法解釋的新進展，國際關係學院牽頭組織編寫組對第一版書稿進行了修訂。此次修訂增補了《全國人民代表大會常務委員會關於〈中華人民共和國香港特別行政區維護國家安全法〉第十四條和第四十七條的解釋》以及法律實施以來的實踐情況等內容，以期及時、完整、準確地體現《香港特別行政區維護國家安全法》實踐和相關立法解釋的內容。在此次修訂工作中，鮑文強和馮韓美皓協助修改了部分章節。

　　雖然我們力求能夠全面、準確介紹香港國安法的相關內容，但由於編者水平所限，錯漏之處在所難免，懇請讀者批判指正。

責任編輯	龍　田
書籍設計	道　轍
書籍排版	何秋雲

書　　名	香港特別行政區維護國家安全法讀本（第二版）
著　　者	王振民　黃風　畢雁英　等
出　　版	三聯書店（香港）有限公司
	香港北角英皇道 499 號北角工業大廈 20 樓
	Joint Publishing (H.K.) Co., Ltd.
	20/F., North Point Industrial Building,
	499 King's Road, North Point, Hong Kong
香港發行	香港聯合書刊物流有限公司
	香港新界荃灣德士古道 220-248 號 16 樓
印　　刷	美雅印刷製本有限公司
	香港九龍觀塘榮業街 6 號 4 樓 A 室
版　　次	2024 年 4 月香港第 2 版第 1 次印刷
規　　格	大 32 開（140 mm × 210 mm）352 面
國際書號	ISBN 978-962-04-5375-5

© 2024 Joint Publishing (H.K.) Co., Ltd.

Published & Printed in Hong Kong, China